REFORMA TRIBUTÁRIA BRASILEIRA
TRIBUTOS SOBRE O CONSUMO

O GEN | Grupo Editorial Nacional – maior plataforma editorial brasileira no segmento científico, técnico e profissional – publica conteúdos nas áreas de concursos, ciências jurídicas, humanas, exatas, da saúde e sociais aplicadas, além de prover serviços direcionados à educação continuada.

As editoras que integram o GEN, das mais respeitadas no mercado editorial, construíram catálogos inigualáveis, com obras decisivas para a formação acadêmica e o aperfeiçoamento de várias gerações de profissionais e estudantes, tendo se tornado sinônimo de qualidade e seriedade.

A missão do GEN e dos núcleos de conteúdo que o compõem é prover a melhor informação científica e distribuí-la de maneira flexível e conveniente, a preços justos, gerando benefícios e servindo a autores, docentes, livreiros, funcionários, colaboradores e acionistas.

Nosso comportamento ético incondicional e nossa responsabilidade social e ambiental são reforçados pela natureza educacional de nossa atividade e dão sustentabilidade ao crescimento contínuo e à rentabilidade do grupo.

GABRIEL SANT'ANNA QUINTANILHA

REFORMA TRIBUTÁRIA BRASILEIRA

TRIBUTOS SOBRE O CONSUMO

2ª edição revista e atualizada

- O autor deste livro e a editora empenharam seus melhores esforços para assegurar que as informações e os procedimentos apresentados no texto estejam em acordo com os padrões aceitos à época da publicação, e todos os dados foram atualizados pelo autor até a data de fechamento do livro. Entretanto, tendo em conta a evolução das ciências, as atualizações legislativas, as mudanças regulamentares governamentais e o constante fluxo de novas informações sobre os temas que constam do livro, recomendamos enfaticamente que os leitores consultem sempre outras fontes fidedignas, de modo a se certificarem de que as informações contidas no texto estão corretas e de que não houve alterações nas recomendações ou na legislação regulamentadora.
- Fechamento desta edição: *28.03.2025*
- O autor e a editora se empenharam para citar adequadamente e dar o devido crédito a todos os detentores de direitos autorais de qualquer material utilizado neste livro, dispondo-se a possíveis acertos posteriores caso, inadvertida e involuntariamente, a identificação de algum deles tenha sido omitida.
- **Atendimento ao cliente: (11) 5080-0751 | faleconosco@grupogen.com.br**
- Direitos exclusivos para a língua portuguesa
  Copyright © 2025 by
  Editora Forense Ltda.
  Uma editora integrante do GEN | Grupo Editorial Nacional
  Travessa do Ouvidor, 11 – Térreo e 6º andar
  Rio de Janeiro – RJ – 20040-040
  www.grupogen.com.br
- Reservados todos os direitos. É proibida a duplicação ou reprodução deste volume, no todo ou em parte, em quaisquer formas ou por quaisquer meios (eletrônico, mecânico, gravação, fotocópia, distribuição pela Internet ou outros), sem permissão, por escrito, da Editora Forense Ltda.
- Capa: Carla Lemos

CIP-BRASIL. CATALOGAÇÃO NA PUBLICAÇÃO
SINDICATO NACIONAL DOS EDITORES DE LIVROS, RJ

Q68r
2. ed.

    Quintanilha, Gabriel Sant'Anna
      Reforma tributária brasileira : tributos sobre o consumo / Gabriel Sant'Anna Quintanilha. - 2. ed. - Rio de Janeiro : Método, 2025.
      320 p. ; 21 cm.

    Inclui bibliografia
    ISBN 978-85-3099-731-1

    1. Direito tributário - Brasil. 2. Reforma tributária - Brasil. I. Título.

25-96893.0

        CDU: 34:351.713(81)

Gabriela Faray Ferreira Lopes - Bibliotecária - CRB-7/6643

Sobre o autor

Pós-doutorando em Direito pela UERJ. Doutor em Direito pela Universidade Veiga de Almeida. Mestre em Economia e Gestão Empresarial pela Universidade Candido Mendes (UCAM). Pós-graduado em Direito Público e Tributário, com extensão em Tributação Internacional, pela Universiteit Leiden. Membro do Instituto Brasileiro de Direito Tributário (IBDT), da Associação Brasileira de Direito Financeiro (ABDF), da International Fiscal Association (IFA) e da Comissão de Direito da Educação da Ordem dos Advogados do Brasil do Rio de Janeiro (OABRJ). Sócio-Fundador da Sociedade Brasileira de Direito Tributário (SBDT). Advogado no Rio de Janeiro, em São Paulo e no Rio Grande do Sul. Sócio do Escritório Gabriel Quintanilha Advogados. Exerceu os cargos de Subsecretário de Fazenda no Município de São João de Meriti, e de Assessor Especial da Secretaria de Administração no Município do Rio de Janeiro. Professor de Direito Tributário na Fundação Getulio Vargas (FGV), no Instituto Brasileiro de Mercado de Capitais (IBMEC), na Universidade do Grande Rio (Unigranrio), na Escola Superior de Advocacia da OABRJ, na Escola da Magistratura do Estado de Alagoas (Esmal), no Curso Fórum, no CEJ 11 de Agosto, no Alcance Concursos, na Fundação Escola Superior do Ministério Público do Estado do Rio de Janeiro (FEMPERJ), na Casa do Concurseiro, entre outras instituições. Professor da Pós-Graduação em Direito Tributário na Universidade Federal Fluminense (UFF), no Curso Beta e na UCAM. Autor de livros e artigos, além do EaD do IBMEC e da FGV.

E-mail: gabriel.quintanilha@gabrielquintanilha.com.br.

Agradecimentos

Agradecer é um ato de amor.

Agradeço à minha família, que me permitiu escrever esta obra no período de festas de fim de ano, sem cobranças e com muito apoio.

Aos meus pais, que tenho certeza de que se orgulham de mim.

Agradeço à Ariana, minha verdadeira fortaleza, que é capaz de segurar o mundo nas costas para que eu possa buscar nossos objetivos. Cada vitória eu dedico a ela, que tem a paciência de me entender.

Agradeço à minha pequena Duda, que cresce e me enche de orgulho, estudiosa, ávida leitora, e que me olha com olhinhos de curiosidade sem ainda entender bem a profissão que escolhi, mas fala com orgulho que sou professor.

Aos meus alunos, amigos, colaboradores, meu muito obrigado.

Agradeço a Deus pela força de continuar.

O Autor

Sumário

INTRODUÇÃO XI

CAPÍTULO 1 – DIREITOS E GARANTIAS FUNDAMENTAIS DO CONTRIBUINTE: ALTERAÇÕES TRAZIDAS PELA REFORMA 1

1. Princípios tributários 1

    1.1. Princípios que envolvem a sustentabilidade ambiental... 1

    1.2. Princípio da legalidade 4

    1.3. Princípio da isonomia – o *cashback* como efetivação da progressividade 11

    1.4. Princípio da simplicidade 16

    1.5. Princípio da transparência............................. 17

    1.6. Princípio da justiça tributária e cooperação............... 19

2. Imunidades... 20

    2.1. Imunidade dos templos de qualquer culto 20

    2.2. Imunidade recíproca 23

    2.3. Imunidades do Imposto sobre a Propriedade de Veículo Automotor (IPVA)... 24

    2.4. Imunidade do Imposto sobre Transmissão *Causa Mortis* e Doação (ITCMD) 26

    2.5. Imunidades do Imposto sobre Valor Agregado (IVA).... 27

    2.6. Imunidades do imposto seletivo 33

CAPÍTULO 2 – IMPOSTOS EM ESPÉCIE 35

    1.1. Imposto seletivo 35

        1.1.1 Fato gerador 37

        1.1.2 Base de cálculo..................................... 37

1.1.3 Alíquotas......	39
1.1.4 Sujeição passiva	39
1.2. Imposto Predial e Territorial Urbano (IPTU)......	40
1.3. Imposto sobre a Propriedade de Veículo Automotor (IPVA)......	41
1.4. Imposto sobre Transmissão *Causa Mortis* e Doação (ITCMD)......	45
1.5. Imposto sobre Valor Agregado Dual (IVA Dual)......	48
1.5.1. Imposto sobre Bens e Serviços (IBS)......	58
1.5.2. Contribuição sobre Bens e Serviços (CBS)......	80
1.6. Cide-combustíveis	86
1.7. Contribuições estaduais sobre produtos elaborados e semielaborados......	86
1.8. Imposto sobre Operações Financeiras (IOF)......	88
1.9. Contribuição de iluminação pública......	88
1.10. ICMS e saldo credor......	89
CAPÍTULO 3 – IMPACTOS NO DIREITO FINANCEIRO	91
1.1. Comitê Gestor	91
1.2. Distribuição de recursos......	94
1.3. Alterações no ADCT......	101
CAPÍTULO 4 – TRIBUTAÇÃO SOBRE A RENDA......	107
CAPÍTULO 5 – DA VIGÊNCIA	109
1.1. A transição no regime de compras governamentais ...	110
1.2. A transição aplicável aos bens de capital......	111
1.3. A transição aplicável às operações com bens imóveis...	112
1.4. Operações que atraiam a incidência dos tributos vigentes quando da aprovação da reforma tributária.....	113
EPÍLOGO	115
BIBLIOGRAFIA......	117
ANEXO	121
Emenda Constitucional 132/2023......	121

Introdução

O sistema tributário brasileiro foi elaborado na década de 1960, quando o País ainda estava sob a ordem de uma ditadura militar que duraria décadas e ainda não havia qualquer sinal de modernização do sistema de arrecadação ou mesmo indícios de que haveria uma integração comercial e econômica no País.

Daí foi criado um sistema com o objetivo de privilegiar o pacto federativo então vigente, permitindo que União, Estados e Municípios tivessem competência própria para criação de tributos.

Dessa forma, os elementos que compõem o sistema tributário nacional passaram a ser um confuso emaranhado de normas nas diversas esferas de poder, que garantem a arrecadação para cada ente federativo, mas colocam o contribuinte em situação de risco, pois, ao violar qualquer dessas inúmeras regras tributárias, ser-lhe-á aplicada uma multa severa.

Por ser cumulativo, com alto custo operacional, e com legislação complexa, confusa e desarmonizada, o sistema tributário brasileiro é fonte de uma enorme judicialização, o que reflete na alocação de recursos e impacta a produtividade.

Outrossim, no tocante à tributação sobre patrimônio e renda, percebe-se que o sistema tributário acabou por privilegiar as classes sociais mais elevadas. O imposto de renda nacional possui alíquota máxima de 27,5% para as pessoas físicas, um percentual baixo se comparado aos países desenvolvidos. Vejamos a tabela elaborada pelo professor Pedro Carvalho[1]:

---

1   CARVALHO JUNIOR, Pedro Humberto Bruno. **O sistema tributário dos países da OCDE e as principais recomendações da entidade**: Fornecendo parâmetros para a reforma tributária no Brasil. Brasília: IPEA, 2022. Disponível em: https://repositorio.ipea.gov.br/bitstream/11058/11231/1/NT_54_Dinte_O_sistema_tributario.pdf Acesso em 05/11/2023.

Tabela 1 – Imposto de Renda da Pessoa Física: características em Economias Avançadas da OCDE e na América Latina, países selecionados, 2020						
País	Número Alíquotas	Crédito Tributário	Parcela Isenta (Int$ milhares – mensal)*	Alíquota Mínima (%)	Alíquota Máxima (%)	Faixa Máxima** (Int$ milhares – mensal)
Austrália	4		1,03	19,0	45,0	10,20
Bélgica	4		0,99	25,0	50,0	4,57
Canadá	5	x	0,93	15,0	33,0	15,13
França	4		1,14	11,0	45,0	17,94
Alemanha	3		1,06	14,0	45,0	30,48
Itália	5	x	1,01	23,0	43,0	9,47
Japão	7		0,39	5,0	45,0	32,42
Coreia	7		0,14	6,0	42,0	48,24
Holanda	3		2,94	2,94	9,7	49,5
Portugal	**7**		**0**	**14,5**	**48,0**	**11,61**
Espanha	5		0,74	19,0	45,0	7,99

Tabela 1 – Imposto de Renda da Pessoa Física: características em Economias Avançadas da OCDE e na América Latina, países selecionados, 2020

País	Número Alíquotas	Crédito Tributário	Parcela Isenta (Int$ milhares – mensal)*	Alíquota Mínima (%)	Alíquota Máxima (%)	Faixa Máxima** (Int$ milhares – mensal)
Suécia	1	x	4,85	52,0	52,0	4,85
Reino Unido	3		1,44	20,0	45,0	17,30
Estados Unidos	7		0	10,0	37,0	43,20
Colômbia	6		2,39	19,0	39,0	68,04
Chile	6		1,61	4,0	35,0	14,33
México	19	x	0,03	1,9	35,0	30,93
Brasil	**4**		**0,81**	**7,5**	**27,5**	**1,98**
Média OCDE-14	**5**		**1,19**	**17,4**	**44,6**	**18,61**
Média AL-4	**9**		**1,21**	**8,1**	**34,1**	**28,82**

Fonte: OCDE, 2021; elaboração IPEA (CARVALHO, 2022).

* Os valores monetários subscrevem-se em milhares de dólares internacionais em Paridade de Poder de Compra (PPP), visando à comparação entre países (1 Int$ = 2,36 BRL) (2020).

** Faixa mensal em que começa a ser aplicada a alíquota máxima, em $ milhares.

No sistema então criado, não houve previsão de incidência do Imposto sobre a Propriedade de Veículo Automotor (IPVA) sobre embarcações e aeronaves, que, sem dúvidas, são elementos que caracterizam uma relevante externalização de riqueza. Além disso, o Imposto sobre Propriedade de Bens Imóveis (IPTU) não poderia ter alíquotas diferenciadas com base no valor do bem, o que somente foi possível após a edição da Emenda Constitucional 29/2000, e não havia previsão da aplicação da progressividade de alíquotas ao Imposto sobre Transmissão *Causa Mortis* e Doação (ITCMD), que, historicamente, sempre possuiu uma alíquota baixa, se comparado com países economicamente desenvolvidos. Vejamos:

Tabela 2 – Principais alíquotas de imposto sobre herança na OCDE		
Posição	**País**	**Alíquota**
1	Japão	55%
2	Coreia do Sul	50%
3	França	45%
4	Reino Unido	40%
4	Estados Unidos	40%
6	Espanha	34%
7	Irlanda	33%
8	Bélgica	30%
8	Alemanha	30%
10	Chile	25%
11	Grécia	20%
11	Países Baixos	20%
13	Finlândia	19%
14	Dinamarca	15%
15	Islândia	10%
15	Turquia	10%

Introdução

Tabela 2 – Principais alíquotas de imposto sobre herança na OCDE		
Posição	**País**	**Alíquota**
17	Polônia	7%
17	Suíça	7%
19	Itália	4%
20	Luxemburgo	0%
20	Sérvia	0%
20	Eslovênia	0%
20	Austrália	0%
20	Áustria	0%
20	Canadá	0%
20	Estônia	0%
20	Israel	0%
20	México	0%
20	Nova Zelândia	0%
20	Noruega	0%
20	Portugal	0%
20	República Eslovaca	0%
20	Suécia	0%
20	Hungria	0%
	Média Simples na OCDE	**15%**

Fonte: Family Business Coalition.[2]

---

[2] Disponível em: https://taxfoundation.org/research/all/global/estate-and-inheritance-taxes-around-world/. Acesso em: 05.11.2023.

No sistema brasileiro, o imposto sobre transmissão *causa mortis* e doação possui alíquota máxima fixada por resolução do Senado Federal, e, no momento da edição da presente obra, a alíquota máxima possível no Brasil era de 8%. Tal situação influencia negativamente, pois estimula a regressividade do sistema, uma vez que permite a concentração de renda e patrimônio por meio de heranças, estimulando o rentismo e freando o desenvolvimento, pois o herdeiro não precisa produzir para gerar riqueza.

Como se não bastasse, no tocante à tributação sobre o consumo, o imposto sobre o valor agregado foi fatiado em três, sendo entregue uma parte para cada ente federado, ou seja: o Imposto sobre Produtos Industrializados (IPI) à União Federal, o Imposto sobre Circulação de Mercadorias (ICMS) aos Estados e o Imposto sobre Serviços de Qualquer Natureza (ISSQN) aos Municípios.

Com isso, diversas novas normas foram produzidas no País, por cada um dos entes federados, para regulamentar seus tributos e sua arrecadação, gerando guerra fiscal e muitas dúvidas acerca do recolhimento dos citados tributos.

Ademais, passamos a ter um sistema em que a tributação incide em cascata e muitas vezes o tributo incide por dentro, como é o caso do ICMS, encarecendo os produtos na venda ao consumidor final. Isso reforça a existência de uma forte regressividade no sistema tributário brasileiro, pois, proporcionalmente à renda, os mais pobres suportam uma carga tributária maior que os mais ricos, porque a tributação sobre o consumo não distingue o contribuinte de fato, que é quem suporta o ônus financeiro efetivamente, transferindo o ônus para todos os consumidores.

Tal situação, por violar a isonomia e a justiça fiscal, precisava ser combatida pela reforma tributária, a fim de simplificar o sistema e torná-lo mais justo, mas, infelizmente, não houve grandes avanços nesse sentido, visto que teremos ainda um imposto sobre o valor agregado elevadíssimo, que será, certamente, repassado ao consumidor final.

Esta obra tem como objetivo analisar as alterações trazidas ao sistema tributário brasileiro após a reforma tributária aprovada em 2023 e promulgada em 20 de dezembro do citado ano.

Capítulo 1 – Direitos e garantias fundamentais do contribuinte: alterações trazidas pela reforma

1. PRINCÍPIOS TRIBUTÁRIOS

1.1. Princípios que envolvem a sustentabilidade ambiental

A reforma tributária aprovada introduziu diversos princípios relacionados com a proteção do meio ambiente, modernizando o direito tributário e relacionando-o com a sustentabilidade ambiental, que é objeto das principais economias do mundo. Com a reforma, o direito tributário passa a ser um importante instrumento de transformação e intervenção do Estado.

A **extrafiscalidade** consiste na intervenção do Estado por meio do tributo, que, além de ter a finalidade arrecadatória, será utilizado como influência na política econômica ou, ainda, como instrumento de consecução de políticas ambientais.

O tributo possui finalidade extrafiscal quando objetiva fundamentalmente intervir numa situação social ou econômica. São os casos, entre outros, dos impostos de importação e exportação, que, antes de arrecadar, objetivam o controle do comércio internacional brasileiro, podendo, às vezes, servir de barreira protetiva da economia nacional e outras de estímulo à importação ou exportação de determinada espécie de bem.[1]

---

[1] ALEXANDRE, Ricardo. **Direito Tributário esquematizado**. São Paulo: Método, 2007. p. 85.

De acordo com Carlos E. Peralta Montero, a extrafiscalidade consiste na característica predominante nos chamados tributos ambientais:

> Doutrinariamente, distingue-se entre tributos com finalidade extrafiscal e tributos com efeitos extrafiscais. Os primeiros, como seu próprio nome indica, seriam aquelas categorias tributárias cuja finalidade primordial não é de natureza fiscal ou arrecadatória, senão que tem principalmente um objetivo de caráter ordenatório, visando a induzir ou desalentar certo tipo de condutas dos contribuintes, na medida em que sejam ou não almejadas pela sociedade.
>
> No entanto, cabe aclarar que, apesar dessa finalidade extrafiscal, nada obsta que através desse tipo de categorias tributárias sejam obtidos ingressos, mas devemos entender que estes são de caráter acessório e até certo ponto indesejáveis. Nesse sentido, haverá uma maior ou uma menor arrecadação segundo se atinjam ou não os objetivos primários do tributo. Em outras palavras, contrário ao que acontece com os tributos ordinários, no caso de um tributo extrafiscal, uma menor arrecadação é sinônimo da eficácia, do êxito extrafiscal do tributo na prática.[2]

Como se pode ver, a extrafiscalidade consiste em importante instrumento, podendo ser aplicada de forma ostensiva na política de proteção ao meio ambiente.

Já na redação do art. 43, § 4º, da Carta, introduzido pela EC 132/2023, percebe-se que a concessão de incentivos regionais deve, sempre que possível, adotar critérios de preservação do meio ambiente. O texto originário foi alterado pelo Senado Federal, para englobar a proteção da "sustentabilidade ambiental e redução das emissões de carbono".

Assim, não restam dúvidas de que a reforma tributária passa a utilizar o direito tributário com mais clareza para intervir na ordem social e econômica e na proteção do meio ambiente, estimulando a economia verde.

Como se não bastasse, a Emenda Constitucional 132/2023 introduziu, na Carta, o § 3º no art. 145, que prevê que o sistema tributário nacional deverá respeitar o **princípio da defesa do meio ambiente**,

---

[2] MONTERO, Carlos E. Peralta. O fundamento e a finalidade extrafiscal dos tributos ambientais. In: MOTTA, Maurício (coord.). **Fundamentos teóricos do Direito Ambiental**. Rio de Janeiro: Elsevier, 2008. p. 272.

Capítulo 1 – Direitos e garantias fundamentais do contribuinte

demonstrando claramente que o direito tributário passa a ter como um de seus objetivos a sustentabilidade ambiental e a utilização do tributo como instrumento de estímulo à proteção do meio ambiente. Com isso, caberá ao legislador e ao intérprete analisar o sistema tributário sob o prisma do estímulo ao meio ambiente equilibrado.

Assim, a interpretação da incidência tributária e a utilização extrafiscal dos tributos em geral devem vislumbrar, entre outros princípios, os impactos ambientais que serão causados.

No sentido da sustentabilidade tributária, uma importante alteração foi introduzida no tratamento do Imposto sobre a Propriedade de Veículo Automotor (IPVA), que agora poderá ter alíquotas diferenciadas levando em consideração o impacto ambiental do veículo.

Como se pode ver, a sustentabilidade ambiental é um valor que passa a ser um dos principais pilares do direito tributário pós-reforma. Assim, apesar de a Carta Magna, em seu texto, prever que o IPVA "poderá" ser diferenciado, seu objetivo principal é determinar que a alíquota seja aplicada de forma que estimule a proteção ao meio ambiente quando o Estado adotar alíquotas diversas para os veículos. Desse modo, caso o Estado possua alíquotas diferenciadas, elas deverão ser maiores para os veículos mais poluentes.

Em outras palavras, um veículo menos poluente deverá ter alíquota de IPVA menor que um veículo considerado poluente, visto que o objetivo do princípio é estimular um meio ambiente sustentável, passando pelo estímulo à utilização de veículos mais ecológicos.

Como se não bastasse, para manter a sustentabilidade ambiental, a emenda introduziu a necessidade de o Poder Público manter regimes favorecidos para os biocombustíveis e para o hidrogênio de baixa emissão de carbono, garantindo uma tributação inferior àquela aplicada aos combustíveis fósseis. Tal medida é um estímulo à substituição da frota por veículos menos poluentes.

Novo texto

Art. 225. (...)

§ 1º (...)

(...)

VIII – manter regime fiscal favorecido para os biocombustíveis e para o hidrogênio de baixa emissão de carbono, na forma de lei comple-

> mentar, a fim de assegurar-lhes tributação inferior à incidente sobre os combustíveis fósseis, capaz de garantir diferencial competitivo em relação a estes, especialmente em relação às contribuições de que tratam o art. 195, I, "b", IV e V, e o art. 239 e aos impostos a que se referem os arts. 155, II, e 156-A.

Por fim, mas não menos importante, a reforma tributária prevê a criação do Fundo Nacional de Desenvolvimento Regional, que irá priorizar projetos que prevejam ações para a preservação do meio ambiente, conforme o novel art. 159-A, § 2º, da Constituição. Com isso, o sistema de proteção ao meio ambiente sustentável se completa dentro da reforma tributária.

Como se pode ver, a reforma tributária tem como objetivo claro fomentar a proteção ao meio ambiente, utilizando os tributos como indutores de condutas direcionadas à sustentabilidade.

1.2. Princípio da legalidade

Base do direito brasileiro, o princípio da legalidade também é um dos alicerces principais do Direito Tributário. Previsto no art. 150, I, da CRFB, de acordo com esse princípio, o tributo, de modo geral, somente poderá ser criado ou majorado por lei. Fundamenta-se no fato de que a lei emana do povo e a criação do tributo deverá respeitar a vontade popular.

Importante lembrar que não apenas a criação ou a majoração devem se dar por lei, mas também a redução, a extinção, o tratamento da alíquota, a base de cálculo e a imposição de penalidades, conforme disposto no art. 97 do Código Tributário Nacional.

Ademais, de acordo com o Supremo Tribunal Federal, a medida provisória tem força de lei, não violando o princípio da legalidade um tributo criado ou majorado por esse instrumento,[3] exatamente pelo fato de que tal medida tem força de lei. Entretanto, não pode a medida provisória

---

[3] Legitimidade, ao primeiro exame, da instituição de tributos por medida provisória com força de lei, e, ainda, do cometimento da fiscalização de contribuições previdenciárias à Secretaria da Receita Federal (**ADI 1.417 MC**, rel. Min. Octavio Gallotti, j. 07.03.1996, P, *DJ* 24.05.1996; **RE 479.134 AgR**, Rel. Min. Sepúlveda Pertence, j. 26-6-2007, 1ª T, *DJ* 17.08.2007).

Capítulo 1 – Direitos e garantias fundamentais do contribuinte

invadir a reserva de lei complementar (art. 62 da CRFB),[4] que, em matéria tributária, abrange, principalmente, a instituição de normas gerais.

Importante destacar que a reforma tributária trouxe inúmeras referências à lei complementar para sua regulamentação, exigindo um arsenal de normas para sua efetividade. Tal situação traz muitas dúvidas acerca da efetividade do sistema pós-reforma e como será a sua concretização.

No tocante ao **IVA dual** (imposto sobre bens e serviços e contribuição sobre bens e serviços), criado pela reforma, há relevantes reservas de lei complementar, como é o caso da sua própria criação, na forma dos arts. 156-A e 195, V, da Constituição, não cabendo a utilização de lei ordinária ou medida provisória. Tal situação reforça o próprio texto constitucional que exige lei complementar para o tratamento de regras gerais em matéria tributária.

Ademais, o Imposto sobre Bens e Serviços (**IBS**) será não cumulativo, compensando-se o imposto devido pelo contribuinte com o montante cobrado sobre todas as operações nas quais seja adquirente de bem material ou imaterial, inclusive direito, ou de serviço, excetuadas exclusivamente as consideradas de uso ou consumo pessoal especificadas na lei complementar. Essa reserva de lei complementar carrega em si uma profunda insegurança jurídica, pois bens de uso ou consumo deveriam já estar englobados pelo direito ao creditamento em razão da lógica da reforma tributária, que é garantir o direito à não cumulatividade plena. Com isso, caberá ao legislador regulamentar tal direito.

Ainda caberá à lei complementar, no tocante ao IBS (**art. 156-A, § 5º**):

I – as regras para a distribuição do produto da arrecadação do imposto, disciplinando, entre outros aspectos:

a) a sua forma de cálculo;

---

[4] Art. 62. Em caso de relevância e urgência, o Presidente da República poderá adotar medidas provisórias, com força de lei, devendo submetê-las de imediato ao Congresso Nacional. (Redação dada pela Emenda Constitucional nº 32, de 2001)
§ 1º É vedada a edição de medidas provisórias sobre matéria: (Incluído pela Emenda Constitucional nº 32, de 2001)
I – relativa a: (Incluído pela Emenda Constitucional nº 32, de 2001)
(...)
III – reservada a lei complementar;
(...).

b) o tratamento em relação às operações em que o imposto não seja recolhido tempestivamente;

c) as regras de distribuição aplicáveis aos regimes favorecidos, específicos e diferenciados de tributação previstos nesta Constituição;

II – o regime de compensação, podendo estabelecer hipóteses em que o aproveitamento do crédito ficará condicionado à verificação do efetivo recolhimento do imposto incidente sobre a operação com bens materiais ou imateriais, inclusive direitos, ou com serviços, desde que:

a) o adquirente possa efetuar o recolhimento do imposto incidente nas suas aquisições de bens ou serviços; ou

b) o recolhimento do imposto ocorra na liquidação financeira da operação;

III – a forma e o prazo para ressarcimento de créditos acumulados pelo contribuinte;

IV – os critérios para a definição do destino da operação, que poderá ser, inclusive, o local da entrega, da disponibilização ou da localização do bem, o da prestação ou da disponibilização do serviço ou o do domicílio ou da localização do adquirente ou destinatário do bem ou serviço, admitidas diferenciações em razão das características da operação;

V – a forma de desoneração da aquisição de bens de capital pelos contribuintes, que poderá ser implementada por meio de:

a) crédito integral e imediato do imposto;

b) diferimento; ou

c) redução em 100% (cem por cento) das alíquotas do imposto;

VI – as hipóteses de diferimento e desoneração do imposto aplicáveis aos regimes aduaneiros especiais e às zonas de processamento de exportação;

VII – o processo administrativo fiscal do imposto;

VIII – as hipóteses de devolução do imposto a pessoas físicas, inclusive os limites e os beneficiários, com o objetivo de reduzir as desigualdades de renda;

IX – critérios para as obrigações tributárias acessórias, visando sua simplificação.

Capítulo 1 – Direitos e garantias fundamentais do contribuinte

Os regimes específicos para combustíveis e lubrificantes, serviços financeiros, operações com bens imóveis, planos de assistência à saúde e concursos de prognósticos, sociedades cooperativas (será optativo, com vistas a assegurar sua competitividade), serviços de hotelaria, parques de diversão e parques temáticos, agências de viagens e de turismo, bares e restaurantes, atividade esportiva desenvolvida por Sociedade Anônima do Futebol e aviação regional, operações alcançadas por tratado ou convenção internacional, inclusive referentes a missões diplomáticas, repartições consulares, representações de organismos internacionais e respectivos funcionários acreditados, serviços de saneamento e de concessão de rodovias, serviços de transporte coletivo de passageiros rodoviário intermunicipal e interestadual, ferroviário, hidroviário e aéreo, operações que envolvam a disponibilização da estrutura compartilhada dos serviços de telecomunicações, bens e serviços que promovam a economia circular visando à sustentabilidade no uso de recursos naturais e operações com microgeração e minigeração distribuída de energia elétrica, inclusive o Sistema de Compensação de Energia Elétrica (SCEE), também deverão ser tratados por lei complementar. A reforma remete igualmente à lei complementar a manutenção de regime fiscal favorecido para os biocombustíveis e para o hidrogênio verde, conforme dito anteriormente.

Também caberá à lei complementar regulamentar a forma que se dará a integração do contencioso administrativo do IBS, bem como a definição de normas gerais aplicáveis às administrações tributárias da União, dos Estados, do Distrito Federal e dos Municípios, dispondo sobre deveres, direitos e garantias dos servidores das respectivas carreiras.

Tal reserva é importante porque resta clara a inaplicabilidade do Decreto 70.235/1972, que regula o processo administrativo fiscal federal, pois não se trata de lei complementar. Nesse mesmo sentido, caberá à lei complementar tratar do processo administrativo fiscal que envolve o IBS e o funcionamento do Comitê Gestor.

Outrossim, caberá a lei complementar a regulamentação do *cashback*, que consiste na devolução da CBS às pessoas físicas com o objetivo de reduzir as desigualdades de rendas, sendo um importante instrumento para a efetivação da redução da regressividade no sistema tributário nacional, que também é um princípio a ser observado.

Com isso, a forma pela qual se dará a restituição ao cidadão deverá ser regulamentada por lei complementar. Trata-se de um nítido excesso previsto no texto da emenda porque não estamos diante da definição de normas gerais, fato gerador, responsabilidade ou forma de incidência. Estamos diante do simples direito à restituição para pessoas de baixa renda e a exigência de lei complementar dificulta e burocratiza um procedimento que deveria ser simples e rápido, para efetivação de um direito fundamental. A lei complementar que regulamentou o *cashback* foi a LC 214/2025, que prevê em seu art. 112 que serão devolvidos para pessoas físicas que forem integrantes de famílias de baixa renda a CBS, pela União, e o IBS, pelos estados, pelo Distrito Federal e pelos municípios.

Para ser beneficiário da devolução, o indivíduo deve ser responsável por unidade familiar de família de baixa renda cadastrada no Cadastro Único para Programas Sociais do Governo Federal (CadÚnico), possuir renda familiar mensal *per capita* de até meio salário mínimo nacional, ser residente no território nacional e possuir inscrição em situação regular no CPF.

A inclusão será automática, sendo que a exclusão deve ser feita a pedido, a qualquer tempo; e as devoluções serão concedidas no momento da cobrança, caso se trate de fornecimento domiciliar de energia elétrica, abastecimento de água, esgotamento sanitário e gás canalizado e de fornecimento de serviços de telecomunicações.

O percentual de devolução será de 100% para a CBS e 20% para o IBS na aquisição de botijão de até 13 kg de gás liquefeito de petróleo, nas operações de fornecimento domiciliar de energia elétrica, abastecimento de água, esgotamento sanitário e gás canalizado e nas operações de fornecimento de telecomunicações e 20% para a CBS e para o IBS, nos demais casos, conforme o art. 18 da respectiva lei complementar. Tais percentuais poderão ser fixados em montante superior por lei específica de cada ente federado.

Importante frisar que, para garantir o mínimo existencial, a reforma tributária ainda criou o conceito da cesta básica nacional de alimentos, reduzindo a zero as alíquotas do IBS e da CBS incidentes sobre as vendas de produtos destinados à alimentação humana, que estejam previstos no anexo I[5] da Lei Complementar 214/2025.

---

[5]

ITEM	DESCRIÇÃO DO PRODUTO
1	Arroz das subposições 1006.20 e 1006.30 e do código 1006.40.00 da NCM/SH
2	Leite, em conformidade com os requisitos da legislação específica relativos ao consumo direto pela população, classificado nos códigos 0401.10.10, 0401.10.90, 0401.20.10, 0401.20.90, 0401.40.10 e 0401.50.10 da NCM/SH

Caberá ainda à lei complementar proteger a Zona Franca de Manaus e instituir o Fundo de Sustentabilidade e Diversificação Econômica do Estado do Amazonas.

ITEM	DESCRIÇÃO DO PRODUTO
3	Leite em pó, em conformidade com os requisitos da legislação específica, classificado nos códigos 0402.10.10, 0402.10.90, 0402.21.10, 0402.21.20, 0402.29.10 e 0402.29.20 da NCM/SH
4	Fórmulas infantis, em conformidade com os requisitos da legislação específica, classificadas nos códigos 1901.10.10, 1901.10.90 e 2106.90.90 da NCM/SH
5	Manteiga do código 0405.10.00 da NCM/SH
6	Margarina do código 1517.10.00 da NCM/SH
7	Feijões dos códigos 0713.33.19, 0713.33.29, 0713.33.99 e 0713.35.90 da NCM/SH
8	Café da posição 09.01 e da subposição 2101.1, ambos da NCM/SH
9	Óleo de babaçu do código 1513.21.20 da NCM/SH, em conformidade com os requisitos da legislação específica relativos ao consumo como alimento
10	Farinha de mandioca classificada no código 1106.20.00 da NCM/SH e tapioca e seus sucedâneos do código 1903.00.00 da NCM/SH
11	Farinha, grumos e sêmolas, de milho, dos códigos 1102.20.00 e 1103.13.00 da NCM
12	Grãos de milho classificados no código 1104.19.00 e do código 1104.23.00 da NCM/SH
13	Farinha de trigo do código 1101.00.10 da NCM/SH
14	Açúcar classificado nos códigos 1701.14.00 e 1701.99.00 da NCM/SH
15	Massas alimentícias da subposição 1902.1 da NCM/SH
16	Pão comumente denominado pão francês, de formato cilíndrico e alongado, com miolo branco creme e macio, e casca dourada e crocante, elaborado a partir da mistura ou pré-mistura de farinha de trigo, fermento biológico, água, sal, açúcar, aditivos alimentares e produtos de fortificação de farinhas, em conformidade com a legislação vigente, classificado no código 1905.90.90 da NCM/SH e a pré-mistura ou massa, para preparação do pão comumente denominado pão francês, dos códigos 1901.20.10 e 1901.20.90 da NCM/SH
17	Grãos de aveia dos códigos 1104.12.00 e 1104.22.00 da NCM/SH
18	Farinha de aveia classificada no código 1102.90.00 da NCM/SH
19	Carnes bovina, suína, ovina, caprina e de aves e produtos de origem animal (exceto foies gras) dos seguintes códigos, subposições e posições da NCM/SH: a) 02.01, 02.02, 0206.10.00, 0206.2 e 0210.20.00; b) 02.03, 0206.30.00, 0206.4, 0209.10 e 0210.1; c) 02.04 e 0210.99.20, carne caprina classificada no código 0210.99.90 e miudezas comestíveis de ovinos e caprinos classificadas nos códigos 0206.80.00 e 0206.90.00; d) 02.07, 0209.90.00 e 0210.99.1, exceto os produtos dos códigos 0207.43.00 e 0207.53.00

O texto prevê que, nas operações contratadas pela administração pública direta, por autarquias e por fundações públicas, inclusive suas importações, o produto da sua arrecadação será integralmente destinado ao ente federativo contratante, mediante redução a zero das alíquotas do imposto e da contribuição devidos aos demais entes, e tais operações de que trata poderão ter alíquotas reduzidas de modo uniforme, nos termos de lei complementar.

Como se trata de um benefício previsto no texto constitucional, os requisitos para sua aplicação devem estar presentes na lei complementar. Frise-se que a Lei Complementar em questão é a de nº 214/2025.

Além disso, a Constituição prevê a criação de um novo tributo, que é o **imposto seletivo**. Este, assim como o imposto sobre grandes fortunas, somente poderá ser instituído por lei complementar, aplicando-se o disposto no art. 146, III, da Lei Maior. Em outras palavras, não é o conceito do que é nocivo à saúde e ao meio ambiente que deve estar previsto em lei complementar, mas a própria criação do tributo, pois todas as normas gerais relativas aos impostos devem ser regidas

ITEM	DESCRIÇÃO DO PRODUTO
20	Peixes e carnes de peixes (exceto salmonídeos, atuns, bacalhaus, hadoque, saithe e ovas e outros subprodutos) dos seguintes códigos, subposições e posições da NCM/SH: a) 03.02; exceto os produtos das subposições e dos códigos 0302.1, 0302.3, 0302.51.00, 0302.52.00, 0302.53.00 e 0302.9 da NCM/SH; b) 03.03; exceto os produtos das subposições e dos códigos 0303.1, 0303.4, 0303.63.00, 0303.64.00, 0303.65.00 e 0303.9 da NCM/SH; c) 03.04; exceto os salmonídeos, atuns, bacalhaus, hadoque e saithe classificados nas subposições 0304.4, 0304.5, 0304.7, 0304.8 e 0304.9 da NCM/SH
21	Queijos tipo mozarela, minas, prato, queijo de coalho, ricota, requeijão, queijo provolone, queijo parmesão, queijo fresco não maturado e queijo do reino classificados nos códigos 0406.10.10, 0406.10.90, 0406.20.00, 0406.90.10, 0406.90.20 e 0406.90.30 da NCM/SH
22	Sal em conformidade com os requisitos da legislação específica relativos ao teor de iodo enquadrado nos limites próprios para consumo humano classificado nos códigos 2501.00.20 e 2501.00.90 da NCM/SH
23	Mate da posição 09.03 da NCM/SH
24	Farinha com baixo teor de proteína para pessoas com aminoacidopatias, acidemias e defeitos do ciclo da ureia da NCM 1901.90.90
25	Massas com baixo teor de proteína para pessoas com aminoacidopatias, acidemias e defeitos do ciclo da ureia da NCM 1902.19.00
26	Fórmulas Dietoterápicas para Erros Inatos do Metabolismo da NCM 2106.9090

Capítulo 1 – Direitos e garantias fundamentais do contribuinte

por essa espécie normativa. Frise-se que sua alíquota poderá ser tratada por lei ordinária e não temos exceção ao princípio da legalidade no caso concreto. Assim, o imposto seletivo dependerá de lei ordinária para definição e alteração de suas alíquotas.

Como se pode ver, são diversas as reservas de lei complementar previstas na reforma tributária, hipóteses essas que não poderão ser tratadas por lei ordinária ou medida provisória, cabendo ao legislador os ajustes necessários para a efetivação do novo texto constitucional, que deverá ocorrer em até 180 dias da promulgação da emenda.

A reforma não prevê exceções ao princípio da legalidade; pelo contrário, exige lei onde ela era dispensada. Tal situação, repita-se, ocorre com o imposto seletivo, que é praticamente a efetivação da seletividade em razão da essencialidade, princípio aplicável, obrigatoriamente, ao Imposto sobre Produtos Industrializados (IPI). O texto constitucional deixa claro que o novel imposto somente poderá ter suas alíquotas fixadas em lei ordinária, podendo ser específicas, por unidade de medida adotada, ou *ad valorem*, quando o IPI pode ter alíquotas alteradas por ato do Poder Executivo.

Outro ponto que passa a ter a lei como segurança é a **atualização da base de cálculo do IPTU**. Atualmente, o CTN prevê, em seu art. 97, § 2º, que a atualização da base de cálculo dos tributos de acordo com os índices oficiais de inflação não representa majoração, não devendo, portanto, se submeter à legalidade. Tal entendimento é reforçado pela Súmula 160 do STJ. Com a reforma, o Executivo municipal continuará podendo atualizar o IPTU, desde que resguardados os requisitos previstos em lei ordinária. Em outras palavras, a reforma define que, somente após a edição da lei formal, determinando os critérios, o Executivo poderá atualizar a base de cálculo do imposto.

Assim, percebe-se que a reforma tributária ampliou as garantias do contribuinte, afinal a lei emana do povo e a estrita legalidade garantirá previsibilidade e segurança jurídica para o sistema após o período de transição e efetivação da reforma.

1.3. Princípio da isonomia – o *cashback* como efetivação da progressividade

Um dos elementos motivadores da reforma tributária brasileira é a histórica regressividade do nosso sistema, em que os mais pobres suportam, proporcionalmente, uma carga tributária maior que os mais ricos.

A Constituição de 1988 tentou evitar tal situação, prevendo a aplicação do princípio da isonomia no art. 150, II, determinando o tratamento desigual, visto que os contribuintes se desigualam. De acordo com o referido princípio, o direito tributário deve ser um instrumento de justiça fiscal, fazendo que os mais pobres paguem menos tributos que os mais ricos.

Nessa mesma toada, o art. 145, § 1º, da Constituição prevê o princípio da capacidade contributiva, impondo que os tributos incidam de acordo com a capacidade econômica do contribuinte.

Entretanto, a tributação sobre patrimônio e renda no Brasil é baixa se comparada aos países desenvolvidos, enquanto a tributação sobre o consumo é deveras elevada.

Dessa forma, proporcionalmente a sua renda e capacidade contributiva, o indivíduo mais pobre suporta uma carga tributária superior à dos mais ricos, pois a tributação do consumo será a mesma para ambos.

O princípio da isonomia é um dos pilares do direito brasileiro em todas as suas expressões, sendo um direito fundamental inafastável. Tal princípio tem fundamento no *caput* do art. 5º da CF/1988, abrindo o capítulo dos direitos individuais, *in verbis*:

> Art. 5º Todos são iguais perante a lei, sem distinção de qualquer natureza, garantindo-se aos brasileiros e aos estrangeiros residentes no País a inviolabilidade do direito à vida, à liberdade, à igualdade, à segurança e à propriedade, nos termos seguintes:
>
> (...).

Em matéria tributária, a isonomia deve ser aplicada de modo que a tributação atinja todos os sujeitos passivos do crédito tributário para atingir a sua capacidade econômica, conforme interpretação do art. 150, II, da CRFB em consonância com o art. 145, § 1º, supracitado.

Os contribuintes não podem ser tratados igualmente, mas de forma desigual, ou seja, equivalente. Nesse sentido, Ives Gandra:

> A equivalência é uma igualdade mais ampla, a que se poderia chamar de equipolência... A igualdade exige absoluta consonância em todas as partes, o que não é da estrutura do princípio da equivalência. Situações iguais na equipolência, mas diferentes na forma, não podem ser tratadas diversamente. (...) Os desiguais,

em situações de aproximação devem ser tratados, pelo princípio da equivalência, de forma igual, em matéria tributária, visto que na igualdade absoluta, na equivalência, não existe, mas apenas a igualdade na equiparação de elementos (peso, valor etc.).[6]

Assim, o princípio da isonomia exige a reunião de indivíduos de acordo com a sua semelhança para aplicação da norma e, no direito tributário, o principal critério para o agrupamento de indivíduos deve ser a capacidade contributiva.

Outrossim, segundo Misabel Derzi, existem cinco critérios de comparação:

1. na proibição de distinguir(universalmente) na aplicação da lei, em que o valor básico protegido é a segurança jurídica;

2. na proibição de distinguir no teor da lei, vedação que salvaguarda valores democráticos como abolição de privilégios e de arbítrio. Os princípios da generalidade e da universalidade estão a seu serviço e tem como destinatários todos aqueles considerados iguais;

3. no dever de distinguir no conteúdo da lei entre desiguais, e na medida dessa desigualdade. No direito tributário, o critério básico que mensura a igualdade ou a desigualdade é a capacidade econômica do contribuinte;

4. no dever de considerar as grandes desigualdades econômico--materiais advindas dos fatos, com o fim de atenuá-las e restabelecer o equilíbrio social. A progressividade dos tributos favorece a igualação das dispares condições concretas, em vez de conservá-las ou acentuá-las;

5. na possibilidade de derrogações parciais ou totais ao princípio da capacidade contributiva pelo acolhimento de valores constitucionais como critérios de comparação, os quais podem inspirar progressividade, regressividade, isenções e benefícios, na busca de um melhor padrão de vida para todos, dentro dos planos de desenvolvimento nacional integrado e harmonioso.[7]

---

[6] MARTINS, Ives Gandra da Silva. **O sistema tributário na Constituição**. 6. ed. São Paulo: Saraiva, 2007. p. 263-265.

[7] BALEEIRO, Aliomar. **Limitações Constitucionais ao poder de tributar**. 7. ed. Rio de Janeiro: Forense, 2006.

Como se pode ver, o objetivo da isonomia é garantir tratamento diferenciado para aqueles que estão em situação diferenciada. Para isso, adota-se o princípio da capacidade contributiva como corolário da isonomia, uma vez que o indivíduo deverá ser tributado de acordo com a riqueza externalizada, cabendo a concessão de isenções para aqueles que apresentam a ausência de riqueza.

Esse tratamento diferenciado é fundamental para um sistema equilibrado e progressivo, em que os ricos suportam uma maior carga tributária proporcionalmente a sua renda, gerando uma relevante distribuição de riquezas para favorecer o desenvolvimento socioeconômico das camadas mais hipossuficientes da sociedade.

Entretanto, a concessão de isenção e outros benefícios fiscais como diferimento, anistia etc. não favorecem a isonomia porque beneficiam linearmente toda a sociedade, até mesmo aqueles que não carecem do benefício. A reforma tributária traz uma novidade que de fato ataca o cerne do problema, que é a possibilidade de devolução dos valores pagos a título de Imposto sobre Bens e Serviços (IBS) e Contribuição sobre Bens e Serviços (CBS) para a população carente economicamente. Percebe-se que, com essa medida, temos um benefício direcionado para aqueles que de fato precisam dele.

Com o objetivo de reduzir essa regressividade, a reforma tributária previu um importante instrumento, que é o *cashback*, ou seja, a devolução da contribuição sobre bens e serviços para a população com menor capacidade contributiva.

Tal medida é de suma importância para reduzir a regressividade do sistema, pois se aplica especificamente para aquela camada da população que de fato necessita do benefício. Em outras palavras, quando o Poder Público concede uma isenção para determinado setor da economia, todos se beneficiam de forma linear, mesmo aqueles que não precisam do benefício. Com a devolução da contribuição, o benefício é direcionado, protege a população carente e aumenta sua capacidade contributiva, pois o tributo lhe é devolvido para que possa gastar de acordo com seu interesse, aumentando sua capacidade contributiva.

A devolução da CBS será obrigatória nas operações com fornecimento de energia elétrica e com gás liquefeito de petróleo ao consumidor de baixa renda, podendo a lei complementar determinar que seja calculada e concedida no momento da cobrança da operação. Tal medida é muito importante porque transferir o ônus da tributação para os mais pobres é injusto e viola a isonomia.

Ademais, no novo § 4º introduzido no art. 145 da CRFB, resta claro o objetivo de redução da regressividade no sistema tributário brasileiro e, somente com isonomia, capacidade contributiva e redução da tributação do consumo proporcional ao aumento da tributação da renda e do patrimônio, será possível o atingimento desse princípio.

Por fim, a reforma previu tratamento diferenciado para as sociedades cooperativas, que será optativo, com objetivo de assegurar sua competitividade, observados os princípios da livre concorrência e da isonomia tributária, cabendo à lei complementar tal regulamentação. Também será mantido o Simples Nacional, que é um tratamento diferenciado para microempresas e empresas de pequeno porte, que são tratadas de forma diferenciada para terem mais competitividade com relação às empresas médias e grandes.

O *cashback* foi regulamentado no art. 112 da LC 214/2025,[8] que expressa claramente a obrigação dos entes federados devolverem às pessoas físicas integrantes de famílias de baixa renda a CBS e o IBS.

Fará jus à devolução dos tributos o responsável por unidade familiar de família de baixa renda cadastrada no Cadastro Único para Programas Sociais do Governo Federal (CadÚnico) que tenha renda familiar *per capita* inferior a meio salário mínimo nacional. Além disso, deve ser brasileiro e ter inscrição no CPF e sua inclusão será automática, podendo o indivíduo pedir a exclusão a qualquer momento.

Nos casos previstos na Constituição de forma expressa, como o fornecimento domiciliar de energia elétrica, abastecimento de água, esgotamento sanitário e gás canalizado e de fornecimento de serviços de telecomunicações, as devoluções serão concedidas no momento da cobrança, automaticamente.

Percebe-se que a efetivação do direito se dará efetivamente pela concessionária de serviço público, que deverá instrumentalizar o desconto dos valores respectivos.

O percentual a ser devolvido ao cidadão de baixa renda será de 100% para a CBS e 20% para o IBS na aquisição de botijão de até 13 kg de gás liquefeito de petróleo, nas operações de fornecimento domiciliar de energia elétrica, abastecimento de água, esgotamento sanitário

---

[8] Art. 112. Serão devolvidos, nos termos e limites previstos neste Capítulo, para pessoas físicas que forem integrantes de famílias de baixa renda: I – a CBS, pela União; e II – o IBS, pelos Estados, pelo Distrito Federal e pelos Municípios.

e gás canalizado e nas operações de fornecimento de telecomunicações e 20% para a CBS e para o IBS, nos demais casos.

Ademais, os entes federados poderão ampliar os percentuais de devolução por lei própria, devendo estar atentos aos limites estabelecidos pela lei de responsabilidade fiscal, pois as respectivas devoluções serão deduzidas da arrecadação, mediante anulação da respectiva receita.

Outro importante instrumento trazido pela Lei Complementar 214/2025 para efetivar a isonomia é a cesta básica nacional, cuja alíquota do IBS e da CBS foram reduzidas a zero. Tal medida garante a segurança alimentar da população carente, reduzindo o custo dos alimentos essenciais.

1.4. Princípio da simplicidade

Um dos principais objetivos da reforma tributária é a simplificação do sistema tributário brasileiro, conhecido por ser um dos mais complexos do mundo. Os impostos sobre o consumo reforçam essa complexidade, uma vez que são cobrados em cadeia e por entes tributantes distintos, o que faz que existam diversas normas a serem cumpridas, impostas pela respectiva esfera de poder.

Com a reforma, um dos principais pontos que colabora com a simplicidade é o **fim da tributação por dentro,** que foi aplicada durante anos ao Imposto sobre Circulação de Mercadorias e Serviços (ICMS), de modo que o contribuinte passa a ter a informação exata do tributo que suporta e a apuração passa a ser mais rápida e com menor necessidade de cálculos complexos para a formação do preço. Aliás, o texto promulgado deixa claro que, sempre que possível, o documento fiscal deverá conter o tributo incidente.

Outro ponto interessante é a consolidação do ICMS e do ISSQN em um único imposto, o **Imposto sobre Bens e Serviços (IBS)**. Com essa fusão, o contribuinte não precisará mais conhecer cada lei estadual ou municipal para recolher seus tributos, pois a legislação aplicável será nacional e para todos.

Assim, com a aplicação do **princípio da simplicidade**, o objetivo é que a tributação seja de fácil acesso e entendimento para todos os contribuintes, que terão uma maior facilidade para estarem em conformidade com a legislação aplicável.

Importante frisar que as receitas, no exercício do poder regulamentar, deverão também instituir normas simplificadas e de fácil

Capítulo 1 – Direitos e garantias fundamentais do contribuinte

cumprimento e entendimento, sob pena de violação do princípio sob análise. Os meios não poderão prejudicar os fins a que se destinam; em outras palavras, mesmo que a finalidade seja a arrecadação, sua busca deve se dar de forma simples, clara e de fácil acesso a qualquer cidadão, não podendo ser aplicados embaraços meramente formais.

1.5. Princípio da transparência

O direito tributário deve ser transparente, de fácil entendimento, e todos os cidadãos devem ser informados da carga tributária a que estão submetidos. A ideia de transparência não é uma novidade trazida pela reforma, porque, no texto constitucional, já estava prevista, no art. 150, § 5º,[9] em sua redação original.

Tal dispositivo, que prevê o direito à informação do cidadão acerca da carga de impostos que suporta, jamais foi cumprido de forma eficiente, visto que não há como informar, nos documentos fiscais, a incidência de tributos por dentro e em cascata.

A reforma, quando subtrai esse tipo de incidência tributária, faz que o cidadão tenha a informação exata acerca da carga tributária que deve suportar, pois, com a incidência por fora, mesmo o leigo consegue calcular a carga tributária que deve pagar.

Essa medida é importante para que seja consolidada a cidadania fiscal, porque, ao saber o quanto suporta de carga tributária, o contribuinte terá a possibilidade de exigir a contraprestação respectiva a ser entregue pelo Estado. É pode meio da tributação que o Estado existe e se mantém. Com isso, a transparência é fundamental para que a relação entre Estado e cidadão seja equilibrada.

Essa ideia de pagar tributo como um dever do cidadão consiste na tese formulada por José Casalta Nabais, *in verbis*:

> Como dever fundamental, o imposto não pode ser encarado nem como um mero poder para o Estado, nem como um mero sacrifício para os cidadãos, constituindo antes o contributo indispensável a uma vida em comunidade organizada em estado fiscal. Um tipo de Estado que tem na subsidiariedade da sua própria acção

---

[9] Art. 150. (...) § 5º A lei determinará medidas para que os consumidores sejam esclarecidos acerca dos impostos que incidam sobre mercadorias e serviços.

(económico-social) e no primado da autorresponsabilidade dos cidadãos pelo seu sustento o seu verdadeiro suporte.[10]

Assim, com a transparência fiscal e o direito à informação efetivados, o contribuinte exerce sua cidadania e direitos fundamentais, pois poderá entender e fiscalizar a arrecadação e a aplicação dos recursos públicos provenientes da carga tributária.

Dessa forma, deixa de ser possível a famigerada incidência de tributos por dentro, como ocorre com o Imposto sobre Circulação de Mercadorias e Serviços (ICMS), em que o imposto incide sobre ele próprio, sendo impossível para o sujeito passivo comum a compreensão do cálculo do tributo.

Com o fim da incidência por dentro, encerra-se o efeito de anestesia fiscal, em que o contribuinte não percebe o montante do tributo que está suportando. Joana Celorico Palma discorre sobre o assunto:

> Este imposto produz, tecnicamente, um efeito de anestesia fiscal dado que, ao incorporar o valor do imposto no preço de aquisição do bem ou serviço, o pagamento do imposto equivale ao pagamento do preço do produto fornecido ou do serviço prestado, tornando assim menos perceptível o montante de carga fiscal a suporta pelo contribuinte, o que, consequentemente, provoca uma menor consciência da quantia que se despende a esse nível.[11]

Assim, ganha o contribuinte, que terá mais informações acerca do sistema tributário e poderá exigir o retorno da contraprestação relacionada com a reinserção dos valores pagos a título de tributos na economia.

Ademais, a transparência fiscal em questão deve ser interpretada também como uma forma de ampliar à sociedade o direito à informação acerca dos gastos tributários do próprio poder público, de modo que possa haver um controle social.

---

[10] NABAIS, José Casalta. **O dever fundamental de pagar impostos**. Coimbra: Almedina, 1998. p. 679.

[11] PALMA, Joana de Azevedo e Castro Celorico. **O exercício do Direito à Dedução em IVA** – uma análise dos requisitos fundamentais. Lisboa: Rei dos Livros/Letras e Conceitos, 2021. p. 19.

Assim, benefícios fiscais devem ser publicizados para que todos tenham ciência de quanto o poder público deixou de arrecadar com determinado setor da economia, garantindo o interesse da coletividade. Nesse sentido, leciona Lúcio Pimentel:

> O principal interesse em quantificar os gastos tributários é o conhecimento de tais valores para que o Governo possa mobilizar novos recursos tributários e para os fins que, por princípio, podiam garantir a realização de inúmeros interesses públicos, em especial os de natureza tributária.
>
> Não obstante, o interesse de quantificação dos gastos tributários vai muito para além dos interesses financeiros, mas também os interesses sociais, culturais e no âmbito do desenvolvimento sustentado.[12]

A transparência, como se pode ver, não é somente garantir a difusão da informação acerca do quanto o contribuinte suporta da carga tributária diretamente, mas também garantir que o cidadão esteja informado sobre o quanto Estado deixa de arrecadar com benefícios fiscais, impactando a sociedade como um todo, garantido a isonomia.

1.6. Princípio da justiça tributária e cooperação

A justiça tributária pode ser traduzida pelo acesso de cada elemento do sistema ao que lhe cabe por direito. Em outras palavras, deve o Estado arrecadar para fazer frente aos direitos fundamentais do cidadão, garantidos nos objetivos da Constituição.

Por esse princípio, cabe ao contribuinte recolher os tributos de forma devida, entregando ao Estado o que lhe pertence, e a este cabe devolver ao cidadão o mínimo existencial, como saúde, educação, segurança pública, um meio ambiente equilibrado e justiça social.

Segundo Sidney Stahl:

> *Fair play* é, antes de tudo, um conceito ético que pode ser aplicado a qual- quer atividade na qual se persiga justiça (*fair* significa "justo"), ou seja, a qualquer atividade na qual se busque alcançar a

---

[12] PIMENTEL, Lúcio. **A transparência fiscal**. Porto: Vida Económica, 2024. p. 27.

> justiça em situações de confronto, quer seja um confronto esportivo, quer seja o confronto de ideias, quer seja o confronto jurídico.
> (...)
>
> No seu art. 6º, o NCPC introduziu o princípio da cooperação, que passa a compor os róis de princípios norteadores do direito pátrio. Usamos a expressão no plural – róis – porque no substrato jurídico nacional temos outros princípios apontados a partir da Constituição, mas que se encontram também nas demais normas legais. O referido artigo estabelece que "todos os sujeitos do processo devem cooperar entre si para que se obtenha, em tempo razoável, decisão de mérito justa e efetiva".
> (...)
>
> Na realidade, o NCPC estabelece o *fair play* na disputa processual. Cooperação em termos processuais implica diminuir a litigiosidade e aumentar a transparência entre as partes. Os objetivos são os traçados no artigo: justiça, efetividade e celeridade. Não há na norma processual qualquer sanção específica à falta de cooperação, mas é princípio e servirá ao magistrado para provocar-lhe o convencimento.[13]

Tal princípio é o pilar de qualquer sociedade justa e equilibrada, em que os integrantes do contrato social devem assumir o seu compromisso no equilíbrio de poder e organização estatal, cooperando para um ambiente de negócios equilibrado em que o particular recolha os tributos devidos em qualquer dúvida acerca da sua incidência.

2. IMUNIDADES

2.1. Imunidade dos templos de qualquer culto

A imunidade religiosa, prevista no art. 150, VI, "b", da CRFB, sempre foi objeto de discussões doutrinárias e jurisprudenciais, sendo

---

[13] STAHL, Sidney. **O princípio da cooperação no processo tributário**: uma reflexão sobre *fair play* jurídico. Disponível em: https://www.google.com/url?sa=t&rct=j&q=&esrc=s&source=web&cd=&ved=2ahUKEwjmi8nA9rGDAxVApJUCHanjBsIQFnoECBQQAQ&url=https%3A%2F%2Fopenaccess.blucher.com.br%2Fdownload-pdf%2F438%2F21779&usg=AOvVaw3-p69GffZdjVEQ-53GeOQNg&opi=89978449. Acesso em: 28.12.2023.

Capítulo 1 – Direitos e garantias fundamentais do contribuinte

certo que seu objetivo principal é garantir o direito fundamental de o indivíduo professar livremente a sua fé.

Com isso, os templos de qualquer culto são imunes aos impostos sobre patrimônio, renda e serviços relacionados com a sua atividade essencial. O intérprete constitucional historicamente analisou de forma extensiva essa imunidade, aplicando-a aos imóveis alugados ao particular, às casas paroquiais, aos veículos utilizados pelo templo etc.

Um dos importantes juristas que defendem essa corrente é Aliomar Baleeiro, que afirma:

> O templo não deve ser apenas a igreja, a sinagoga ou edifício principal, onde se celebra a cerimônia pública, mas também a dependência acaso contígua, o convento, os anexos por força de compreensão, inclusive a casa ou residência do pároco ou pastor, desde que não empregados em fins econômicos.[14]

O professor Marcus Abraham reforça o entendimento amplo do conceito de "templo" ligado às finalidades essenciais:

> O conceito constitucional de templo engloba não apenas o prédio onde acontece o culto (igrejas, sinagogas, mesquitas, terreiros, centro espíritas etc.) e seus anexos, mas alcança, na verdade, o patrimônio, a renda e os serviços relacionados com as finalidades essenciais das entidades religiosas.[15]

O constituinte derivado também adotou a postura de ampliar o escopo da imunidade, como ocorreu com a edição da EC 116/2022,[16] que previu a imunidade do Imposto Predial e Territorial Urbano (IPTU), aos imóveis de propriedade do particular que estejam alugados ao templo religioso.

---

[14] BALEEIRO, Aliomar. **Limitações constitucionais ao poder de tributar**. Atualização de Misabel Abreu Machado Derzi. 7. ed. Rio de Janeiro: Forense, 1998. p. 311.

[15] ABRAHAM, Marcus. **Curso de Direito Tributário Brasileiro**. 4. ed. Rio de Janeiro: Forense, 2023. p. 143.

[16] Art. 156. (...) § 1º-A. O imposto previsto no inciso I do *caput* deste artigo não incide sobre templos de qualquer culto, ainda que as entidades abrangidas pela imunidade de que trata a alínea "b" do inciso VI do *caput* do art. 150 desta Constituição sejam apenas locatárias do bem imóvel.

Como se pode ver, a opção do sistema brasileiro é de extensão da imunidade para garantir o direito fundamental à fé. Entretanto, na prática, muitos templos religiosos mantinham entidades beneficentes para atender às suas comunidades e a imunidade não era estendida a essas instituições, que, para poderem obter a benesse fiscal, precisavam se utilizar da imunidade prevista na alínea "c" do art. 150, VI. Entretanto, para o gozo dessa imunidade, há de serem preenchidos os requisitos da lei, que a transforma em um benefício mais complexo.

Atualmente, para instituições assistenciais e beneficentes gozarem de imunidade, devem ser preenchidos os requisitos do art. 14 do CTN, o que, para alguns templos religiosos, dificulta a sua aplicação, pois são instituições internacionais que remetem valores ao exterior para aplicação em outras beneficentes em países ainda mais carentes que o Brasil.

Assim, por dificultar a entrega da imunidade, o constituinte derivado, na reforma tributária, estende a imunidade dos templos de qualquer culto incluindo suas "organizações assistenciais e beneficentes". Tal alteração é deveras importante porque a imunidade em questão é uma norma constitucional de eficácia plena, não devendo ser aplicados os requisitos da lei para que as entidades relacionadas com instituições religiosas gozem da imunidade tributária dos impostos sobre patrimônio, renda e serviços.

Dessa forma, uma entidade beneficente autônoma, não relacionada com um templo religioso, deverá preencher os requisitos da lei para o gozo da imunidade, visto que sua proteção está prevista no art. 150, VI, "c", da CRFB, que é uma norma constitucional de eficácia limitada, enquanto uma entidade com as mesmas características, mas que esteja sob controle de uma entidade religiosa, não precisará preencher tais requisitos, bastando que seus atos constitutivos estejam efetivamente registrados e seu funcionamento seja regular.

Parece uma medida que fere a isonomia, mas, pelo contrário, ela a reforça, pois a finalidade da imunidade dos templos é efetivar um direito fundamental do cidadão, uma vez que o direito à fé é inafastável.

Com maestria, o professor Roque Carrazza[17] reforça a fundamentalidade desse valor constitucional ao afirmar que "o sentimento religioso é uma das marcas mais expressivas do gênero humano"; logo, "o cidadão pode praticar a religião que quiser – ou não praticar nenhuma".

---

[17] CARRAZZA, Roque Antonio. **Imunidades tributárias dos templos e instituições religiosas**. São Paulo: Noeses, 2015. p. 68.

Capítulo 1 – Direitos e garantias fundamentais do contribuinte

O princípio da liberdade religiosa, em termos gerais, não pode ser limitado, censurado ou negligenciado, sob nenhum pretexto, ideologia ou justificativa pelo Estado, pois é cláusula pétrea e encontra-se inserido no rol dos direitos e das garantias fundamentais, sendo um dos principais pilares do desenho institucional previsto em nossa Carta Maior, em seu art. 5º, inciso VI:

> (...) é inviolável a liberdade de consciência e de crença, sendo assegurado o livre exercício dos cultos religiosos e garantida, na forma da lei, a proteção aos locais de culto e suas liturgias;
>
> (...).

Em razão do exposto, temos a expressão da imunidade religiosa em sua maior amplitude com a aprovação da reforma tributária, reforçando um entendimento já adotado pelo STF, no julgamento do tema 336 da repercussão geral.[18]

Por fim, mas não menos importante, as entidades beneficentes relacionadas com os templos religiosos deverão preencher os requisitos da Lei Complementar 187/2021 para gozarem da imunidade das contribuições sociais para a seguridade social, sendo certo que o art. 150, VI, "b", somente se aplica aos impostos sobre patrimônio, renda e serviços.

2.2. Imunidade recíproca

A imunidade recíproca também foi ampliada pela reforma tributária, reforçando a jurisprudência que já estava consolidada com relação ao serviço postal.

Novo texto

Art. 150. (...)

(...)

§ 2º A vedação do inciso VI, "a", é extensiva às autarquias e às fundações instituídas e mantidas pelo poder público e à empresa pública presta-

---

[18] "As entidades religiosas podem se caracterizar como instituições de assistência social a fim de se beneficiarem da imunidade tributária prevista no artigo 150, VI, 'c', da Constituição, que abrangerá não só os impostos sobre o seu patrimônio, renda e serviços, mas também impostos sobre a importação de bens a serem utilizados na consecução de seus objetivos estatutários."

> dora de serviço postal, no que se refere ao patrimônio, à renda e aos serviços vinculados a suas finalidades essenciais ou às delas decorrentes.

O assunto foi objeto de debates jurisprudenciais e já estava consolidado no sentido da extensão da imunidade à Empresa Brasileira de Correios e Telégrafos.

> Direito tributário. Agravo regimental em ação civil originária. Incidência de IPVA sobre veículos automotores da empresa de correios e telégrafos. Recurso de agravo improvido. 1. A jurisprudência desta Suprema Corte assentou o entendimento de que a imunidade recíproca prevista no art. 150, VI, "a", e §§ 2º e 3º, da Constituição Federal, é extensível à ECT, prestadora de serviços públicos essenciais, obrigatórios e exclusivos do Estado, quais sejam, o serviço postal e o correio aéreo nacional (art. art. 21, X, da CF/88). 2. A imunidade da ECT constitui consequência imediata de sua natureza de empresa estatal prestadora de serviço público essencial, subsistindo em relação a todas as suas atividades, inclusive quanto aos serviços não exclusivos, dispensados em regime concorrencial e os quais se prestam, via subsídio cruzado, ao financiamento do serviço postal deficitário. 3. Agravo regimental conhecido e não provido (STF, AgR ACO 790/SC, Santa Catarina 0003403-69.2005.0.01.0000, Rel. Min. Rosa Weber, j. 15.03.2016, Primeira Turma, *DJe* 18.04.2016).

Assim, a reforma consolida um entendimento que já havia sido adotado pelo STF, uma vez que o serviço postal é essencial e exercido pelo monopólio estatal. Além disso, a emenda também esclarece que a imunidade abrange os impostos sobre patrimônio, renda e serviços vinculados às suas finalidades essenciais.

2.3. Imunidades do Imposto sobre a Propriedade de Veículo Automotor (IPVA)

O IPVA foi um dos impostos tratados na reforma tributária com amplas alterações em sua estrutura. Antes da reforma, não incidia sobre embarcações e aeronaves, mas somente sobre veículos automotores terrestres, conforme entendimento firmado pelo STF:

> Recurso Extraordinário. Tributário. 2. Não incide Imposto de Propriedade de Veículos Automotores (IPVA) sobre embarca-

Capítulo 1 – Direitos e garantias fundamentais do contribuinte

ções (Art. 155, III, CF/88 e Art. 23, III e § 13, CF/67 conforme EC 01/69 e EC 27/85). Precedentes. 3. Recurso extraordinário conhecido e provido (STF, RE 379572-RJ, Rel. Min. Gilmar Mendes, j. 11.04.2007, Tribunal Pleno, *DJe* 1º.02.2008).

Tal situação representava uma profunda violação à isonomia e, principalmente, à capacidade contributiva, pois embarcações e aeronaves são representativas de riqueza, visto que não são bens essenciais, ressalvados, por óbvio, aqueles veículos utilizados para salvamento, transporte coletivo de passageiros e cargas e pesca, por exemplo.

Assim, a reforma tributária corrige esse desequilíbrio, prevendo a incidência do IPVA sobre embarcações e aeronaves (**art. 155, § 6º, III**). Vejamos:

Novo texto

> (...)
>
> III – incidirá sobre a propriedade de veículos automotores terrestres, aquáticos e aéreos, **excetuados**:
>
> a) aeronaves agrícolas e de operador certificado para prestar serviços aéreos a terceiros;
>
> b) embarcações de pessoa jurídica que detenha outorga para prestar serviços de transporte aquaviário ou de pessoa física ou jurídica que pratique pesca industrial, artesanal, científica ou de subsistência;
>
> c) plataformas suscetíveis de se locomoverem na água por meios próprios, inclusive aquelas cuja finalidade principal seja a exploração de atividades econômicas em águas territoriais e na zona econômica exclusiva e embarcações que tenham essa mesma finalidade principal;
>
> d) tratores e máquinas agrícolas.

Como se pode ver, temos uma importante correção dessa violação à capacidade contributiva, de modo que as representações de riqueza serão tributadas, e, por outro lado, foram protegidos da incidência do IPVA os veículos utilizados para obtenção de renda e desenvolvimento socioeconômico.

Apesar de não estar expressa na letra da norma a expressão "imunidade", por se tratar de uma não incidência constitucionalmente qualificada, não devem restar dúvidas de que estamos diante de uma efetiva imunidade tributária, e não qualquer outro instituto.

Aires F. Barreto e Paulo Ayres Barreto discorrem sobre o assunto afirmando que as imunidades tributárias consistem:

> (...) na exclusão da competência tributária em relação a certos bens, pessoas e fatos. Quer dizer: a própria Constituição, ao traçar a competência tributária, proíbe o seu exercício em relação a eles. Em outras palavras, não concede competência tributária em relação a certos bens pessoas e fatos. As imunidades tributárias são, portanto, matéria pertencente à disciplina constitucional da competência.[19]

As imunidades são conceituadas como hipóteses de não incidência constitucionalmente qualificadas. São verdadeiras garantias constitucionais que refletem o estado democrático de direito e seus objetivos, como promover o bem de todos, por exemplo.

O Prof. Ricardo Lobo Torres, em sua obra, afirma que "as imunidades e as proibições de desigualdade coincidem, em larga medida, com as *limitações constitucionais ao poder de tributar*".[20]

Não devem restar dúvidas de que estamos diante de uma imunidade do IPVA e, com isso, por serem vedações constitucionais à incidência do tributo, não podem ser restringidas pelo poder constituinte derivado, por serem cláusulas pétreas, e menos ainda pelas leis complementares que serão editadas para efetivar a Emenda Constitucional 132/2023.

Trata-se da proteção dos direitos fundamentais do contribuinte e, como imunidades, não podem ser limitadas, restringidas ou suprimidas. Com isso, a reforma tributária andou bem em proteger os veículos necessários à subsistência e ao desenvolvimento econômico e social da população.

2.4. Imunidade do Imposto sobre Transmissão *Causa Mortis* e Doação (ITCMD)

O imposto sobre transmissão *causa mortis* e doação recebeu uma relevante imunidade no texto da reforma, previsto no **art. 155, § 1º, VII**, da Carta. Vejamos:

---

[19] BARRETO, Aires F.; BARRETO, Paulo Ayres. **Imunidades tributárias**: limitações constitucionais ao poder de tributar. 2. ed. São Paulo: Dialética, 2001. p. 9.

[20] TORRES, Ricardo Lobo. **Tratado de direito constitucional financeiro e tributário**. 2. ed. Rio de Janeiro: Renovar, 1999. (Os direitos humanos e a tributação: imunidades e isonomia, v. III). p. 21-22.

Novo texto

Art. 155. (...)

§ 1º (...)

VII – não incidirá sobre as transmissões e as doações para as instituições sem fins lucrativos com finalidade de relevância pública e social, inclusive as organizações assistenciais e beneficentes de entidades religiosas e institutos científicos e tecnológicos, e por elas realizadas na consecução dos seus objetivos sociais, observadas as condições estabelecidas em lei complementar.

Tal imunidade estimula as doações para instituições sem fins lucrativos que tenham relevância pública ou social, inclusive entidades beneficentes, religiosas e científicas. No entanto, essa não incidência constitucional é uma norma constitucional de eficácia limitada, que carece de complementação por lei complementar para definição das condições que deverão ser preenchidas para o gozo da imunidade.

Por se tratar de uma garantia fundamental ao não recolhimento de um imposto, devem ser aplicados os requisitos do **art. 14 do CTN** até que seja editada a lei complementar própria, a fim de efetivar o direito. Assim, as entidades que não repartirem renda a qualquer título, aplicarem integralmente no Brasil a sua receita e mantiverem as suas obrigações acessórias deverão fazer jus à imunidade e não recolher o ITCMD nas doações por elas recebidas.

2.5. Imunidades do Imposto sobre Valor Agregado (IVA)

A grande novidade da reforma tributária é a instituição, no Brasil, do **imposto sobre valor agregado**, que no país é dual e dividido em IBS e CBS, e já nasce com imunidades relevantes. Vejamos:

Novo texto

Art. 156-A. (...)

(...)

III – não incidirá sobre as exportações, assegurados ao exportador a manutenção e o aproveitamento dos créditos relativos às operações nas quais seja adquirente de bem material ou imaterial, inclusive direitos, ou serviço, observado o disposto no § 5º, III;

(...)

XI – não incidirá nas prestações de serviço de comunicação nas modalidades de radiodifusão sonora e de sons e imagens de recepção livre e gratuita;

(...).

O imposto sobre sobre valor agregado, dividido em IBS e CBS, substitui cinco tributos existentes no Brasil, são eles:

a) Imposto sobre Circulação de Mercadorias e Serviços (ICMS);
b) Imposto sobre Serviços de Qualquer Natureza (ISSQN);
c) Imposto sobre Produtos Industrializados (IPI);[21]
d) Programa de Integração Social (PIS);
e) Contribuição para o Financiamento da Seguridade Social (Cofins).

Tais tributos, historicamente, não incidem nas exportações, pois o Brasil adota o posicionamento de não exportar tributos e a reforma mantém esse entendimento.

Essa imunidade já estava prevista especificamente para o ICMS, o IPI, o PIS e a Cofins, e, no caso do ISSQN, a previsão era de isenção. O que faz o constituinte derivado com a reforma é garantir que o Brasil não exporte tributos, desonerando a exportação da incidência do IVA.

Com relação à imunidade dos serviços de radiodifusão gratuita de sons e imagens, a Constituição já trazia essa imunidade especificamente para o ICMS, que tinha, em suas hipóteses de incidência, a comunicação. Tal imunidade foi mantida para que seja garantido o direito à informação, que é fundamental garantia de uma sociedade livre.

Tais imunidades estão expressas no texto da reforma, como se pode ver. Entretanto, algumas outras novidades são trazidas, como é o caso da criação da cesta básica nacional de alimentos, que levará em consideração a diversidade regional e cultural do Brasil e terá as alíquotas do IVA reduzidas a zero.

EC 132/2023, art. 8º Fica criada a Cesta Básica Nacional de Alimentos, que considerará a diversidade regional e cultural da ali-

---

[21] Na forma do art. 126, III, "a", incluído pela EC 132/2023, produtos fabricados na Zona Franca de Manaus continuarão sendo tributados pelo IPI.

Capítulo 1 – Direitos e garantias fundamentais do contribuinte

mentação do País e garantirá a alimentação saudável e nutricionalmente adequada, em observância ao direito social à alimentação previsto no art. 6º da Constituição Federal.

Parágrafo único. Lei complementar definirá os produtos destinados à alimentação humana que comporão a Cesta Básica Nacional de Alimentos, sobre os quais as alíquotas dos tributos previstos nos arts. 156-A e 195, V, da Constituição Federal serão reduzidas a zero.

Essa previsão cria uma confusão técnica interessante, porque alíquota zero não se confunde com imunidade, sendo caracterizada como a ausência do elemento quantitativo do tributo, enquanto a imunidade, como já vimos, representa a não incidência constitucionalmente qualificada.

Na redação constitucional, a regra é clara no sentido de a alíquota ser, obrigatoriamente, zero, não podendo ser alterada para mais. Em outras palavras, de acordo com o novo texto constitucional, a alíquota do IVA sobre a cesta básica não *poderá* ser zero, ela *será* zero, obrigatoriamente.

Com isso, temos que o instituto alíquota zero foi aplicado de forma indevida pelo constituinte derivado, sendo, de fato, uma imunidade tributária que impede a tributação da cesta básica, pois garante o direito fundamental à alimentação básica do brasileiro.

Tal dificuldade técnica já se apresentou em nosso ordenamento jurídico em outras oportunidades, como no clássico caso do art. 195, § 7º, da CRFB, que prevê a *isenção* das contribuições previdenciárias para entidades beneficentes de assistência social. Apesar do termo, pelo bem da vida tutelado e pela regra ser constitucional, o STF entendeu que se trata efetivamente de uma imunidade. Vejamos:

> Recurso extraordinário. Alcance da imunidade tributária relativa aos títulos da dívida agrária. Há pouco, em 28.09.99, a Segunda Turma desta Corte, ao julgar o RE 169.628, relator o eminente Ministro Maurício Corrêa, decidiu, por unanimidade de votos, que o § 5º do artigo 184 da Constituição, embora aluda a isenção de tributos com relação às operações de transferência de imóveis desapropriados para fins de reforma agrária, não concede isenção, mas, sim, imunidade, que, por sua vez, tem por fim não onerar o procedimento expropriatório ou dificultar a realização da reforma

agrária, sendo que os títulos da dívida agrária constituem moeda de pagamento da justa indenização devida pela desapropriação de imóveis por interesse social e, dado o seu caráter indenizatório, não podem ser tributados. Essa imunidade, no entanto, não alcança terceiro adquirente desses títulos, o qual, na verdade, realiza com o expropriado negócio jurídico estranho à reforma agrária, não sendo assim também destinatário da norma constitucional em causa. – Dessa orientação divergiu o acórdão recorrido. Recurso extraordinário conhecido e provido (STF, RE 168110 DF, Rel. Min. Moreira Alves, j. 04.04.2000, Primeira Turma, *DJ* 19.05.2000).

Como se pode ver, não cabe interpretação diversa aos itens da cesta básica, que são essenciais à vida humana, sobretudo porque o direito à alimentação é um direito fundamental do cidadão, previsto no art. 6º,[22] e dever do Estado, conforme o art. 227.[23]

Em razão do exposto e considerando o bem da vida tutelado, estamos diante de uma imunidade que deve ser interpretada de forma ampla e não pode ser restringida em qualquer hipótese por imprimir uma cláusula pétrea.

Além das imunidades trazidas pela reforma tributária, um dos maiores problemas do sistema tributário atual foi mantido, que é a concessão de benefícios para setores específicos. Tal situação cria uma distorção na incidência tributária, pois os setores não beneficiados são obrigados a suportarem uma carga tributária maior que a aquela que seria devida se todos recolhessem seus tributos regularmente.

Assim, o texto da reforma determina que a lei complementar poderá prever regimes diferenciados, desde que sejam uniformes em todo o território nacional. Vejamos:

---

[22] Art. 6º São direitos sociais a educação, a saúde, a alimentação, o trabalho, a moradia, o transporte, o lazer, a segurança, a previdência social, a proteção à maternidade e à infância, a assistência aos desamparados, na forma desta Constituição.

[23] Art. 227. É dever da família, da sociedade e do Estado assegurar à criança, ao adolescente e ao jovem, com absoluta prioridade, o direito à vida, à saúde, à alimentação, à educação, ao lazer, à profissionalização, à cultura, à dignidade, ao respeito, à liberdade e à convivência familiar e comunitária, além de colocá-los a salvo de toda forma de negligência, discriminação, exploração, violência, crueldade e opressão.

Capítulo 1 – Direitos e garantias fundamentais do contribuinte

Novo texto

EC 132/2023, Art. 9º A lei complementar que instituir o imposto de que trata o art. 156-A e a contribuição de que trata o art. 195, V, ambos da Constituição Federal, poderá prever **os regimes diferenciados de tributação de que trata este artigo, desde que sejam uniformes em todo o território nacional e sejam realizados os respectivos ajustes nas alíquotas de referência com vistas a reequilibrar a arrecadação da esfera federativa.**

§ 1º A lei complementar definirá as operações beneficiadas com redução de 60% (sessenta por cento) das alíquotas dos tributos de que trata o *caput* entre as relativas aos seguintes bens e serviços:

I – serviços de educação;

II – serviços de saúde;

III – dispositivos médicos;

IV – dispositivos de acessibilidade para pessoas com deficiência;

V – medicamentos;

VI – produtos de cuidados básicos à saúde menstrual;

VII – serviços de transporte público coletivo de passageiros rodoviário e metroviário de caráter urbano, semiurbano e metropolitano;

VIII – alimentos destinados ao consumo humano;

IX – produtos de higiene pessoal e limpeza majoritariamente consumidos por famílias de baixa renda;

X – produtos agropecuários, aquícolas, pesqueiros, florestais e extrativistas vegetais in natura;

XI – insumos agropecuários e aquícolas;

XII – produções artísticas, culturais, de eventos, jornalísticas e audiovisuais nacionais, atividades desportivas e comunicação institucional;

XIII – bens e serviços relacionados a soberania e segurança nacional, segurança da informação e segurança cibernética.33

§ 2º É vedada a fixação de percentual de redução distinto do previsto no § 1º em relação às hipóteses nele previstas.

§ 3º A lei complementar a que se refere o *caput* preverá hipóteses de:

I – isenção, em relação aos serviços de que trata o § 1º, VII;

II – redução em 100% (cem por cento) das alíquotas dos tributos referidos no *caput* para:

a) bens de que trata o § 1º, III a VI;

b) produtos hortícolas, frutas e ovos;

c) aquisição de medicamentos e dispositivos médicos pela administração direta, autarquias e fundações públicas da União, dos Estados, do Distrito Federal e dos Municípios, bem como pelas entidades de assistência social de que trata o art. 150, VI, "c", da Constituição Federal, utilizados em suas finalidades essenciais;

d) os serviços prestados por Instituição Científica, Tecnológica e de Inovação (ICT) sem fins lucrativos;

e) automóveis de passageiros, conforme critérios e requisitos estabelecidos em lei complementar, quando adquiridos por pessoas com deficiência e pessoas com transtorno do espectro autista, diretamente ou por intermédio de seu representante legal ou por motoristas profissionais, nos termos de lei complementar, que destinem o automóvel à utilização na categoria de aluguel (táxi);

III – redução em 100% (cem por cento) da alíquota da contribuição de que trata o art. 195, V, da Constituição Federal, para serviços de educação de ensino superior nos termos do Programa Universidade para Todos (Prouni), instituído pela Lei nº 11.096, de 13 de janeiro de 2005;

IV – Isenção ou redução em até 100% (cem por cento) das alíquotas dos tributos referidos no *caput* para atividades de reabilitação urbana de zonas históricas e de áreas críticas de recuperação e reconversão urbanística.

Percebe-se que a criação de regimes diferenciados é facultativa, mas a redução da alíquota para os setores determinados pela lei é obrigatória. Como a regra é obrigatória, a redução tem que ser aplicada. Entendemos que se trata também de uma imunidade parcial, que carece somente da complementação da lei complementar para definir como será aplicado o benefício.

Em outras palavras, o contribuinte terá direito à imunidade de 60% do IBS e da CBS com relação ao § 1º e 100% com relação ao § 3º. Entretanto, no inciso IV do referido parágrafo, percebe-se que há somente uma previsão de concessão de isenção ou redução, que pode ser de até 100%, de modo que a Constituição transfere à lei ordinária a concessão de tal benefício, não caracterizando uma imunidade, ainda que parcial.

Capítulo 1 – Direitos e garantias fundamentais do contribuinte

Por fim, as imunidades parciais em questão são normas constitucionais de eficácia limitada, carecendo de complementação pela lei complementar, que deverá prever os requisitos para que o sujeito passivo se enquadre no benefício, mas não poderá restringir o acesso dos respectivos setores ou mesmo criar reduções menores que aquelas previstas na Carta.

2.6. Imunidades do imposto seletivo

Outra novidade trazida pela reforma tributária é o **imposto seletivo**, introduzido na Constituição, no art. 153, inciso VIII. Tal imposto será de competência da União, deverá ser instituído por lei complementar e incidirá sobre produção, extração, comercialização ou importação de bens e serviços prejudiciais à saúde ou ao meio ambiente.

No art. 153, § 6º, I, da Carta, resta claro que ele não incidirá nas exportações, mantendo a lógica de o País não exportar tributos, nem sobre operações com energia elétrica e com telecomunicações.

Com relação à energia elétrica e às telecomunicações, o STF já havia firmado o entendimento no sentido de que são serviços essenciais, no julgamento do tema 745 da repercussão geral. Entretanto, não foi afastada a tributação pelo ICMS naquele momento. Com a reforma e a criação do imposto seletivo, o constituinte optou por imunizar a incidência em questão. Frise-se que o IVA será devido, sendo imune somente às operações de radiodifusão de sons e imagens gratuitas. Assim, sobre energia elétrica e telecomunicações não incidirá o imposto seletivo, mas será devido o IVA.

Já com relação à exportação, apesar da manutenção do sistema de não tributação dessas operações, o imposto seletivo incidirá sobre a extração em qualquer operação, incluindo as exportações para o exterior, ou seja, a exportação será imune à incidência do imposto seletivo, ressalvada a exportação de produtos provenientes de extração de modo geral.

Novo texto

Art. 153. (...)

(...)

VIII – na extração, o imposto será cobrado independentemente da destinação, caso em que a alíquota máxima corresponderá a 1% (um por cento) do valor de mercado do produto.

Como se pode ver, o imposto seletivo também possui imunidades que garantem o mínimo existencial, protegendo o cidadão da incidência desse imposto em casos específicos. Todavia, o constituinte derivado poderia ter abrangido outros produtos que são igualmente essenciais, como é o caso dos combustíveis, dos medicamentos e dos suplementos alimentares, que poderão ficar sujeitos à incidência do imposto, de acordo com o regramento previsto em lei complementar.

Aliás, com relação aos derivados de petróleo, o **art. 155, § 3º, da CF**, com redação dada pela Emenda Constitucional 132/2023, previu ainda autorização para o imposto seletivo incidir sobre tais operações, bem como sobre combustíveis e minerais do Brasil.

Novo Texto

Art. 155. (...)

(...)

§ 3º À exceção dos impostos de que tratam o inciso II do *caput* deste artigo e os arts. 153, I e II, e 156-A, nenhum outro imposto poderá incidir sobre operações relativas a energia elétrica e serviços de telecomunicações e, à exceção destes e do previsto no art. 153, VIII, nenhum outro imposto poderá incidir sobre operações relativas a derivados de petróleo, combustíveis e minerais do País.

Por óbvio, trata-se de uma lógica de proteção do meio ambiente, reforçada pela reforma, que eleva o direito tributário como um agente de intervenção estatal na sustentabilidade. No entanto, como a matriz energética brasileira ainda não possui uma transição planejada para novas fontes, tal medida poderá ser onerosa para a sociedade, resultando em aumento da carga tributária.

Capítulo 2 – Impostos em espécie

1.1. Imposto seletivo

A Emenda Constitucional 132/2023 prevê a criação de um novo tributo no sistema tributário nacional: o **imposto seletivo**, regulamentado pela Lei Complementar 214/2025.

O imposto seletivo é de competência da União e já se apresenta com uma nítida função extrafiscal, tendo por finalidade desestimular a produção e o consumo de bens e serviços prejudiciais à saúde ou ao meio ambiente. Aqui, podem ser incluídos cigarros, bebidas alcoólicas e até mesmo combustíveis fósseis em razão dos prejuízos ambientais por eles causados.

Novo texto

> Art. 153. (...)
>
> (...)
>
> VIII – produção, extração, comercialização ou importação de bens e serviços prejudiciais à saúde ou ao meio ambiente, nos termos de lei complementar.

O imposto seletivo, regulado pela Lei Complementar 214/2025, tem como hipótese de incidência a produção, a extração,[1] a comercialização ou a importação de bens e serviços prejudiciais à saúde ou ao

---

[1] Caso em que não será relevante o destino do produto extraído (mercado interno ou estrangeiro), conforme o art. 153, § 6º, VII, da CF, trazido pelo art. 1º da EC.

meio ambiente,[2] e sua incidência ocorrerá uma única vez sobre o bem ou serviço[3] não essencial.

Nos termos do art. 409, § 1º, da Lei Complementar 214/2025, são considerados nocivos à saúde e ao meio ambiente os veículos, ressalvados os veículos com características técnicas específicas para uso operacional das Forças Armadas ou dos órgãos de Segurança Pública e caminhões, aeronaves e embarcações, ressalvadas as aeronaves e embarcações com características técnicas específicas para uso operacional das Forças Armadas ou dos órgãos de Segurança Pública, Produtos fumígenos, bebidas alcoólicas, bebidas açucaradas, bens minerais e concursos de prognósticos e *fantasy sport.*

Como já dito anteriormente, a reforma também cria hipóteses de imunidades tributárias, segundo as quais o imposto seletivo não incidirá sobre as exportações nem sobre as operações com energia elétrica e com telecomunicações.[4]

No tocante ao aspecto quantitativo, o imposto seletivo não integrará a sua própria base de cálculo,[5] reforçando o princípio da transparência, que afastou a incidência tributária por dentro, adotada no sistema antes da reforma. Entretanto, integrará a base de cálculo do IBS e da CBS.

Além disso, suas alíquotas serão fixadas em lei ordinária, podendo ser específicas, por unidade de medida adotada, ou *ad valorem*.[6] A regra em questão aproxima bastante o imposto seletivo do vetusto Imposto sobre Produtos Industrializados (IPI), que também seguia essa base para aplicação das alíquotas.

Ademais, poderá ter o mesmo fato gerador e base de cálculo de outros tributos,[7] o que, apesar de parecer absurdo, não é, em razão dos objetivos da criação do referido imposto no sistema brasileiro. Como ele tem como finalidade onerar as operações com produtos e serviços não essenciais, não pode ter fato gerador próprio, devendo, sim, incidir em paralelo com os demais tributos, não se aplicando a vedação ao *bis in idem* ou à bitributação.

---

[2] Art. 153, VIII, da CRFB.

[3] Art. 153, § 6º, II, da CRFB.

[4] Art. 153, § 6º, I, da CRFB.

[5] Art. 153, § 6º, III, da CF, nos termos do art. 1º da EC.

[6] Art. 153, § 6º, VI, da CF, nos termos do art. 1º da EC.

[7] Art. 153, § 6º, V, da CF, nos termos do art. 1º da EC.

Capítulo 2 – Impostos em espécie

Tomemos como exemplo a fabricação e o comércio de cigarros, que, certamente, estarão sujeitos ao imposto seletivo. Nesse caso, teremos a incidência de IBS, CBS e imposto seletivo, que funcionará como um regulador de mercado, majorando o preço do produto como forma de desestímulo ao seu consumo.

Em suma, a União terá a competência para instituir o imposto seletivo, que poderá ter o mesmo fato gerador e base de cálculo de outros tributos, recaindo sobre a produção, a extração, a comercialização ou a importação de bens e serviços prejudiciais à saúde ou ao meio ambiente, cabendo à lei complementar o papel de regulamentar o seu núcleo material.

1.1.1 Fato gerador

O imposto seletivo tem como fato gerador o primeiro fornecimento a qualquer título do bem, nocivo à saúde e ao meio ambiente. Tal situação abrange compra e venda, troca ou permuta, dação em pagamento e demais espécies de alienação, locação, licenciamento, concessão, cessão, mútuo oneroso, doação com contraprestação em benefício do doador, instituição onerosa de direitos reais, arrendamento, inclusive mercantil e prestação de serviços.

O imposto seletivo também incidirá no momento da arrematação em leilão público, da transferência não onerosa de bem produzido, da incorporação do bem ao ativo imobilizado pelo fabricante, da extração de bem mineral, do consumo do bem pelo fabricante, do fornecimento ou do pagamento do serviço, o que ocorrer primeiro ou da importação de bens e serviços.

Percebe-se que o fato gerador é amplo, abrangendo operações de compra e venda e serviços que envolvam riscos à saúde e ao meio ambiente, bem como operações não onerosas.

Tal como previsto no art. 412 da Lei Complementar 214/2025, o fato gerador é de uma amplitude tamanha que o imposto seletivo passa a ser um adicional de qualquer imposto que incida sobre os bens ou serviços prejudiciais, até mesmo em caso de doação de um bem ou serviço enquadrado como tal.

1.1.2 Base de cálculo

A base de cálculo do Imposto Seletivo é o valor de venda na hipótese de comercialização, o valor de arremate na arrematação, o valor

37

contábil de incorporação do bem produzido ao ativo imobilizado e, nos casos de concursos de prognósticos e *fantasy sport*, a receita própria da entidade que promove a atividade.

Ademais, será adotado o valor de referência nas hipóteses de transação não onerosa ou no consumo do bem, na extração de bem mineral ou comercialização de produtos fumígenos.

Como se pode ver, caberá ao chefe do Poder Executivo definir a metodologia para o cálculo do valor de referência que deverá estar embasado em cotações, índices ou preços vigentes na data do fato gerador, em bolsas de mercadorias e futuros, em agências de pesquisa ou em agências governamentais, com ressalva para os fumígenos, cuja base de cálculo levará em consideração o preço de venda no varejo.

Frise-se que deverão estar incluídos na base de cálculo os acréscimos decorrentes de ajuste do valor da operação, juros, multas e encargos, descontos condicionais, o valor do transporte cobrado como parte do valor da operação, seja o transporte efetuado pelo próprio fornecedor ou por sua conta e ordem e os tributos e preços públicos, inclusive tarifas, incidentes sobre a operação ou suportados pelo fornecedor, quando a alíquota for *ad valorem*.

Ficam excluídos da base de cálculo o montante do IBS e da CBS incidentes sobre a operação, o Imposto sobre Produtos Industrializados (IPI), os descontos incondicionais, os reembolsos ou ressarcimentos recebidos por valores pagos relativos a operações por conta e ordem ou em nome de terceiros, desde que a documentação fiscal relativa a essas operações seja emitida em nome do terceiro, bem como o ICMS, o ISS e as contribuições para o PIS/Pasep e Cofins, bem como as contribuições para iluminação pública.

Por fim, também deverão ser incluídas na base de cálculo para apuração do imposto seletivo as demais importâncias cobradas ou recebidas como parte do valor da operação, inclusive seguros e taxas.

Na operação de importação, caso a alíquota do Imposto Seletivo seja *ad valorem*, a sua base de cálculo será o valor aduaneiro acrescido do montante do Imposto sobre a Importação.

Como se pode ver, o imposto seletivo tem como base de cálculo o valor da operação, com pouquíssimas exclusões, fazendo desse imposto um elemento que inevitavelmente onerará as operações, sobremaneira as operações sobre as quais ele incidirá.

Capítulo 2 – Impostos em espécie

1.1.3 Alíquotas

Como o objetivo desse imposto é de fato onerar as operações com bens nocivas à saúde e ao meio ambiente, as alíquotas serão graduadas nos termos da lei ordinária, considerando os seguintes critérios:

- potência do veículo;
- eficiência energética;
- desempenho estrutural e tecnologias assistivas à direção;
- reciclabilidade de materiais;
- pegada de carbono;
- densidade tecnológica;
- emissão de dióxido de carbono (eficiência energético-ambiental), considerado o ciclo do poço à roda;
- reciclabilidade veicular;
- realização de etapas fabris no país; e
- categoria do veículo.

É importante destacar que as alíquotas somente serão determinadas por lei ordinária e resta clara a seletividade nesse caso, variando a alíquota de acordo com a proteção ao meio ambiente e nocividade do bem.

1.1.4 Sujeição passiva

O contribuinte do Imposto Seletivo é o fabricante, na primeira comercialização, na incorporação do bem ao ativo imobilizado, na tradição do bem em transação não onerosa ou no consumo do bem, o importador na entrada do bem de procedência estrangeira no território nacional, o arrematante na arrematação, o produtor extrativista que realiza a extração ou o fornecedor do serviço, ainda que residente ou domiciliado no exterior.

São considerados responsáveis pelo recolhimento do imposto o transportador, em relação aos produtos tributados que transportar desacompanhados da documentação fiscal comprobatória de sua procedência, e o possuidor ou detentor, em relação aos produtos tributados que possuir ou mantiver para fins de venda ou industrialização, desacompanhados da documentação fiscal comprobatória de sua procedência, o proprietário.

Também são responsáveis o possuidor, o transportador ou qualquer outro detentor de produtos nacionais saídos do fabricante com imunidade para exportação, encontrados no País em situação diversa, exceto quando os produtos estiverem em trânsito destinados ao uso ou ao consumo de bordo, em embarcações ou aeronaves de tráfego internacional, com pagamento em moeda conversível, os destinados a lojas francas, em operação de venda direta, os adquiridos pela empresa comercial exportadora de que trata, com o fim específico de exportação, e remetidos diretamente do estabelecimento industrial para embarque de exportação ou para recintos alfandegados, por conta e ordem da adquirente; ou remetidos a recintos alfandegados ou a outros locais onde se processe o despacho aduaneiro de exportação.

1.2. Imposto Predial e Territorial Urbano (IPTU)

O IPTU também foi tocado pela reforma tributária com a introdução do inciso III no § 1º do art. 156 da CRFB, que passa a prever a possibilidade da atualização da base de cálculo pelo Poder Executivo, desde que atendidos os critérios estabelecidos em lei municipal.

Novo texto

Art. 156. (...)

(...)

§ 1º (...)

(...)

III – ter sua base de cálculo atualizada pelo Poder Executivo, conforme critérios estabelecidos em lei municipal.

Tal previsão não traz consigo grandes inovações, mas constitucionaliza uma previsão que já existia no Código Tributário Nacional, em seu art. 97, § 2º, que dispõe que não constitui majoração de tributo a atualização da base de cálculo e, como tal, não se submete ao princípio da legalidade.

Com isso, sempre foi possível ao Poder Executivo, por decreto, atualizar as bases de cálculo do imposto, respeitados os índices oficiais de inflação, pois a correção não representa majoração, mas, sim, um reequilíbrio a fim de evitar que o particular recolha menos tributos que o devido.

Agora, com a previsão constitucional, o contribuinte passa a ter uma maior **segurança jurídica**, pois os critérios para a atualização

Capítulo 2 – Impostos em espécie

da base de cálculo deverão estar previstos em lei municipal, gerando maior previsibilidade e segurança jurídica para munícipe. Frise-se que majoração do tributo sem lei que a estabeleça continua vedada, cabendo somente a atualização para evitar o enriquecimento sem causa do contribuinte que acaba por pagar menos tributos com a defasagem inflacionária se não houver a atualização.

Por outro lado, a reforma não trouxe uma carta branca para que os prefeitos possam majorar o IPTU, mas somente autoriza sua atualização, de modo que qualquer manobra que viole o princípio da legalidade deverá ser rechaçada. Em outras palavras, o legislativo municipal não poderá prever em lei que o prefeito majore o imposto, limitando-se a permitir a atualização, que deverá seguir os critérios legais, como correção monetária, por exemplo.

Assim, a alteração constitucional é uma garantia dos contribuintes; caso contrário, não haveria motivos para constitucionalizar uma prática já prevista na legislação e reconhecida pelo Judiciário.

1.3. Imposto sobre a Propriedade de Veículo Automotor (IPVA)

O imposto sobre a propriedade de veículos automotores sofre importantes alterações com a reforma tributária, primeiro porque terá como objetivo desestimular a propriedade de veículos que causem danos ao meio ambiente e passará a incidir sobre embarcações e aeronaves, algo que até então não existia no Brasil.

A primeira alteração relevante é a possibilidade de fixação de alíquotas diferenciadas em função do tipo, do valor, da utilização e do impacto ambiental do veículo, conforme a nova redação do **art. 155, § 6º, II, da Carta.**

Novo texto

Art. 155. (...)

(...)

§ 6º (...)

(...)

II – poderá ter alíquotas diferenciadas em função do tipo, do valor, da utilização e do impacto ambiental;

(...).

41

Como se pode ver, pelo texto constitucional, vemos que a alíquota poderá ser diferenciada, não sendo uma obrigatoriedade a ser adotada pelos Estados, que poderão ter efetivamente alíquotas únicas. Entretanto, caso o Estado opte por criar alíquotas distintas, os critérios a serem seguidos devem ser os definidos na Constituição. Com isso, o veículo poderá ter IPVA diferenciado em função do tipo, por exemplo: poderá haver diferenciação de acordo com a motorização, sendo previstas alíquotas menores para carros populares.

Também poderá haver a diferenciação de acordo com o valor do veículo, representando uma alíquota maior para carros de maior valor, uma vez que representam uma maior riqueza externalizada. Aqui, temos a aplicação do **princípio da capacidade contributiva**, insculpido no art. 145, § 1º, da CRFB, podendo o IPVA adotar alíquotas progressivas.

Assim, temos a previsão de aplicação da progressividade para o IPVA, que não existia no texto anterior.

Todavia, importante frisar que a reforma não alterou o teor do art. 152 da CRFB, não havendo a possibilidade de tratamento diferenciado com base na origem do bem, não cabendo, portanto, IPVA diferenciado para carros importados. Assim, a diferenciação poderá ser pelo valor, não pela origem do veículo.

Isso porque os proprietários de carros importados ou nacionais encontram-se na mesma situação, pois ambos são contribuintes do IPVA, e o imposto não incide sobre o veículo, mas sobre a propriedade exercida pelo contribuinte. Dessa forma, consta das limitações constitucionais ao poder de tributar a vedação ao estabelecimento de diferença tributária entre bens e serviços, em razão de sua procedência ou destino, no já citado art. 152 da CRFB.

Portanto, a cobrança de imposto mais elevado pelo fato de o carro ser de procedência estrangeira fere o princípio da igualdade de tratamento dispensado aos contribuintes que se encontrem em situação equivalente e não há qualquer previsão na reforma contrária a esse entendimento.

O IPVA também poderá ser diferenciado em função da utilização do veículo, o que já acontece atualmente com reduções para veículos de transporte de passageiros e carga, por exemplo.

Por fim, caberá igualmente a diferenciação em função do impacto ambiental gerado pelo veículo. Tal distinção é uma inovação que segue

Capítulo 2 – Impostos em espécie

a tendência da reforma de trazer, para o direito tributário, a sua utilização como instrumento de fomento à sustentabilidade. Com isso, os veículos menos poluentes poderão ter IPVA menor, estimulando a sua aquisição pelo cidadão.

Tal alteração, apesar de novidade, já era adotada por alguns Estados da federação, como é o caso do Rio de Janeiro,[8] que utiliza o combustível como critério para adoção da alíquota.

Aqui, poderá haver um aparente conflito com a progressividade em razão do valor do veículo, pois os meios de transporte menos poluentes são, geralmente, de valor mais elevado no Brasil. Assim caso um veículo de luxo, elétrico, ainda que o valor seja elevado, a proteção ao meio ambiente deve ser o critério para definição da alíquota, uma vez que a Constituição trouxe a sustentabilidade como um de seus principais alicerces.

Outrossim, outra importante alteração trazida pela EC 132/2023 é a possibilidade de incidência do IPVA sobre embarcações e aeronaves. Tal previsão não existia e o STF havia afastado essa incidência pela ausência de previsão específica. Vejamos:

> Recurso Extraordinário. Tributário. 2. Não incide Imposto de Propriedade de Veículos Automotores (IPVA) sobre embarcações (Art. 155, III, CF/88 e Art. 23, III e § 13, CF/67 conforme EC

---

[8] Lei 2.877, de 22.12.1997. (...) VI – 2% (dois por cento) para automóveis que utilizem motor especificado de fábrica para funcionar, exclusivamente, com álcool; *(Inciso VI do art. 10 alterado pela Lei 7.068/2015, vigente a partir de 02.10.2015, com efeitos a contar de 01.01.2016)*
[redação(ões) anterior(es) e/ou original]
(...)
Art. 10. A alíquota do imposto é de:
(...)
VI – 2% (dois por cento) para automóveis que utilizem motor especificado de fábrica para funcionar, exclusivamente, com álcool;
VI-A – 1,5% (um e meio por cento) para veículos que utilizem gás natural ou veículos híbridos que possuem mais de um motor de propulsão, usando cada um seu tipo de energia para funcionamento sendo que a fonte energética de um dos motores seja a energia elétrica;
VII – 0,5% (meio por cento) para veículos que utilizem motor de propulsão especificado de fábrica para funcionar, exclusivamente, com energia elétrica;
(...).

01/69 e EC 27/85). Precedentes. 3. Recurso extraordinário conhecido e provido (STF, RE 379572 RJ, Rel. Min. Gilmar Mendes, j. 11.04.2007, Tribunal Pleno, *DJe*-018, divulg. 31.01.2008, public. 1º.02.2008, EMENT VOL-02305-04 PP-00870).

Agora passa a ser prevista a incidência, que é uma mudança relevante, principalmente no tocante à efetivação do princípio da capacidade contributiva, visto que embarcações e aeronaves são grandes representações de riqueza, resguardadas aquelas que são usadas para subsistência e transporte. Com base nesse conceito, o texto da reforma imuniza da incidência do IPVA os seguintes veículos:

Novo texto

Art. 155. (...)

(...)

6º (...)

(...)

III – incidirá sobre a propriedade de veículos automotores terrestres, aquáticos e aéreos, excetuados:

a) aeronaves agrícolas e de operador certificado para prestar serviços aéreos a terceiros;

b) embarcações de pessoa jurídica que detenha outorga para prestar serviços de transporte aquaviário ou de pessoa física ou jurídica que pratique pesca industrial, artesanal, científica ou de subsistência;

c) plataformas suscetíveis de se locomoverem na água por meios próprios, inclusive aquelas cuja finalidade principal seja a exploração de atividades econômicas em águas territoriais e na zona econômica exclusiva e embarcações que tenham essa mesma finalidade principal;

d) tratores e máquinas agrícolas.

Como se pode ver, foi definida a proteção das embarcações e das aeronaves com finalidade social, de obtenção de renda pelo seu detentor e relevantes para o desenvolvimento nacional.

No entanto, após a edição da lei complementar definindo as normas gerais, os Estados e o Distrito Federal poderão exigir o IPVA sobre embarcações e aeronaves, respeitadas as imunidades definidas na Carta.

Capítulo 2 – Impostos em espécie

1.4. Imposto sobre Transmissão *Causa Mortis* e Doação (ITCMD)

O Imposto sobre Transmissão *Causa Mortis* e Doação (ITCMD) também sofreu alterações na reforma tributária, com regras relativas ao local onde será devido, aplicação obrigatória da progressividade e imunidade específica.

A EC 132/2023 alterou a redação do **art. 155, § 1º II**, passando a prever expressamente que o IPVA será devido ao Estado onde era domiciliado o *de cujus*, ou tiver domicílio o doador, relativamente a bens móveis, títulos e créditos.

Novo texto

> Art. 155. (...)
>
> (...)
>
> § 1º (...)
>
> (...)
>
> II – relativamente a bens móveis, títulos e créditos, compete ao Estado onde era domiciliado o *de cujus*, ou tiver domicílio o doador, ou ao Distrito Federal;
>
> (...).

Antes, a redação previa a incidência no Estado onde seria processado o inventário ou arrolamento, cabendo ao intérprete visitar as regras de direito privado para definição do local de incidência do referido imposto.

Agora temos uma regra clara e estável, seguindo a ideia da reforma tributária de simplificação e transparência da tributação.

Além disso, o ITCMD passa a ser, obrigatoriamente, progressivo em virtude do quinhão, do legado ou da doação. Até então, a progressividade era facultativa e adotada pelos Estados de acordo com o seu interesse. Esse assunto foi objeto de discussão no Judiciário porque, como não havia previsão da aplicação da progressividade ao ITCMD no texto constitucional, o STF precisou se manifestar acerca do assunto:

> Recurso extraordinário. Constitucional. Tributário. Lei estadual: progressividade de alíquota de imposto sobre transmissão *causa mortis* e doação de bens e direitos. Constitucionalidade. Art. 145,

§ 1º, da Constituição da República. Princípio da igualdade material tributária. Observância da capacidade contributiva. Recurso extraordinário provido. (STF, RE 562045 RS, Rel. Min. Ricardo Lewandowski, j. 06.02.2013, Tribunal Pleno, data de publicação: 27.11.2013)

Assim, manifestando-se pela aplicação da capacidade contributiva, o STF reconheceu a possibilidade de aplicação da progressividade ao ITCMD apesar da ausência de previsão constitucional, mas, até então, a adoção da progressividade seria facultativa. Com a reforma, todos os Estados passarão a ter que adotar alíquotas progressivas obrigatoriamente.

Todavia, não há que se falar em aumento imediato do imposto, porque a alíquota máxima do ITCMD não tem assento constitucional, mas na Resolução 09/1992 do Senado Federal, que prevê alíquota máxima de 8%.[9] Com isso, os Estados deverão aplicar a progressividade das alíquotas do imposto, limitada ao teto supracitado, que não foi alterado pela reforma.

Como se não bastasse, a Constituição passou a prever, após a aprovação da EC 132/2023, uma **imunidade específica para o ITCMD**, que não incidirá sobre as transmissões e as doações para as instituições sem fins lucrativos com finalidade de relevância pública e social, inclusive as organizações assistenciais e beneficentes de entidades religiosas e institutos científicos e tecnológicos, e por elas realizadas na consecução dos seus objetivos sociais, observadas as condições estabelecidas em lei complementar.

Percebe-se que se trata de uma norma constitucional de eficácia limitada, de modo que as condições para o gozo da imunidade deverão estar previstas em lei complementar. Tal reserva de lei complementar é para caracterização das entidades beneficiárias da imunidade e para definição das condições para que a doação seja imune. Assim, até que seja editada a referida lei complementar, a imunidade poderá ser efetivada com a aplicação dos requisitos expressos no art. 14 do CTN, para efetivar os direitos fundamentais dos contribuintes.

---

[9] Art. 1º A alíquota máxima do imposto de que trata a alínea "a", inciso I, do art. 155 da Constituição Federal será de oito por cento, a partir de 1º de janeiro de 1992.

Por último, mas não menos importante, ao julgar o tema 825 da repercussão geral,[10] o STF entendeu que os Estados somente poderiam exigir o ITCMD nas hipóteses em que o inventário fosse processado no exterior ou o doador estivesse no exterior após a edição de lei complementar respectiva.

Consoante a doutrina explica o conceito de lei complementar:

> Lei complementar é, pois, toda aquela que contempla uma matéria a ela entregue de forma exclusiva e que, em consequência, repele normações heterogêneas, aprovada mediante um *quorum* próprio de maioria absoluta.[11]

> (...) leis complementares da Constituição são leis integrativas de normas constitucionais de eficácia limitada, contendo princípio institutivo ou de criação de órgãos, e sujeitas à aprovação pela maioria absoluta dos membros das duas Casas do Congresso Nacional.[12]

Assim, no julgamento da Ação Direta de Inconstitucionalidade por Omissão (ADO) 67, a Suprema Corte determinou que o Congresso Nacional adotasse as medidas legislativas necessárias para suprir a referida omissão no prazo de 12 (doze) meses. Tal prazo não foi atendido e a Emenda Constitucional 132/2023 cuidou de prever a regulamentação até que seja editada a lei complementar respectiva, permitindo a cobrança pelos Estados e pelo Distrito Federal. Vejamos:

EC 132/2023

Art. 16. Até que lei complementar regule o disposto no art. 155, § 1º, III, da Constituição Federal, o imposto incidente nas hipóteses de que trata o referido dispositivo competirá:

---

[10] "É vedado aos estados e ao Distrito Federal instituir o ITCMD nas hipóteses referidas no art. 155, § 1º, III, da Constituição Federal sem a intervenção da lei complementar exigida pelo referido dispositivo constitucional."

[11] BASTOS, Celso Ribeiro. **Lei complementar**: teoria e comentários. São Paulo: Celso Bastos Editor, 1999. p. 48-49.

[12] SILVA, José Afonso da. **Comentário contextual à Constituição**. 2. ed. São Paulo: Malheiros, 2006. p. 462.

I – relativamente a bens imóveis e respectivos direitos, ao Estado da situação do bem, ou ao Distrito Federal;

II – se o doador tiver domicílio ou residência no exterior:
a) ao Estado onde tiver domicílio o donatário ou ao Distrito Federal;
b) se o donatário tiver domicílio ou residir no exterior, ao Estado em que se encontrar o bem ou ao Distrito Federal.

III – relativamente aos bens do *de cujus*, ainda que situados no exterior, ao Estado onde era domiciliado, ou, se domiciliado ou residente no exterior, onde tiver domicílio o sucessor ou legatário, ou ao Distrito Federal.

Como se pode ver, até que seja editada a lei complementar regulamentando a possibilidade de cobrança do ITCMD caso o inventário seja processado no exterior ou caso o doador esteja no exterior, os Estados poderão cobrar o imposto por força da regra constitucional.

Nesse caso, a lei complementar foi substituída pela emenda à Constituição para efetivar a possibilidade de cobrança do tributo pelos Estados.

Entretanto, o texto constitucional está viciado com relação à vigência da alteração no tocante ao ITCMD. Isso porque a emenda prevê que essas alterações se aplicam às sucessões abertas a partir da data da sua publicação. Tal medida viola os **princípios da anterioridade e da noventa**, pois representa a exigência de um tributo que não poderia ser cobrado, de modo que o contribuinte não pode ser surpreendido por uma carga tributária superior àquela que se programou para suportar.

Assim, para que seja exigido o ITCMD quando doador estiver no exterior ou quando o inventário for processado no exterior, ainda que haja norma constitucional autorizando a cobrança, devem ser respeitados os princípios do art. 150, III, "b" e "c", da Carta, bem como a necessidade de lei própria de cada estado e do Distrito Federal prevendo a cobrança respectiva.

1.5. Imposto sobre Valor Agregado Dual (IVA Dual)

A tributação sobre o consumo leva em consideração a riqueza externalizada nas relações de consumo para que se aplique a tributação. As bases tributáveis podem ser outras, como o patrimônio e a renda, por exemplo, de modo que aqueles com maior externalização de riqueza suportem uma

Capítulo 2 – Impostos em espécie

maior carga tributária, mas a reforma tributária tem como foco principal a tributação que envolve o consumo, deixando para um segundo momento as alterações acerca da tributação sobre patrimônio e renda.

Assim, o consumo é largamente tributado e, sem dúvidas, é uma importante e relevante base de tributação para os entes federados.

Segundo Paulo Henrique Pêgas, a tributação sobre o consumo pode ser definida da seguinte forma:

> Tributação sobre o consumo refere-se à cobrança de impostos e contribuições sobre o preço dos produtos e serviços, normalmente devidos pelas empresas, que vão repassando esses tributos aos contribuintes das etapas seguintes, mediante o fenômeno jurídico da repercussão, seja de forma cumulativa ou não cumulativa, direta (por fora) ou indireta (por dentro).[13]

Historicamente, no Brasil, a nossa tributação sobre o consumo foi repartida entre os entes federados, como instrumento de manutenção e fomento do pacto federativo, sendo permitidas as cobranças de tributos por todos os entes federados em razão da divisão da competência.

Dessa forma, à União foi atribuída a competência para instituir o Imposto sobre Produtos Industrializados (IPI), o Programa de Integração Social (PIS) e a Contribuição para o Financiamento da Seguridade Social (Cofins).

Aos Estados e ao Distrito Federal foi atribuída a competência para instituir o Imposto sobre Mercadorias e Serviços (ICMS) e aos Municípios a competência para instituição do Imposto sobre Serviços de Qualquer Natureza (ISSQN).

A variedade de tributos acima citada fez que as bases tributárias se sobrepusessem efetivamente, gerando situações que caracterizam, ao mesmo tempo, a incidência de quatro dos cinco tributos abordados.

Como se não bastasse, a incidência em cascata e por dentro faz que o sistema tributário brasileiro tenha muitas características negativas, pois é confuso e de difícil entendimento pelo contribuinte, que não consegue identificar quais tributos está recolhendo.

---

[13] PÊGAS, Paulo Henrique. **Manual de contabilidade tributária**. 10. ed. Barueri, SP: Atlas, 2022. p. 90.

49

Assim, com o objetivo de simplificar o sistema tributário nacional, aplicar a transparência e permitir que o contribuinte seja informado acerca da tributação a que está submetido, a reforma tributária decidiu, como principal foco, adotar o **imposto sobre valor agregado** e, como uma forma de tentar evitar danos ao pacto federativo, o fez de forma dual.

O IVA é um dos principais modelos de tributação sobre consumo no mundo, sendo adotado por 174 países, de acordo com a Organização para Cooperação e Desenvolvimento Econômico (OCDE).[14]

O IVA surgiu na França, na década de 1930, com o objetivo de criar uma espécie de não cumulatividade tributária na produção industrial e posterior comercialização. Todavia, somente em 1954 foi efetivamente instituído o *Taxe sur la Valeur Ajoutée* (TVA), que inspirou os demais sistemas tributários do mundo.

Sua lógica era a criação de um único tributo que incidisse sobre toda a cadeia produtiva, de fácil fiscalização e arrecadação e baixo custo. Naquele momento histórico, o objetivo era a substituição dos impostos cumulativos e simplificação do sistema tributário francês.[15] Assim, o TVA foi implementado na França em 1954 de forma parcial, sendo restrito aos fabricantes e depois estendido aos atacadistas.

Somente em 1968 a França incorporou um IVA amplo, abrangendo também o setor varejista. Percebe-se que foi um longo processo de estruturação do sistema para adoção do TVA de forma integral. De tão longo, a Dinamarca instituiu o primeiro IVA amplo e integral na Europa um ano antes, em 1967.[16]

Com a sua disseminação e adoção pelas maiores economias do mundo, foi batizado, em inglês, como *Value-Added Tax* (VAT). Países como Canadá, Índia e Nova Zelândia adotaram o nome *Goods and Services Tax* (GST), que não se diferencia do VAT na sua essência.

---

[14] Disponível em: https://www.oecd-ilibrary.org/sites/3305677cen/index.html?itemId=/content/component/3305677c-en. Acesso em: 16.12.2023.

[15] GOMES, Fabio Luiz. **Manual sobre o IVA nas comunidades europeias**: impostos sobre o consumo no Mercosul. Curitiba: Juruá, 2006. p. 25.

[16] JAMES, Kathryn. Exploring the Origins and Global Rise of VAT. **The VAT Reader (Tax Analysts)**, p. 15-22, 2013. Disponível em: https://papers.ssrn.com/sol3/papers.cfm?abstract_id=2291281. Acesso em: 16.12.2023.

De acordo com o Relatório da OCDE em 2022 sobre tributação do consumo,[17] no final da década de 1960 apenas dez países adotavam o IVA, enquanto, em 2022, 174 países já haviam implementado um imposto nacional com as características básicas de um IVA, incluindo 37 dos 38 países-membros da OCDE, com exceção dos Estados Unidos, que tributam a venda no varejo.

Então, a característica central da gestação de um IVA, assim como a característica da qual deriva o seu nome, é que o imposto é cobrado por meio de um processo faseado. Cada empresa da cadeia produtiva participa do processo de controle e cobrança do imposto, remetendo a proporção do imposto correspondente à sua margem, ou seja, sobre a diferença entre o IVA cobrado sobre os seus insumos tributados e o IVA cobrado sobre os seus produtos tributados.

Assim, o imposto é, em princípio, cobrado sobre o "valor acrescentado" em cada fase de produção e distribuição. A esse respeito, o IVA difere de um imposto sobre vendas no varejo, que tributa o consumo mediante uma taxa única cobrada, em teoria, apenas no ponto de venda final, como ocorre nos EUA.

Em 2017, a OCDE publicou as Diretrizes Internacionais do VAT/GST,[18] em que estabelece princípios e padrões para o tratamento do imposto sobre valor agregado, como a não cumulatividade e o princípio do destino, que foram importados pelo Brasil para implementação da nossa reforma tributária.

De acordo com a OCDE, a hipótese de incidência tributária do IVA deve ser ampla o suficiente para incluir todos os bens e serviços, evitando exceções e gerando maior previsibilidade e transparência.

Ademais, a recomendação da Organização é de que o IVA possua uma alíquota única ou uniforme, o que não ocorrerá no Brasil em razão do volume de exceções aprovado pelo Congresso Nacional.

---

[17] OECD. **Consumption Tax Trends 2022**: VAT/GST and Excise, Core Design Features and Trends. Paris: OECD Publishing, 2022. Disponível em: https://www.oecd.org/tax/consumption-tax-trends-19990979.htm. Acesso em: 16.12.2023.

[18] OECD. **International VAT/GST Guidelines**. Paris: OECD Publishing, 2017. Disponível em: https://www.oecd-ilibrary.org/docserver/9789264271401-en.pdf?expires=1699463406&id=id&accname=guest&checksum=DF87BA-74FE900274977E2BC78D55D00C. Acesso em: 16.12.2023.

Como se não bastasse, a concessão de isenções e outros benefícios fiscais no sistema de tributação sobre o valor agregado é fortemente desestimulada, uma vez que representa perda de receitas, impacta a forma de organização dos negócios e descaracteriza a essência do IVA.[19] Além disso, com a adoção de exceções, a alíquota-base do IVA precisa ser elevada, ao passo que a arrecadação deve ser mantida para manutenção das receitas dos entes federados, de modo que a maioria dos contribuintes pagará uma maior carga tributária para benefício de poucos setores.

O IVA também se submete ao princípio da tributação do destino, conforme disposto nas *International VAT/GST Guidelines*, que preveem a incidência do imposto no local onde os bens e serviços são consumidos. Tal previsão coloca todas as empresas concorrentes em determinada jurisdição em pé de igualdade, enquanto o princípio da origem coloca em pé de igualdade os consumidores de diferentes jurisdições. Vejamos:

> The overarching purpose of VAT as a levy on final consumption, coupled with its central design feature of a staged collection process, lays the foundation for the core VAT principles bearing on international trade. The fundamental issue of economic policy in relation to the international application of the VAT is whether the levy should be imposed by the jurisdiction of origin or destination. Under the destination principle, tax is ultimately levied only on the final consumption that occurs within the taxing jurisdiction. Under the origin principle, the tax is levied in the various jurisdictions where the value was added. The key economic difference between the two principles is that the destination principle places all firms competing in a given jurisdiction on an even footing whereas the origin principle places consumers in different jurisdictions on an even footing.[20]

---

[19] EBRILL, Liam et al. **The Modern VAT**. Washington, D.C.: International Monetary Fund, 2001. p. 85-86. Disponível em: https://www.joserobertoafonso.com.br/wp-content/uploads/2020/10/07173-9781451931761.pdf. Acesso em: 16.12.2023.

[20] "O objetivo abrangente do IVA como imposto sobre o consumo final, juntamente com a sua característica central de concepção de um processo de cobrança faseado, estabelece as bases para os princípios fundamentais do IVA aplicáveis ao comércio internacional. A questão fundamental da política econômica em relação à aplicação internacional do IVA é se a taxa deve ser imposta pela jurisdição de origem ou de destino. De acordo com o princípio do destino, o imposto incide,

Com isso, deve ser aplicada a alíquota do destinatário, quer seja nas operações nacionais, quer seja nas operações internacionais. Internamente, a adoção do destino reduz a guerra fiscal e, no comércio internacional, significa que a exação recairá sobre o país de destino do bem ou do serviço, ou seja, o imposto será cobrado onde ocorrer o consumo final, deixando de ser relevante o local onde o bem é produzido. Tal situação de fato equilibra as relações econômicas.

Outro aspecto relevante é a aplicação do princípio da não cumulatividade ao IVA, pelo qual o contribuinte tem o direito ao creditamento do imposto recolhido nas operações anteriores ao longo da cadeia produtiva. Dessa forma, o imposto é cobrado em todas as fases do processo de produção e comercialização, garantindo-se, em cada etapa, o crédito correspondente ao imposto recolhido na etapa anterior.[21]

Por ter uma ampla base de cálculo, o IVA permite maiores deduções, diferentemente da legislação brasileira, que proíbe o creditamento de diversos tipos de insumo, isto é, uma não cumulatividade que prevê restrições ao creditamento.[22]

---

em última análise, apenas sobre o consumo final que ocorre dentro da jurisdição tributária. De acordo com o princípio da origem, o imposto é cobrado nas diversas jurisdições onde o valor foi adicionado. A principal diferença económica entre os dois princípios é que o princípio do destino coloca todas as empresas concorrentes numa determinada jurisdição em pé de igualdade, enquanto o princípio da origem coloca os consumidores em diferentes jurisdições em pé de igualdade" (OECD. **International VAT/GST Guidelines**. Paris: OECD Publishing, 2017. p. 14. Disponível em: https://www.oecd-ilibrary.org/docserver/9789264271401-en.pdf?expires=1699463406&id=id&accname=guest&checksum=DF87BA74FE900274977E2BC78D55D00C. Acesso em: 16.12.2023).

[21] FRATTARI, Rafhael; VILLAR, Érika. Reforma tributária, PEC 45 e alíquota única de IBS: para um problema complexo há sempre uma resposta simples e equivocada. In: CUNHA, Ivan Luduvice et al. (org.). **Reforma tributária brasileira**. Belo Horizonte: Editora D'Plácido, 2019. p. 948.

[22] A respeito dessa questão, Melina Rocha afirmou ao sítio Jota.info que "o ICMS tem restrições que não permitem o creditamento de bens de uso e consumo, bem como os bens de ativo fixo têm um limite temporal para a recuperação do crédito". Ademais, já no IPI e PIS/Cofins não cumulativo, há limitações que permitem somente o creditamento físico de insumos que se integram ao produto final. Dessa forma, "quando os produtos não podem ser totalmente recuperados no meio da cadeia, eles também criam uma cumulatividade, por mais que teoricamente esses atuais tributos sejam considerados não cumulativos" (ESTÚDIO JOTA. Reforma tributária precisa garantir a não cumulatividade de impostos na prática. **Jota,**

Tal situação é prejudicial, pois viola a essência do IVA, visto que o pleno direito à dedução do montante do imposto pago por meio da cadeia produtiva, exceto pelo consumidor final, garante a sua neutralidade, independentemente da natureza do produto, da estrutura da cadeia de distribuição e dos meios utilizados para a sua entrega. Tal previsão também consta nas *Guidelines* da OCDE:

> This central design feature of the VAT, coupled with the fundamental principle that the burden of the tax should not rest on businesses, requires a mechanism for relieving businesses of the burden of the VAT they pay when they acquire goods, services, or intangibles. There are two principal approaches to implementing the staged collection process while relieving businesses of the VAT burden, thus permitting successive taxpayers to deduct the VAT they pay on their purchases while accounting for the VAT they collect on their sales. Under the invoice-credit method (which is a "transaction-based method"), each trader charges VAT at the rate specified for each supply and passes to the purchaser an invoice showing the amount of tax charged. The purchaser is in turn able to credit that input tax against the output tax charged on its sales, remitting the balance to the tax authorities and receiving refunds when there are excess credits. Under the subtraction method (which is an "entity based method"), the tax is levied directly on an accounts-based measure of value added, which is determined for each business by subtracting the VAT calculated on allowable purchases from the VAT calculated on taxable supplies. Almost all jurisdictions that operate a VAT use the invoice-credit method.
>
> In general, OECD jurisdictions with a VAT impose the tax at every stage of the economic process and allow deduction of taxes on purchases by all but the final consumer. This design feature gives to the VAT its essential character in domestic trade as an economically neutral tax. The full right to deduct input tax through the supply chain, except by the final consumer, ensures the neutrality of the tax, whatever the nature of the product, the structure of the distribution chain, and the means used for its delivery (e.g.

Brasília, 05.09.2023. Disponível em: https://www.jota.info/coberturas-especiais/ ambiente-negocios-oportunidades/reforma-tributaria-precisa-garantir-a-nao- -cumulatividade-de-impostos-na-pratica-05092023. Acesso em: 16.12.2023).

Capítulo 2 – Impostos em espécie

retail stores, physical delivery, Internet downloads). As a result of the staged payment system, VAT thereby "flows through the businesses" to tax supplies made to final consumers.[23]

Infelizmente, a reforma tributária não previu um direito ao creditamento amplo, prevendo somente o creditamento relativo ao imposto recolhido na operação anterior, sendo aplicado o sistema de imposto sobre imposto, e não de base sobre base. Tal situação, por exemplo, faz que empresas optantes pelo regime do Simples Nacional tenham

---

[23] "Esta característica central da concepção do IVA, juntamente com o princípio fundamental de que o peso do imposto não deve recair sobre as empresas, exige um mecanismo para aliviar as empresas do peso do IVA que pagam quando adquirem bens, serviços ou bens incorpóreos. Existem duas abordagens principais para implementar o processo de cobrança faseada, ao mesmo tempo que alivia as empresas da carga do IVA, permitindo assim que sucessivos contribuintes deduzam o IVA que pagam nas suas compras, ao mesmo tempo que contabilizam o IVA que cobram nas suas vendas. No método de factura-crédito (que é um 'método baseado em transacções'), cada comerciante cobra IVA à taxa especificada para cada fornecimento e entrega ao comprador uma factura mostrando o montante do imposto cobrado. O comprador, por sua vez, pode creditar esse imposto pago a montante contra o imposto a jusante cobrado sobre as suas vendas, remetendo o saldo às autoridades fiscais e recebendo reembolso quando houver créditos excedentes. De acordo com o método de subtração (que é um 'método baseado em entidade'), o imposto é cobrado diretamente sobre uma medida de valor agregado baseada em contas, que é determinada para cada empresa subtraindo o IVA calculado sobre compras permitidas do IVA calculado sobre impostos tributáveis. suprimentos. Quase todas as jurisdições que operam com IVA utilizam o método de crédito de fatura.
Em geral, as jurisdições da OCDE com IVA impõem o imposto em todas as fases do processo econômico e permitem a dedução de impostos sobre compras por todos, exceto o consumidor final. Esta característica de concepção confere ao IVA o seu carácter essencial no comércio interno como um imposto economicamente neutro. O pleno direito à dedução do imposto pago a montante através da cadeia de abastecimento, exceto pelo consumidor final, garante a neutralidade do imposto, independentemente da natureza do produto, da estrutura da cadeia de distribuição e dos meios utilizados para a sua entrega (por exemplo, lojas de retalho, entrega física, downloads da Internet). Como resultado do sistema de pagamento faseado, o IVA 'flui através das empresas' para as entregas fiscais feitas aos consumidores finais" (OECD. **International VAT/GST Guidelines**. Paris: OECD Publishing, 2017. p. 15. Disponível em: https://www. oecd-ilibrary.org/docserver/9789264271401-en.pdf?expires=1699463406&id=id&accname=guest&checksum=DF87BA74FE900274977E2BC78D55D00C. Acesso em: 16.12.2023).

limitação ao creditamento ou mesmo à remessa de créditos para a operação seguinte, pois, ao recolher o IVA na alíquota única, o crédito será somente relativo ao imposto recolhido. Para se creditarem, as empresas optantes deverão estar fora do Simples ou recolher o IVA fora do sistema simplificado de tributação. Como se não bastasse, a reforma manteve a vedação ao creditamento de bens de uso e consumo que já é aplicada ao ICMS, o que vai resultar em muitos debates judiciais.

Assim, o IVA trazido pela reforma tributária fica mais próximo do atual ICMS do que um novo tributo de base e creditamento amplos. Sob tal aspecto, Derzi[24] observa que, apesar das semelhanças com os impostos brasileiros (ICMS e IPI, em especial), a não cumulatividade do IVA guarda diferenças com o modelo brasileiro, uma vez que:

> A não incidência em cascata manifesta-se em uma ampla não cumulatividade, do tipo *financeiro*,[25] de modo que os créditos relativos às aquisições de matérias-primas, produtos intermediários, embalagens, bens de consumo e bens do ativo fixo são dedutíveis, operando-se uma real desoneração da produção e da comercialização de bens e de serviços, fenômeno que não ocorre entre nós,

---

[24] DERZI, Misabel Abreu Machado. A necessidade da instituição do IVA no Sistema Constitucional Tributário Brasileiro. **Sequência – Estudos Jurídicos e Políticos**, v. 16, n. 31, p. 62-71, 1995. Disponível em: https://periodicos.ufsc.br/index.php/sequencia/article/view/15775. Acesso em: 26.12.2023.

[25] Segundo Mendes (MENDES, André Moreira. Não cumulatividade tributária no Brasil e no mundo: origens, conceito e pressupostos. In: SOUZA, Priscila de. Congresso Nacional de Estudos Tributários do IBET. Vol. VI: Sistema Tributário Brasileiro e a Crise Atual. São Paulo: Noeses/IBET, 2009, p. 47-88. Disponível em: https://sachacalmon.com.br/wp-content/uploads/2010/10/Nao-cumulatividade--tributaria-no-Brasil-e-no-mundo-origens-conceito-e-pressupostos.pdf. Acesso em: 26 dez. 2023), há duas modalidades do direito ao abatimento dos créditos nos impostos plurifásicos não cumulativos: "*(a) crédito financeiro*, que permite ampla dedução dos investimentos em ativo imobilizado, insumos e, ainda, em bens de uso e consumo (que são empregados de forma indireta no processo produtivo da empresa, sendo consumidos em suas atividades diárias); *(b) crédito físico*, que somente reconhece o crédito das matérias primas e dos intitulados bens intermediários (insumos que se consomem no processo produtivo, mesmo não se agregando fisicamente ao produto final)". Ainda de acordo com o professor, o modelo de crédito financeiro é o adotado nos países europeus, pois toda aquisição tributada gera direito ao abatimento, com exceção dos bens alheios à atividade empresarial.

Capítulo 2 – Impostos em espécie

por causa de obstáculos opostos pela legislação infraconstitucional, embora inexista para isso empecilho na Carta Magna.

Por fim, o IVA também deve ser orientado pela neutralidade, isto é, interferir o mínimo possível nas decisões dos agentes econômicos. Para Humberto Ávila, "a neutralidade representa uma manifestação estipulada da própria igualdade na sua conexão com o princípio da liberdade de concorrência, notadamente no aspecto negativo da atuação estatal".[26]

Nesse caso, a neutralidade dos tributos em face da atividade econômica exige o tratamento igual de contribuintes que se encontrem nas mesmas situações, bem como o respeito à sua capacidade contributiva, não podendo o tributo interferir na competição entre os atores do mercado.

O princípio em questão também pode ser analisado a partir de duas formas: a neutralidade vertical e a neutralidade horizontal, conforme demonstra Oséias Amaral:

> Para os produtores *(neutralidade vertical)* é assegurada principalmente pelo mecanismo do crédito e permite a decisão sobre o que produzir e como produzir sem influência da tributação. Para os consumidores *(neutralidade horizontal)* é garantida pela existência de uma base tributária ampla e uniforme que permita a escolha dos bens de consumo sem que a tributação lhes afaste de sua inclinação natural.[27] (grifos nossos)

Dessa forma, o IVA tem por objetivo angariar recursos para o Estado (função arrecadatória) com a mínima interferência no ciclo econômico (neutralidade tributária), e a não cumulatividade é um de seus instrumentos com o propósito de permitir que "o valor do tributo incidente sobre cada elo das cadeias de produção e comercialização

---

[26] ÁVILA, Humberto. **Teoria da igualdade tributária**. 4. ed. São Paulo: Malheiros, 202, p. 105.

[27] AMARAL, Oséias. Creditamento na PEC 45/2019: o princípio da neutralidade. **Jota**, 14.11.2023. Disponível em: https://www.jota.info/opiniao-e-analise/artigos/creditamento-na-pec-45-2019-o-principio-da-neutralidade-14112023. Acesso em: 16.12.2023.

não se misture com os custos de produção",[28] adotando-se, assim, um sistema de créditos e débitos eficiente e amplo. Nesse sentido, Juan Carlos Vérgez:

> (...) através de este procedimiento de deducción de cuotas el impuesto sobre las ventas repercutido por el proveedor termina siendo deducido y neutralizado por el sujeto pasivo que lo suporta, adquirente de los bienes y servicios, continuando este mecanismo de repercusión (que implica la deducción en la totalidad del ámbito del sector productivo) hasta alcanzar al consumidor final, que es quien termina suportando la práctica del Impuesto, no pudiendo deducirse el que repercute su proveedor.[29]

Em suma, com a aplicação da neutralidade, as decisões empresariais devem ser motivadas por considerações econômicas e não tributárias. Os contribuintes em situações semelhantes que realizem transações semelhantes deverão estar sujeitos a níveis de tributação semelhantes.

Em razão do exposto até aqui, o IVA deve incidir sobre o valor agregado na respectiva operação, ou seja, cabe ao contribuinte recolher o imposto sobre o valor por ele agregado. Para que isso ocorra, todos os insumos devem gerar o direito ao creditamento, que refletirá na neutralidade.

Portanto, o IVA não pode causar distorções econômicas nem influenciar a concorrência, devendo ser neutro, sobretudo porque não possui qualquer finalidade extrafiscal.

No Brasil, o constituinte derivado, ao analisar a reforma tributária, decidiu por aprovar um IVA dual, que será analisado na presente obra.

1.5.1. *Imposto sobre Bens e Serviços (IBS)*

O IVA subnacional aprovado na reforma tributária recebeu o nome de **Imposto sobre Bens e Serviços (IBS)**, reunindo os problemáticos ICMS, até então estadual, e ISSQN, de competência dos municípios.

---

[28] AMARAL, Oséias. Creditamento na PEC 45/2019: o princípio da neutralidade. **Jota**, 14.11.2023. Disponível em: https://www.jota.info/opiniao-e-analise/artigos/creditamento-na-pec-45-2019-o-principio-da-neutralidade-14112023. Acesso em: 16.12.2023.

[29] VÉRGEZ, Juan Calvo. **El derecho de deducción en el IVA**. Madrid: La Ley, 2015. p. 17.

Capítulo 2 – Impostos em espécie

De acordo com o texto aprovado, o imposto sobre bens e serviços será instituído por lei complementar e terá "competência compartilhada" entre Estados, Distrito Federal e Municípios.[30]

Novo texto

> Art. 156-A. Lei complementar instituirá imposto sobre bens e serviços de competência compartilhada entre Estados, Distrito Federal e Municípios.

Temos aqui o primeiro problema criado pela reforma, que é a efetivação de uma competência compartilhada. Em matéria tributária, competência é poder de criar tributos, distribuída pela Constituição aos entes federados, e é indelegável. Não se confunde com a capacidade tributária, que abrange a fiscalização e a arrecadação.

A emenda reformista estabelece que o IBS será uniforme em todo o território nacional, com legislação e regulamentação única,[31] ressalvada a hipótese em que cada ente subnacional fixará sua alíquota própria por lei específica.[32] Essa alíquota será a mesma para todas as operações com bens materiais ou imateriais, inclusive direitos, ou com serviços,[33] e, caso o ente federado não institua sua alíquota, deverá ser adotada a alíquota de referência, a qual será determinada pelo Senado Federal para cada esfera federativa.

A lei complementar que regulamentou o IBS foi a de nº 214/2025, que reforçou a competência compartilhada e tratou dos elementos necessários para a cobrança do IBS e da CBS.

Assim, será cobrado pelo somatório das alíquotas do Estado e do Município de destino da operação, restando clara a aplicação do princípio do destino.[34] Em outras palavras, as alíquotas aplicáveis em

---

[30] Art. 156-A, *caput*, da CF, nos termos do art. 1º da EC.

[31] Art. 156-A, IV, da CF, nos termos do art. 1º da EC.

[32] Art. 156-A, V, da CF, nos termos do art. 1º da EC.

[33] Art. 156-A, VI, da CF, nos termos do art. 1º da EC.

[34] Art. 156-A, VII, da CF, do art. 1º da EC. Ressalta-se que o Senado acatou a Emenda 67, de autoria do Senador Otto Alencar, a qual restabelece, até 31 de dezembro de 2032, a concessão de créditos presumidos previstos na Lei 9.440/1997, relativos ao IPI, a título de ressarcimento de PIS/Pasep e COFINS sobre o faturamento de empresas instaladas ou que venham a se instalar nas regiões Norte, Nordeste

59

operações interestaduais ou intermunicipais serão as dos entes destinatários da mercadoria ou do serviço. Nesse caso, o imposto será devido no local do destino do bem ou serviço.

Como se pode ver, de fato os entes terão a competência tributária, pois serão eles que definirão as suas alíquotas, e a sujeição ao teto definido pelo Senado não descaracteriza o exercício da competência tributária. O mesmo acontece, atualmente, com o ITCMD, em que cada Estado estipula suas alíquotas, devendo respeitar a alíquota máxima prevista em resolução do Senado.

Já no tocante à capacidade tributária, o novel **art. 156-B**, incluído pela EC 132/2023, prevê que os entes federados a exercerão de forma integrada, exclusivamente por meio do Comitê Gestor do Imposto sobre Bens e Serviços, nos termos e limites estabelecidos na Constituição e em lei complementar.

As competências administrativas, que não devem ser confundidas com a competência tributária, serão do Comitê Gestor do IBS, que deverá editar regulamento único e uniformizar a interpretação e a aplicação da legislação do imposto, arrecadar o imposto, efetuar as compensações e distribuir o produto da arrecadação entre Estados, Distrito Federal e Municípios e decidir o contencioso administrativo.

Como se pode ver, cada ente federado exercerá sua competência ao instituir a alíquota, a capacidade para fiscalizar e arrecadar, mas quem efetivamente irá regulamentar as respectivas atividades é o Comitê Gestor do IBS, que funcionará como uma entidade centralizadora, com independência técnica, administrativa, orçamentária e financeira.

Novo texto

Art. 156-B. (...)
(...)
§ 2º (...)
(...)

---

e Centro-Oeste e que sejam montadoras e fabricantes de peças, componentes, conjuntos, carroçarias ou pneus, bem como de veículos terrestres, tratores, máquinas agrícolas, rodoviárias ou reboques. Na prática, a medida alcança a indústria automotiva instalada no Nordeste.

Capítulo 2 – Impostos em espécie

> V – a fiscalização, o lançamento, a cobrança, a representação administrativa e a representação judicial relativos ao imposto serão realizados, no âmbito de suas respectivas competências, pelas administrações tributárias e procuradorias dos Estados, do Distrito Federal e dos Municípios, que poderão definir hipóteses de delegação ou de compartilhamento de competências, cabendo ao Comitê Gestor a coordenação dessas atividades administrativas com vistas à integração entre os entes federativos;
>
> (...).

No Comitê, os Estados, o Distrito Federal e os Municípios serão representados, de forma paritária, na instância máxima de deliberação, sendo garantida a alternância na sua presidência, nos termos da lei complementar, e o controle externo deverá ser exercido pelos entes federados. A existência de tal controle é fundamental porque o Comitê Gestor será financiado por um percentual do produto da arrecadação do imposto destinado a cada ente federativo, sendo necessário o controle para garantir o bom funcionamento e gestão da coisa pública. O comitê gestor terá a seguinte composição, na forma no novel **art. 156-B, § 3º**:

Novo texto

> I – 27 (vinte e sete) membros, representando cada Estado e o Distrito Federal;
>
> II – 27 (vinte e sete) membros, representando o conjunto dos Municípios e do Distrito Federal, que serão eleitos nos seguintes termos:
>
> a) 14 (quatorze) representantes, com base nos votos de cada Município, com valor igual para todos; e
>
> b) 13 (treze) representantes, com base nos votos de cada Município ponderados pelas respectivas populações.

Na tentativa de equilibrar os votos dos integrantes do Comitê Gestor, as deliberações somente serão consideradas aprovadas se tiverem, cumulativamente, em relação ao conjunto dos Estados e do Distrito Federal, os votos da maioria absoluta de seus representantes e de representantes dos Estados e do Distrito Federal que correspondam a mais de 50% (cinquenta por cento) da população do País.

Já com relação aos Municípios e ao Distrito Federal, basta a maioria absoluta dos seus representantes.

61

Para presidir o Comitê Gestor, o requisito é somente possuir notórios conhecimentos de administração tributária, sem mais nenhum requisito além disso. O Comitê, a Receita Federal do Brasil e a Procuradoria-Geral da Fazenda Nacional deverão compartilhar informações fiscais dos contribuintes a fim de fomentar a fiscalização e garantir a arrecadação. De acordo com o art. 156-A, § 1º, I e II, da CF, nos termos do art. 1º da EC 132/2023, o IBS será comunicado pelo **princípio da neutralidade** e terá como hipótese de incidência tributária as "operações com bens materiais ou imateriais, inclusive direitos, ou com serviços". Além disso, o imposto incidirá também sobre a "importação de bens materiais ou imateriais, inclusive direitos, ou de serviços realizada por pessoa física ou jurídica, ainda que não seja sujeito passivo habitual do imposto, qualquer que seja a sua finalidade".

A neutralidade é um importante princípio norteador do direito tributário, porque não pode o tributo ser o único ou principal critério para a tomada de decisões de contribuintes em geral. O objetivo da carga tributária é a manutenção da postura neutra, sem interferir nos agentes econômicos, como já dito anteriormente.

O tributo pode adotar a extrafiscalidade, que caracteriza efetivamente a intervenção do Estado na atividade econômica por meio da tributação, como ocorrerá com o imposto seletivo, para desestimular o consumo de produtos nocivos à saúde e ao meio ambiente, mas a regra de tributação é o tributo não intervir na economia.

Outrossim, sua hipótese de incidência está delineada na reforma, que deixa claro que o IBS incidirá sobre operações com bens materiais ou imateriais, inclusive direitos, ou com serviços e incidirá também sobre a importação de bens materiais ou imateriais, inclusive direitos, ou de serviços realizada por pessoa física ou jurídica, ainda que não seja sujeito passivo habitual do imposto, qualquer que seja a sua finalidade.

Conforme previsto no § 8º do art. 156-A:

> Para fins do disposto neste artigo, a lei complementar de que trata o *caput* poderá estabelecer o conceito de operações com serviços, seu conteúdo e alcance, admitida essa definição para qualquer operação que não seja classificada como operação com bens materiais ou imateriais, inclusive direitos.

Entendemos que tal dispositivo não altera a essência da tributação, que é a incidência do IBS sobre operações comerciais e que envolvam

Capítulo 2 – Impostos em espécie

serviços. Dessa interpretação, não caberá a extensão da tributação para situações que não caracterizem obrigação de fazer, como é o caso da locação, por exemplo. Não há autorização para tal cobrança, pois não pode esse tipo de obrigação ser caracterizado como obrigação de fazer.

Entretanto, a Lei Complementar 214/2025 considerou operações com bens todas aquelas que envolvam bens móveis ou imóveis, materiais ou imateriais, inclusive direitos. Já as operações com serviços são todas as demais que não sejam enquadradas como operações com bens.

Frise-se que se equiparam a bens materiais as energias que tenham valor econômico, mantendo a previsão que já existia no regime anterior para fins de incidência do ICMS.

A referida lei complementar considerou ainda como fornecimento a entrega ou disponibilização de bem material, a instituição, a transferência, a cessão, a concessão, o licenciamento ou a disponibilização de bem imaterial, inclusive direito, e a prestação ou disponibilização de serviço.

Para afastar qualquer dúvida e prever a incidência do IBS e da CBS sobre quaisquer operações, até mesmo as locações, são consideradas operações onerosas com bens ou com serviços qualquer fornecimento com contraprestação, incluindo o decorrente de compra e venda, troca ou permuta, dação em pagamento e demais espécies de alienação, locação, licenciamento, concessão, cessão, mútuo oneroso, doação com contraprestação em benefício do doador, instituição onerosa de direitos reais, arrendamento, inclusive mercantil e prestação de serviços.

O IBS incide sobre todas as operações, incluindo aquelas realizadas com ativo não circulante ou no exercício de atividade econômica não habitual.

Reiteramos o posicionamento acerca da ampliação do conceito da expressão operação, no sentido de que tal condição extrapola o sentido da palavra e passa a prever a incidência do imposto de forma ampla e ilimitada para uma gama de fatos da vida de forma genérica.

Nesse sentido, Hugo de Brito Machado Segundo:

> Estabelece-se que o IBS e a CBS incidem sobre operações, diminuindo-se o elastério infinito dado ao seu âmbito de incidência na redação original do anteprojeto. Ainda assim, há o equívoco de se definir bem como "qualquer bem material ou imaterial, inclusive direito". Não se utiliza a palavra definida na própria definição. Trata-se de uma evidente tautologia, ou petição de princípio. Como dizer:

animal é todo animal; carro é todo carro; tributo é todo tributo... "bem" poderia ter sido definido como tudo quanto pode proporcionar ao ser humano a satisfação das suas necessidades, tendo assim valor econômico ou moral e podendo ser objeto de relação jurídica. Mas definir bem como bem é uma circularidade constrangedora.[35]

Nos termos do art. 5º da Lei Complementar 214/2025, o IBS também incidirá sobre o fornecimento não oneroso ou a valor inferior ao de mercado de bens e serviços, o fornecimento de brindes e bonificações, a transmissão, pelo contribuinte, para sócio ou acionista que não seja contribuinte no regime regular, por devolução de capital, dividendos *in natura* ou de outra forma, de bens cuja aquisição tenham permitido a apropriação de créditos pelo contribuinte, inclusive na produção e sobre demais fornecimentos não onerosos ou a valor inferior ao de mercado de bens e serviços por contribuinte à parte relacionada.

Percebe-se que o IBS é praticamente um adicional do imposto estadual que incide sobre a transmissão *causa mortis* e doação, pois mesmo as operações gratuitas, que caracterizam liberalidade, serão tributadas. Tal possibilidade talvez abra espaço para discussões acerca da existência de um *bis in idem*, ao passo que a mesma operação terá dupla incidência tributária, o que é vedado no ordenamento jurídico pátrio.

Ademais, considera-se ocorrido o fato gerador do IBS no momento do fornecimento nas operações com bens ou com serviços, ainda que de execução continuada ou fracionada.

No tocante à prestação de serviço de transporte, o imposto será devido no início da prestação do serviço iniciado no País e no término do transporte, na prestação de serviço de transporte de carga quando iniciado no exterior.

Nos demais serviços, o imposto será devido quando do término do fornecimento.

O imposto ainda será devido quando da aquisição do bem nas hipóteses de licitação promovida pelo poder público de bem apreendido ou abandonado ou leilão judicial.

Com o objetivo de simplificar a tributação, a reforma tributária passou a prever a tributação no destino, e, dessa forma, o IBS será devido no

---

[35] SEGUNDO, Hugo de Brito Machado. **Lei Complementar 214/2025 comentada**: IBS, CBS e IS. São Paulo: Atlas Jurídico, 2025.

Capítulo 2 – Impostos em espécie

local da operação. No tocante ao bem móvel material, é o local da entrega ou disponibilização do bem ao destinatário. Já com relação ao bem imóvel ou bem móvel imaterial ou direito relacionado ao bem imóvel, serviço prestado fisicamente sobre bem imóvel e serviço de administração e intermediação de bem imóvel, o local onde o imóvel estiver situado.

Como se não bastasse, no tocante ao serviço prestado fisicamente sobre a pessoa física ou fruído presencialmente por pessoa física, o imposto será devido no local da prestação do serviço, bem como no caso de serviço de planejamento, organização e administração de feiras, exposições, congressos, espetáculos, exibições e congêneres, quando o IBS será devido no local do evento a que se refere o serviço.

Quanto ao serviço prestado fisicamente sobre bem móvel material e serviços portuários, o imposto será devido no local da prestação do serviço e no tocante ao serviço de transporte de passageiros, no local de início do transporte. Entretanto, sendo transporte de carga, será devido no local da entrega ou disponibilização do bem ao destinatário constante no documento fiscal.

Nos serviços de exploração de via, mediante cobrança de valor a qualquer título, incluindo tarifas, pedágios e quaisquer outras formas de cobrança, o IBS será devido no território de cada Município e Estado, ou do Distrito Federal, proporcionalmente à correspondente extensão da via explorada e nos serviços de telefonia fixa e demais serviços de comunicação prestados por meio de cabos, fios, fibras e meios similares, o local de instalação do terminal.

Por fim, nos demais serviços e bens móveis imateriais, inclusive direitos, o local do domicílio principal do adquirente, nas operações onerosas e do destinatário, nas operações não onerosas.

No tocante às vendas não presenciais, assim entendidas aquelas em que a entrega ou disponibilização não ocorra na presença do adquirente ou destinatário no estabelecimento do fornecedor, considera-se local da entrega ou disponibilização do bem ao destinatário o destino indicado pelo adquirente ao fornecedor, caso o serviço de transporte seja de responsabilidade do fornecedor ou ao terceiro responsável pelo transporte, caso o serviço de transporte seja de responsabilidade do adquirente.

1.5.1.1 Base de cálculo

A base de cálculo do IBS e da CBS é o valor da operação, compreendendo o valor integral cobrado pelo fornecedor a qualquer título, inclusive os valores correspondentes a acréscimos decorrentes de ajuste do valor da operação, juros, multas, acréscimos e encargos, descontos concedidos sob condição, valor do transporte cobrado como parte do valor da operação, no transporte efetuado pelo próprio fornecedor ou no transporte por sua conta e ordem, tributos e preços públicos, inclusive tarifas, incidentes sobre a operação ou suportados pelo fornecedor e demais importâncias cobradas ou recebidas como parte do valor da operação, inclusive seguros e taxas.

Percebe-se que a base de cálculo é ampla, de modo que o objetivo da reforma tributária, que seria a simplificação e a transparência, não nos parecem presentes, pois, com a base tão ampliada, o valor do custo efetivo do tributo fica difícil de ser visualizado pela sociedade.

Entretanto, há também exclusões da base de cálculo, não podendo ser considerados para apuração do IBS e da CBS o montante do Imposto sobre Produtos Industrializados (IPI), os descontos incondicionais, os reembolsos ou ressarcimentos recebidos por valores pagos relativos a operações por conta e ordem ou em nome de terceiros, desde que a documentação fiscal relativa a essas operações seja emitida em nome do terceiro, o ICMS, o ISS e as contribuições para o PIS e para a Cofins, bem como a contribuição para a iluminação pública.

Frise-se que o IBS e a CBS incidem por fora, de modo que não integram a sua própria base de cálculo como ocorre com o ICMS.

1.5.1.2 Alíquotas

As alíquotas da CBS e do IBS serão fixadas por lei específica do respectivo ente federativo. Com isso, a União fixará as alíquotas da CBS, e cada Estado fixará sua alíquota da sua quota parte do IBS, assim como os Municípios. Já o Distrito Federal acumula as competências dos Estados e Municípios.

Caso o ente federado opte por não estipular sua alíquota, será aplicada a alíquota de referência definida pelo Senado Federal.

Assim, a alíquota do IBS será composta pelo somatório entre a alíquota do estado e do município de destino da operação.

Importante destacar que qualquer alteração na legislação federal que reduza ou eleve a arrecadação do IBS ou da CBS deverá ser compensada pela elevação ou redução, pelo Senado Federal, da alíquota de

Capítulo 2 – Impostos em espécie

referência da CBS e das alíquotas de referência estadual e municipal do IBS, de modo a preservar a arrecadação das esferas federativas.

Por fim, durante o período de transição, a aplicação da alíquota será elevada de forma gradual. Assim, com relação aos fatos geradores ocorridos de 1º de janeiro a 31 de dezembro de 2026, o IBS será cobrado mediante aplicação da alíquota estadual de 0,1%.

Na sequência, com relação aos fatos geradores ocorridos de 1º de janeiro de 2027 a 31 de dezembro de 2028, o IBS será cobrado à alíquota estadual de 0,05% e à alíquota municipal de 0,05%.

Nesse período inicial da transição, em que a cobrança ainda se dará como forma de testar a incidência do tributo, com relação aos fatos geradores ocorridos de 1º de janeiro a 31 de dezembro de 2026, o montante recolhido do IBS e da CBS será compensado com o valor devido, no mesmo período de apuração, das contribuições previstas no art. 195, incisos I, "b", e IV, e da contribuição para o PIS a que se refere o art. 239, ambos da Constituição Federal. Caso o contribuinte não possua débitos suficientes para efetuar a compensação, o valor recolhido poderá ser compensado com qualquer outro tributo federal ou ressarcido em até 60 dias, mediante requerimento.

1.5.1.3 Alíquota de referência

A alíquota de referência será a alíquota teto, ou seja, o limite a ser cobrado pelo somatório de IBS e CBS.

No caso da CBS, o cálculo da alíquota de referência para cada ano de vigência de 2027 a 2033 será realizado com base na receita de referência da União em anos-base anteriores, em uma estimativa de qual seria a receita de CBS caso fosse aplicada, em cada um dos anos-base, a alíquota de referência, as alíquotas dos regimes específicos e a legislação da CBS no ano de vigência e em estimativas de qual seria a receita do Imposto Seletivo e do IPI, caso fossem aplicadas, em cada um dos anos-base, as alíquotas e a legislação desses impostos no ano de vigência.

No tocante ao IBS, o cálculo das alíquotas de referência estadual e municipal do IBS para cada ano de vigência de 2029 a 2033 será realizado com base na receita de referência da respectiva esfera federativa em anos-base anteriores e em uma estimativa de qual seria a receita de IBS caso fosse aplicada, em cada um dos anos-base, a alíquota de referência, as alíquotas dos regimes específicos e a legislação do IBS do ano de vigência.

1.5.1.4 Sujeito passivo

É considerado contribuinte do IBS e da CBS o fornecedor que realizar operações no desenvolvimento de atividade econômica, de modo habitual ou em volume que caracterize atividade econômica ou de forma profissional, ainda que a profissão não seja regulamentada.

Também é considerado contribuinte o adquirente, ainda que não seja o fornecedor de bens e serviços, na aquisição de bem apreendido ou abandonado, em licitação promovida pelo poder público ou em leilão judicial.

Por fim, o importador também é contribuinte do IBS e da CBS nas operações de importação de bens e serviços. Frise-se que o fornecedor de bens e serviços residente ou domiciliado no exterior fica obrigado a se cadastrar como contribuinte, caso realize operações no País ou como responsável tributário no caso de importações.

Nesse sentido, as plataformas digitais, ainda que domiciliadas no exterior, são responsáveis pelo pagamento do IBS e da CBS relativos às operações e importações realizadas por seu intermédio. Tal responsabilidade será solidária com o adquirente ou destinatário e em substituição ao fornecedor, caso este seja residente ou domiciliado no exterior.

Também será considerado devedor solidário com o fornecedor, caso este seja residente ou domiciliado no País, caso não registre a operação em documento fiscal eletrônico e, por fim, caso seja contribuinte, ainda que não inscrito nos cadastros relativos ao IBS e à CBS.

Não são considerados contribuinte do IBS e da CBS: o condomínio, o consórcio, a sociedade em conta de participação, o nanoempreendedor, o produtor rural, o transportador autônomo de carga, a prestadora de plano de saúde sob a modalidade de autogestão e as entidades de previdência complementar fechada.

1.5.1.5 Split Payment

Uma das principais inovações introduzidas no sistema tributário brasileiro pela reforma tributária é o recolhimento na liquidação

Capítulo 2 – Impostos em espécie

financeira, ou *split payment*, que consiste em um sistema de pagamento segundo o qual o valor de uma operação é automaticamente dividido entre o vendedor e o Fisco no momento em que ocorre o pagamento. Esse modelo garante que os tributos sejam direcionados imediatamente aos cofres públicos, diminuindo a sonegação fiscal e promovendo uma arrecadação mais eficiente.

Esse modelo também tem como objetivo dar maior transparência às operações e à arrecadação, tendo em vista que o sistema divide automaticamente o tributo recolhido.

Essa é uma das principais alterações no sistema de recolhimento de tributos, pois atualmente o recolhimento do tributo se dá em momento temporal diverso da ocorrência do fato gerador. Tal situação facilita a sonegação e a ausência do pagamento do tributo, pois muitas vezes o contribuinte simplesmente não efetua o pagamento da guia respectiva.

No caso do ICMS, por exemplo, a empresa repassa na nota fiscal o imposto respectivo ao praticar o ato de comércio. Em outras palavras, a nota fiscal é cheia e o valor do tributo ingressa nos cofres da empresa que circulou a mercadoria, cabendo-lhe efetuar o recolhimento aos cofres públicos no prazo legal. Tal situação permite que o contribuinte não efetue o pagamento. Com o *split* payment, isso não ocorrerá, pois, automaticamente, no ato da operação respectiva, o tributo será descontado e repassado ao Fisco.

O modelo traz uma maior facilidade na fiscalização e arrecadação, além de simplificar as obrigações acessórias da empresa, mas impactará no fluxo de caixa dos contribuintes que precisam se adaptar, pois muitos se utilizam do próprio tributo para financiar sua atividade, uma vez que o recolhimento se dá em data posterior. Outro ponto negativo é o custo de adaptação à nova tecnologia, que poderá ser reduzido com a consolidação da reforma tributária, mas terá impactos iniciais a serem considerados.

Importante destacar que a segregação e o recolhimento do IBS e da CBS ocorrerão na data da liquidação financeira da transação de pagamento, observados os fluxos de pagamento estabelecidos entre os participantes do arranjo.

Ademais, nas operações com bens ou com serviços com pagamento parcelado pelo fornecedor, a segregação e o recolhimento do IBS e da CBS deverão ser efetuados, de forma proporcional, na liquidação financeira de todas as parcelas e a liquidação antecipada de

69

recebíveis não altera a obrigação de segregação e de recolhimento do IBS e da CBS.

Como se não bastasse, no caso de pagamento indevido ou a maior, a restituição do IBS e da CBS somente será devida ao contribuinte caso a operação não tenha gerado crédito para o adquirente dos bens ou serviços. O legitimado para pleitear a restituição é o contribuinte de direito, desde que não tenha repassado o ônus financeiro ao consumidor final ou, caso tenha repassado, obtenha a autorização daquele que suportou o ônus do tributo, nos termos do art. 166 do CTN.

A restituição não deve ser confundida com o ressarcimento, que será cabível quando houver saldo a recuperar ao final do período de apuração.

O prazo para apreciação do pedido de ressarcimento está previsto no art. 39, § 3º, da Lei Complementar 214/2025 e será o seguinte:

> I – até 30 (trinta) dias contados da data da solicitação de que trata o *caput* deste artigo, para pedidos de ressarcimento de contribuintes enquadrados em programas de conformidade desenvolvidos pelo Comitê Gestor do IBS e pela RFB que atendam ao disposto no art. 40 desta Lei Complementar;

> II – até 60 (sessenta) dias contados da data de solicitação de que trata o *caput* deste artigo, para pedidos de ressarcimento que atendam ao disposto no art. 40 desta Lei Complementar, ressalvada a hipótese prevista no inciso I deste parágrafo; ou

> III – até 180 (cento e oitenta) dias contados da data da solicitação de que trata o *caput* deste artigo, nos demais casos.

Caso o Comitê Gestor do IBS ou da RFB não se manifeste nos prazos previstos, o crédito será ressarcido ao contribuinte nos 15 dias subsequentes.

A definição de tais prazos, exíguos para a Fazenda Pública, gera um direito ao contribuinte que poderá ser pleiteado via mandado de segurança em caso de descumprimento.

Haverá a suspensão dos prazos caso seja iniciado o procedimento de fiscalização relativo ao pedido de ressarcimento respectivo antes do seu encerramento. O Fisco deverá encerrar o procedimento em até 360 dias e, caso isso não ocorra, caberá o ressarcimento ao contribuinte nos 15 dias subsequentes.

Capítulo 2 – Impostos em espécie

1.5.1.6 Não cumulatividade

O princípio da não cumulatividade não é uma inovação trazida pela reforma tributária, mas, sim, um direito do contribuinte já existente no ordenamento jurídico pátrio e aplicado obrigatoriamente ao ICMS, ao IPI e, aos casos que a lei determina, para PIS e Cofins.

De acordo com o princípio em questão, caberá o direito ao crédito do tributo recolhido na operação anterior, que será abatido na operação seguinte. Há grandes debates acerca dos insumos que garantem o direito ao crédito, como no caso do ICMS, que a Lei Complementar 87/1996 garante o direito de o contribuinte compensar na operação seguinte o imposto incidente sobre os insumos que se transformam no produto final, não sendo possível a compensação caso o insumo não integre o produto final.

Assim, no caso de uma indústria de biscoitos, por exemplo, a energia elétrica do maquinário que produz o biscoito garante o direito a creditamento, enquanto a energia elétrica das áreas administrativas não gera direito ao creditamento do ICMS respectivo.

No caso de PIS e Cofins, o sistema é um pouco diferente, pois é garantido o direito ao creditamento dos insumos necessários para o exercício da atividade, conforme entendimento adotado pelo STJ:

> Tributário. PIS e Cofins. Contribuições sociais. Não cumulatividade. Creditamento. Conceito de insumos. Definição administrativa pelas Instruções Normativas 247/2002 e 404/2004, da SRF, que traduz propósito restritivo e desvirtuador do seu alcance legal. Descabimento. Definição do conceito de insumos à luz dos critérios da essencialidade ou relevância. Recurso especial da contribuinte parcialmente conhecido, e, nesta extensão, parcialmente provido, sob o rito do art. 543-C do CPC/1973 (arts. 1.036 e seguintes do CPC/2015). 1. Para efeito do creditamento relativo às contribuições denominadas PIS e Cofins, a definição restritiva da compreensão de insumo, proposta na IN 247/2002 e na IN 404/2004, ambas da SRF, efetivamente desrespeita o comando contido no art. 3º, II, da Lei 10.637/2002 e da Lei 10.833/2003, que contém rol exemplificativo. 2. O conceito de insumo deve ser aferido à luz dos critérios da essencialidade ou relevância, vale dizer, considerando-se a imprescindibilidade ou a importância de determinado item – bem ou serviço – para o desenvolvimento da atividade econômica desempenhada pelo contribuinte. 3. Recurso Especial representativo

da controvérsia parcialmente conhecido e, nesta extensão, parcialmente provido, para determinar o retorno dos autos à instância de origem, a fim de que se aprecie, em cotejo com o objeto social da empresa, a possibilidade de dedução dos créditos relativos a custo e despesas com: água, combustíveis e lubrificantes, materiais e exames laboratoriais, materiais de limpeza e equipamentos de proteção individual-EPI. 4. Sob o rito do art. 543-C do CPC/1973 (arts. 1.036 e seguintes do CPC/2015), assentam-se as seguintes teses: (a) é ilegal a disciplina de creditamento prevista nas Instruções Normativas da SRF n. 247/2002 e n. 404/2004, porquanto compromete a eficácia do sistema de não-cumulatividade da contribuição ao PIS e da COFINS, tal como definido nas Leis 10.637/2002 e 10.833/2003; e (b) o conceito de insumo deve ser aferido à luz dos critérios de essencialidade ou relevância, ou seja, considerando-se a imprescindibilidade ou a importância de terminado item – bem ou serviço – para o desenvolvimento da atividade econômica desempenhada pelo Contribuinte (STJ – REsp 1221170/PR 2010/0209115-0, rel. Min. Napoleão Nunes Maia Filho, j. 22.02.2018, S1 – Primeira Seção, *DJe* 24.04.2018, RT, vol. 993, p. 467).

Percebe-se que o conceito de não cumulatividade é aplicado de forma diversa para cada tributo, não havendo uma linearidade. Tal situação prejudica a segurança jurídica e a transparência, de modo que a reforma tributária tem como objetivo garantir uma não cumulatividade plena, garantida para todos os insumos, exceto aqueles considerados de uso ou consumo pessoal, nos termos do art. 47 da Lei Complementar 214/2025.[36]

O adquirente da mercadoria ou serviço deverá estornar o crédito apropriado caso o bem adquirido venha a perecer, deteriorar-se ou ser

---

[36] Art. 47. O contribuinte sujeito ao regime regular poderá apropriar créditos do IBS e da CBS quando ocorrer a extinção por qualquer das modalidades previstas no art. 27 dos débitos relativos às operações em que seja adquirente, excetuadas exclusivamente aquelas consideradas de uso ou consumo pessoal, nos termos do art. 57 desta Lei Complementar, e as demais hipóteses previstas nesta Lei Complementar.
§ 1º A apropriação dos créditos de que trata *caput* deste artigo:
I – será realizada de forma segregada para o IBS e para a CBS, vedadas, em qualquer hipótese, a compensação de créditos de IBS com valores devidos de CBS e a compensação de créditos de CBS com valores devidos de IBS; e
II – está condicionada à comprovação da operação por meio de documento fiscal eletrônico idôneo.

Capítulo 2 – Impostos em espécie

objeto de roubo, furto ou extravio. Ademais, no caso de roubo ou furto de bem do ativo imobilizado, o estorno de crédito, de que trata o § 6º deste artigo, será feito proporcionalmente ao prazo de vida útil e às taxas de depreciação definidos em regulamento.

Importante frisar que o direito ao creditamento aqui previsto é aquele de imposto sobre imposto, no qual o imposto recolhido na operação anterior garante o direito ao creditamento. A reforma não adotou a sistemática de base sobre base, em que montante do imposto recolhido na operação anterior é irrelevante para fins de creditamento.

Em outras palavras, se houver alguma redução de alíquota, o creditamento apenas será possível com relação à alíquota reduzida que foi efetivamente recolhida.

Ademais, em caso de isenção ou imunidade, não haverá crédito para compensação com o montante devido nas operações seguintes e não será acarretada a anulação do crédito relativo às operações anteriores, salvo, na hipótese da imunidade, inclusive em relação ao inciso XI do § 1º do art. 155-A da CRFB, quando determinado em contrário em lei complementar.

O direito ao creditamento é pleno, sendo garantido sobre todos os produtos e serviços que tenham sido adquiridos na cadeia produtiva, ressalvados aqueles que sejam caracterizados como uso e consumo, de acordo com a lei complementar respectiva. Aqui, temos um ponto obscuro da reforma tributária, que se prestou a simplificar o sistema, mas manteve uma limitação de creditamento de insumo histórica, pois teremos mais uma vez um importante contencioso para que seja definido o conceito de uso e consumo.

Tal distinção já existe no ICMS e o mesmo problema está sendo transplantado para o novo sistema tributário, de modo que somente haverá direito ao crédito com relação aos bens e serviços que se convertam no produto final.

Todavia, a manutenção desse entendimento contrasta com o principal objetivo da reforma tributária, que é a simplificação e a transparência do Sistema Tributário Nacional.

Afinal, a contratação de advogados, por exemplo, poderia ser considerada como uso e consumo? Entendemos que, na lógica prevista pela reforma tributária, a resposta deve ser negativa, uma vez que orientação jurídica e defesa dos interesses são fundamentais para o funcionamento de empresas de qualquer porte e setor da atividade econômica.

73

Para não deixar dúvida, a Lei Complementar 214/2025 definiu o que são considerados bens de uso e consumo que não permitem o direito ao creditamento de IBS e CBS. Vejamos:

Art. 57. Consideram-se de uso ou consumo pessoal:

I – os seguintes bens e serviços:

a) joias, pedras e metais preciosos;

b) obras de arte e antiguidades de valor histórico ou arqueológico;

c) bebidas alcoólicas;

d) derivados do tabaco;

e) armas e munições;

f) bens e serviços recreativos, esportivos e estéticos;

II – os bens e serviços adquiridos ou produzidos pelo contribuinte e fornecidos de forma não onerosa ou a valor inferior ao de mercado para:

a) o próprio contribuinte, quando este for pessoa física;

b) as pessoas físicas que sejam sócios, acionistas, administradores e membros de conselhos de administração e fiscal e comitês de assessoramento do conselho de administração do contribuinte previstos em lei;

c) os empregados dos contribuintes de que tratam as alíneas "a" e "b" deste inciso; e

d) os cônjuges, companheiros ou parentes, consanguíneos ou afins, até o terceiro grau, das pessoas físicas referidas nas alíneas "a", "b" e "c" deste inciso.

No caso do inciso II supracitado, são considerados bens de uso e consumo pessoal, por exemplo, o bem imóvel residencial e os demais bens e serviços relacionados à sua aquisição e manutenção, o veículo e os demais bens e serviços relacionados à sua aquisição e manutenção, inclusive seguro e combustível.

O mesmo ocorre nos casos de *Family offices*, em que, por força da Lei Complementar 214/2025, os bens e serviços relacionados à sua gestão serão considerados de uso e consumo pessoal.

Frise-se que pessoas jurídicas optantes pelo regime do Simples Nacional não possuem direito ao creditamento.

Capítulo 2 – Impostos em espécie

Novo texto

> Art. 146. (...)
>
> (...)
>
> § 3º Na hipótese de o recolhimento dos tributos previstos nos arts. 156-A e 195, V, ser realizado por meio do regime único de que trata o § 1º, enquanto perdurar a opção:
>
> I – não será permitida a apropriação de créditos dos tributos previstos nos arts. 156-A e 195, V, pelo contribuinte optante pelo regime único; e
>
> II – será permitida a apropriação de créditos dos tributos previstos nos arts. 156-A e 195, V, pelo adquirente não optante pelo regime único de que trata o § 1º de bens materiais ou imateriais, inclusive direitos, e de serviços do optante, em montante equivalente ao cobrado por meio do regime único.

No art. 47, § 9º, da Lei Complementar 214/2025, foi mantida a restrição ao creditamento:

> § 9º Na hipótese de o pagamento do IBS e da CBS ser realizado por meio do Simples Nacional, quando não for exercida a opção pelo regime regular de que trata o § 3º do art. 41 desta Lei Complementar:
>
> I – não será permitida a apropriação de créditos do IBS e da CBS pelo optante pelo Simples Nacional; e
>
> II – será permitida ao contribuinte sujeito ao regime regular do IBS e da CBS a apropriação de créditos do IBS e da CBS correspondentes aos valores desses tributos pagos na aquisição de bens e de serviços de optante pelo Simples Nacional, em montante equivalente ao devido por meio desse regime.

Assim, com o objetivo de manter a competitividade desses contribuintes, o texto aprovado previu a possibilidade de empresas no regime do Simples recolherem o IVA fora da tabela simplificada.

Tal situação também é prejudicial ao criar um regime híbrido para empresas no Simples Nacional, sendo certo que o direito ao creditamento deveria ser sobre a base, e não somente limitado ao imposto efetivamente recolhido.

Desse modo, com a finalidade de fazer do sistema tributário um conjunto de normas simples e de fácil entendimento, a reforma previu a incidência do IBS por fora, ou seja, não incide sobre ele mesmo, como acontece com o ICMS. Além disso, o IBS também não poderá integrar a base de cálculo do imposto seletivo, do PIS, da Cofins e da CBS.

Curiosamente, a reforma prevê a incidência do IBS sobre o ICMS, ou seja, como não houve exclusão expressa, o ICMS deverá integrar a base de cálculo do IBS, no longo período de transição.

Ademais, como o ICMS será cobrado até 2033, quando findará a transição da reforma, e sua incidência é por dentro, o IBS e a CBS integrarão a sua base de cálculo. Percebe-se que uma reforma que deveria ter como objetivo a simplificação tem mais questões a serem solucionadas que o sistema tributário sobre o consumo que se despede.

Em relação às regras de distribuição do produto da arrecadação do IBS, ao regime de compensação, à forma e ao prazo para ressarcimento de créditos acumulados pelo contribuinte e ao processo administrativo fiscal do tributo, a PEC atribui à lei complementar o papel de regulamentar tais normas, que deverá ser editada no prazo de 180 dias.

Outro ponto relevante da EC 132/2023 é a previsão de que o IBS não será objeto de concessão de incentivos e benefícios financeiros ou fiscais, salvo os casos expressamente previstos na Constituição.

Novo texto

Art. 156-A. (...)

§ 1º (...)

X – não será objeto de concessão de incentivos e benefícios financeiros ou fiscais relativos ao imposto ou de regimes específicos, diferenciados ou favorecidos de tributação, excetuadas as hipóteses previstas nesta Constituição;

Tal dispositivo é um acerto da reforma tributária, porque os benefícios fiscais são verdadeiros instrumentos de guerra fiscal e desequilíbrio do sistema tributário. O equívoco no texto foi a manutenção dos benefícios para o setor automotivo, fazendo que o resto da sociedade suporte uma maior carga tributária em virtude dessa redução.

Como se pode ver, trata-se da abrangência das hipóteses de incidência do ICMS e do ISS em um único imposto. Com isso, o IBS incidirá sobre ato de comércio e serviços de qualquer natureza, sendo previstas as seguintes imunidades:

Capítulo 2 – Impostos em espécie

a) não incidirá sobre as exportações, assegurados ao exportador a manutenção e o aproveitamento dos créditos relativos às operações nas quais seja adquirente de bem material ou imaterial, inclusive direitos, ou serviço, observada a forma e o prazo para ressarcimento de créditos acumulados pelo contribuinte, que deverá ser regulada por lei complementar;

b) não incidirá nas prestações de serviço de comunicação nas modalidades de radiodifusão sonora e de sons e imagens de recepção livre e gratuita.

Além disso, alguns setores terão regimes específicos de tributação a serem regulados por lei complementar (art. 156-A, § 6º). São eles:

Novo texto

I – combustíveis e lubrificantes sobre os quais o imposto incidirá uma única vez, qualquer que seja a sua finalidade, hipótese em que:

a) serão as alíquotas uniformes em todo o território nacional, específicas por unidade de medida e diferenciadas por produto, admitida a não aplicação do disposto no § 1º, V a VII;

b) será vedada a apropriação de créditos em relação às aquisições dos produtos de que trata este inciso destinados a distribuição, comercialização ou revenda;

c) será concedido crédito nas aquisições dos produtos de que trata este inciso por sujeito passivo do imposto, observado o disposto na alínea "b" e no § 1º, VIII;

II – serviços financeiros, operações com bens imóveis, planos de assistência à saúde e concursos de prognósticos, podendo prever:

a) alterações nas alíquotas, nas regras de creditamento e na base de cálculo, admitida, em relação aos adquirentes dos bens e serviços de que trata este inciso, a não aplicação do disposto no § 1º, VIII;

b) hipóteses em que o imposto incidirá sobre a receita ou o faturamento, com alíquota uniforme em todo o território nacional, admitida a não aplicação do disposto no § 1º, V a VII, e, em relação aos adquirentes dos bens e serviços de que trata este inciso, também do disposto no § 1º, VIII;

III – sociedades cooperativas, que será optativo, com vistas a assegurar sua competitividade, observados os princípios da livre concorrência e da isonomia tributária, definindo, inclusive:

a) as hipóteses em que o imposto não incidirá sobre as operações realizadas entre a sociedade cooperativa e seus associados, entre estes e àquela e pelas sociedades cooperativas entre si quando associadas para a consecução dos objetivos sociais;

b) o regime de aproveitamento do crédito das etapas anteriores;

IV – serviços de hotelaria, parques de diversão e parques temáticos, agências de viagens e de turismo, bares e restaurantes, atividade esportiva desenvolvida por Sociedade Anônima do Futebol e aviação regional, podendo prever hipóteses de alterações nas alíquotas, nas bases de cálculo e nas regras de creditamento, admitida a não aplicação do disposto no § 1º, V a VIII;

V – operações alcançadas por tratado ou convenção internacional, inclusive referentes a missões diplomáticas, repartições consulares, representações de organismos internacionais e respectivos funcionários acreditados;

VI – serviços de transporte coletivo de passageiros rodoviário intermunicipal e interestadual, ferroviário e hidroviário, podendo prever hipóteses de alterações nas alíquotas e nas regras de creditamento, admitida a não aplicação do disposto no § 1º, V a VIII.

Como se não bastasse, caberá à lei complementar estabelecer as operações beneficiadas com redução de 30% (trinta por cento) das alíquotas do IBS e da CBS, relativas à prestação de serviços de profissão intelectual, de natureza científica, literária ou artística, desde que sejam submetidas a fiscalização por conselho profissional.

Entretanto, não foi essa a única redução de alíquota prevista na EC 132/2023. Também estará sob a regulamentação da lei complementar a definição das operações beneficiadas com redução de 60% (sessenta por cento) da alíquota-base (art. 9º, § 1º, da EC 132/2023). Serão beneficiados os seguintes produtos e serviços:

EC 132/2023

I – serviços de educação;

II – serviços de saúde;

III – dispositivos médicos;

IV – dispositivos de acessibilidade para pessoas com deficiência;

V – medicamentos;

Capítulo 2 – Impostos em espécie

VI – produtos de cuidados básicos à saúde menstrual;

VII – serviços de transporte público coletivo de passageiros rodoviário e metroviário de caráter urbano, semiurbano e metropolitano;

VIII – alimentos destinados ao consumo humano;

IX – produtos de higiene pessoal e limpeza majoritariamente consumidos por famílias de baixa renda;

X – produtos agropecuários, aquícolas, pesqueiros, florestais e extrativistas vegetais *in natura*;

XI – insumos agropecuários e aquícolas;

XII – produções artísticas, culturais, de eventos, jornalísticas e audiovisuais nacionais, atividades desportivas e comunicação institucional;

XIII – bens e serviços relacionados a soberania e segurança nacional, segurança da informação e segurança cibernética.

Nessas hipóteses de redução de alíquotas, há atividades que, na forma da lei complementar, poderão ter isenção, como é o caso dos serviços de transporte público coletivo de passageiros rodoviário e metroviário de caráter urbano, semiurbano e metropolitano, ou redução de 100% da alíquota, como é o caso da comercialização de dispositivos médicos, dispositivos de acessibilidade para pessoas com deficiência, medicamentos e produtos de cuidados básicos à saúde menstrual.

Também terão redução de 100% da alíquota, nos termos da lei complementar, os produtos hortícolas, frutas e ovos, os serviços prestados por Instituição Científica, Tecnológica e de Inovação (ICT) sem fins lucrativos, os automóveis de passageiros, conforme critérios e requisitos estabelecidos em lei complementar, quando adquiridos por pessoas com deficiência e pessoas com transtorno do espectro autista, diretamente ou por intermédio de seu representante legal, ou por motoristas profissionais que destinem o automóvel à utilização na categoria de aluguel (táxi) e atividades de reabilitação urbana de zonas históricas e de áreas críticas de recuperação e reconversão urbanística.

Por fim, foi resguardada a devolução do IBS para o consumidor de baixa renda, garantindo um tratamento isonômico e, de fato, diferenciado de acordo com a necessidade do contribuinte. Assim, o *cashback* garante acesso ao mínimo existencial e, ao mesmo tempo, justiça fiscal e será obrigatório nas operações de fornecimento de energia elétrica e de gás liquefeito de petróleo ao consumidor de baixa renda, podendo a lei complementar determinar que seja calculado e concedido no momento

79

da cobrança da operação. Para a efetivação desse direito, deverá ser editada uma lei complementar.

1.5.2. *Contribuição sobre Bens e Serviços (CBS)*

A Contribuição sobre Bens e Serviços (CBS) é o IVA federal, que resultou da reunião do IPI, do PIS e da Cofins e tem previsão no novel **art. 195, V**, da Carta. A referida contribuição deverá ter suas normas gerais definidas por lei complementar, mas as suas alíquotas serão tratadas por lei ordinária. Dessa forma, como o STF possui o entendimento pacífico no sentido de que a medida provisória pode ser adotada nas matérias reservadas à lei ordinária, a definição e a alteração de alíquotas também poderão ser tratadas pela referida espécie legislativa, porém as normas gerais e a criação estão reservadas à lei complementar.

A necessidade de lei complementar para regulamentação das normas gerais é uma inovação importante porque, no sistema anterior, a reserva de lei complementar se aplicava somente aos impostos, de modo que o PIS e a Cofins eram tratados por lei ordinária. Já o IPI, por ser um imposto, possuía suas normas gerais no CTN, que tem *status* de lei complementar.

Assim, a lei complementar que regula a CBS é a mesma que regula o IBS, ou seja, a LC 214/2025.

A CBS, por integrar a mesma estrutura de incidência sobre o valor agregado, se submete a algumas regras idênticas àquelas aplicadas ao IBS. Em razão disso, a contribuição também se submeterá à neutralidade, não devendo ser um instrumento de influência econômica, e adotará as mesmas hipóteses de incidência do IBS.

Assim, a CBS incidirá sobre operações com bens materiais ou imateriais, inclusive direitos e serviços, sobre a importação de bens materiais ou imateriais, inclusive direitos, ou de serviços realizada por pessoa física ou jurídica, ainda que não seja sujeito passivo habitual do imposto, qualquer que seja a sua finalidade, nos mesmos moldes do IBS.

Ela será imune nas exportações, assegurados ao exportador a manutenção e o aproveitamento dos créditos relativos às operações nas quais seja adquirente de bem material ou imaterial, inclusive direitos ou serviços.

A CBS terá legislação única e uniforme em todo o território nacional e não poderá ser diferenciada de acordo com as operações com bens

Capítulo 2 – Impostos em espécie

materiais ou imateriais, inclusive direitos, ou com serviços, ressalvadas as hipóteses expressamente previstas na Constituição. Da mesma forma, não será objeto de concessão de incentivos e benefícios financeiros ou fiscais ou de regimes específicos, diferenciados ou favorecidos de tributação, excetuadas as hipóteses previstas na Constituição, como é o caso do setor automotivo beneficiado na Carta.

A CBS também será submetida, obrigatoriamente, ao princípio da não cumulatividade, compensando-se o imposto devido pelo contribuinte com o montante cobrado sobre todas as operações nas quais seja adquirente de bem material ou imaterial, inclusive direito, ou de serviço, excetuadas exclusivamente as consideradas de uso ou consumo pessoal especificadas em lei complementar e as hipóteses previstas na Constituição.

A não cumulatividade já era aplicada ao IPI e às contribuições para o PIS e para a Cofins quando a pessoa jurídica apurava imposto de renda pelo regime do lucro real. Ocorre que, no caso das contribuições que deixarão de existir, o sistema de creditamento era de base sobre base, ou seja, o insumo necessário ao exercício da atividade da empresa garantia o direito ao crédito, que era calculado com a aplicação da alíquota integral sobre o valor do insumo, sendo irrelevante o recolhimento ou o montante recolhido na operação que originou o crédito.

A mudança trazida pela reforma tributária é profunda, garantindo o crédito somente com relação ao tributo recolhido na operação anterior, ou seja, aplicando um sistema de imposto sobre imposto que, certamente, impactará o resultado dos contribuintes, que terão que buscar fornecedores que garantam o crédito em sua integralidade.

Com isso, a pessoa jurídica que se creditava de PIS e Cofins integrais na aquisição de fornecedor no Simples Nacional não mais terá esse direito, pois apenas poderá se creditar da CBS recolhida na operação anterior.

Importante lembrar que a isenção e a imunidade não implicarão crédito para compensação com o montante devido nas operações seguintes e acarretarão a anulação do crédito relativo às operações anteriores, salvo, na hipótese da imunidade, inclusive em relação ao inciso XI do § 1º, quando determinado em contrário em lei complementar.

Outrossim, a CBS, tal como o IBS, se submete, obrigatoriamente, ao princípio da transparência, devendo ter seu valor indicado, de forma específica, no respectivo documento fiscal. Essa medida está em consonância com o objetivo da reforma, que é simplificar e informar o contribuinte acerca da carga tributária que deve suportar.

81

Assim como ocorre no IBS, caberá à lei complementar a definição do sujeito passivo da contribuição, podendo ser considerada como tal a pessoa que concorrer para a realização, a execução ou o pagamento da operação, ainda que residente ou domiciliada no exterior.

Interessante que a redação constitucional prevê a expressão "poderá" para tratar da necessidade de lei complementar para definição do sujeito passivo, mas é indiscutível que as normas gerais de direito tributário devem sempre estar previstas em lei complementar, como é o caso da definição do contribuinte e do responsável do tributo. Assim, não se trata de uma faculdade, mas de uma regra a ser cumprida como garantia do cidadão, de modo que somente a lei complementar será fonte da sujeição passiva do IBS e da CBS. Tal conclusão não pode ser diferente se interpretada a nova redação em consonância com o disposto no art. 146, III, "a", da CRFB, sobretudo porque estamos efetivamente diante de um imposto, sendo inafastável a exigência de uma lei complementar.

Novo texto

Art. 156-A. (...)

§ 5º Lei complementar disporá sobre:

I – as regras para a distribuição do produto da arrecadação do imposto, disciplinando, entre outros aspectos:

a) a sua forma de cálculo;

b) o tratamento em relação às operações em que o imposto não seja recolhido tempestivamente;

c) as regras de distribuição aplicáveis aos regimes favorecidos, específicos e diferenciados de tributação previstos nesta Constituição;

Ainda com relação à lei complementar, somente ela poderá tratar dos seguintes assuntos relacionados à CBS:

a) o regime de compensação, podendo estabelecer hipóteses em que o aproveitamento do crédito ficará condicionado à verificação do efetivo recolhimento do imposto incidente sobre a operação com bens materiais ou imateriais, inclusive direitos, ou com serviços, desde que:

a.1) o adquirente possa efetuar o recolhimento do imposto incidente nas suas aquisições de bens ou serviços; ou

Capítulo 2 – Impostos em espécie

a.2) o recolhimento do imposto ocorra na liquidação financeira da operação;

b) a forma e o prazo para ressarcimento de créditos acumulados pelo contribuinte;

c) os critérios para a definição do destino da operação, que poderá ser, inclusive, o local da entrega, da disponibilização ou da localização do bem, o da prestação ou da disponibilização do serviço ou o do domicílio ou da localização do adquirente ou destinatário do bem ou serviço, admitidas diferenciações em razão das características da operação;

d) a forma de desoneração da aquisição de bens de capital pelos contribuintes, que poderá ser implementada por meio de:

d.1) crédito integral e imediato do imposto;

d.2) diferimento; ou

d.3) redução em 100% (cem por cento) das alíquotas do imposto;

e) as hipóteses de diferimento e desoneração do imposto aplicáveis aos regimes aduaneiros especiais e às zonas de processamento de exportação;

f) os critérios para as obrigações tributárias acessórias, visando à sua simplificação.

A Lei Complementar 214/2025 regulamentou tais pontos.

No tocante à CBS, não estão reservados à lei complementar:

a) o processo administrativo fiscal do imposto, que deverá seguir as regras do processo administrativo fiscal federal, atualmente previsto no Decreto 70.235/1972;

b) as hipóteses de devolução do imposto a pessoas físicas, inclusive os limites e os beneficiários, com o objetivo de reduzir as desigualdades de renda, bastando a regulamentação pela lei ordinária federal.

Ademais, assim como no IBS, caberá à lei complementar dispor sobre os regimes específicos de tributação nas seguintes situações:

a) combustíveis e lubrificantes sobre os quais o imposto incidirá uma única vez, qualquer que seja a sua finalidade, hipótese em que:

83

a.1) serão as alíquotas uniformes em todo o território nacional, específicas por unidade de medida e diferenciadas por produto, admitida a não aplicação do disposto no § 1º, V a VII;

a.2) será vedada a apropriação de créditos em relação às aquisições dos produtos de que trata o inciso I do § 6º do art. 156-A, destinados a distribuição, comercialização ou revenda;

a.3) será concedido crédito nas aquisições dos produtos de que trata o inciso I do § 6º do art. 156-A por sujeito passivo do imposto, observado o disposto na alínea "b" e no § 1º, VIII;

b) serviços financeiros, operações com bens imóveis, planos de assistência à saúde e concursos de prognósticos, podendo prever:

b.1) alterações nas alíquotas, nas regras de creditamento e na base de cálculo, admitida, em relação aos adquirentes dos bens e serviços de que trata o inciso II do § 6º do art. 156-A, a não aplicação do disposto no § 1º, VIII;

b.2) hipóteses em que o imposto incidirá sobre a receita ou o faturamento, com alíquota uniforme em todo o território nacional, admitida a não aplicação do disposto no § 1º, V a VII, e, em relação aos adquirentes dos bens e serviços de que trata o inciso II do § 6º do art. 156-A também do disposto no § 1º, VIII;

c) sociedades cooperativas, que será optativo, com vistas a assegurar sua competitividade, observados os princípios da livre concorrência e da isonomia tributária, definindo, inclusive:

c.1) as hipóteses em que o imposto não incidirá sobre as operações realizadas entre a sociedade cooperativa e seus associados, entre estes e aquela e pelas sociedades cooperativas entre si quando associadas para a consecução dos objetivos sociais;

c.2) o regime de aproveitamento do crédito das etapas anteriores;

d) serviços de hotelaria, parques de diversão e parques temáticos, agências de viagens e de turismo, bares e restaurantes, atividade esportiva desenvolvida por Sociedade Anônima do Futebol e aviação regional, podendo prever hipóteses de alterações nas alíquotas, nas bases de cálculo e nas regras de creditamento, admitida a não aplicação do disposto no § 1º, V a VIII;

Capítulo 2 – Impostos em espécie

e) operações alcançadas por tratado ou convenção internacional, inclusive referentes a missões diplomáticas, repartições consulares, representações de organismos internacionais e respectivos funcionários acreditados;

f) serviços de transporte coletivo de passageiros rodoviário intermunicipal e interestadual, ferroviário e hidroviário, podendo prever hipóteses de alterações nas alíquotas e nas regras de creditamento, admitida a não aplicação do disposto no § 1º, V a VIII.

Além disso, assim como no IBS, a lei complementar poderá estabelecer o conceito de operações com serviços, seu conteúdo e alcance, admitida essa definição para qualquer operação que não seja classificada como operação com bens materiais ou imateriais, inclusive direitos, mas não cabe a extensão do conceito de obrigação de fazer ou ato de comércio para aquelas condutas que de fato não se caracterizam como tal. Não pode a lei complementar definir como serviço os fatos da vida que não se traduzem como obrigação de fazer.

Para a CBS, também está garantido o *cashback* obrigatório nas operações de fornecimento de energia elétrica e de gás liquefeito de petróleo ao consumidor de baixa renda, podendo a lei complementar determinar que essa devolução seja calculada e concedida no momento da cobrança da operação.

Ademais, caberá à lei ordinária definir outras hipóteses de devolução da CBS a pessoas físicas, inclusive em relação a limites e beneficiários, com o objetivo de reduzir as desigualdades de renda. Essa medida é o grande acerto da reforma tributária, que traz a justiça fiscal, garantindo que as classes mais baixas da sociedade não suportem o tributo sobre o consumo. Percebe-se que o instituto se diferencia de isenções e reduções de base de cálculo porque é direcionado especificamente para as camadas sociais que mais necessitam de tratamento especial, não sendo aplicado indistintamente.

No tocante à base de cálculo da CBS, importante destacar que, como o objetivo da Carta é a simplificação, ela não incidirá por dentro, não integrando sua própria base de cálculo. A CBS também não integrará a base de cálculo do imposto seletivo, do IBS, do PIS e da Cofins. Aqui, teremos o mesmo problema que se apresentou para o IBS, pois, durante o período de transição, o ICMS e o ISS integrarão a base de cálculo da CBS, violando o entendimento adotado pelo STF no julgamento do tema 69 da repercussão geral, no sentido de que valores transitórios não podem ser considerados receita.

85

Como se não bastasse, valores que transitam pela conta da pessoa jurídica não representam riqueza tributável, de modo que temos um ponto de atenção durante o período de transição, que deverá ser analisado pelo Poder Judiciário, caso a lei complementar não regulamente o assunto de forma correta.

1.6. Cide-combustíveis

A Cide-combustíveis é um importante tributo que regula a economia brasileira, incidindo sobre produção, importação e comercialização de combustíveis e derivados.

Por ser uma contribuição especial, tem como característica principal a destinação da sua receita, que não deve ser confundida com vinculação. A destinação é a existência de um fundamento para a sua criação, não gerando a obrigação da aplicação da arrecadação.

Assim, a Cide-combustíveis já era destinada ao pagamento de subsídios a preços ou transporte de álcool combustível, gás natural e seus derivados e derivados de petróleo, ao financiamento de projetos ambientais relacionados com a indústria do petróleo e do gás e ao financiamento de programas de infraestrutura de transportes.

Agora, com a reforma, a receita também poderá ser destinada ao pagamento de subsídios a tarifas de **transporte público coletivo de passageiros**.

Tal alteração é importante, pois abre espaço para que a Cide seja utilizada para fomentar o transporte público no Brasil, barateando o serviço ao usuário, beneficiando, principalmente, o trabalhador de baixa renda.

1.7. Contribuições estaduais sobre produtos elaborados e semielaborados

No texto da reforma aprovado na Câmara, foi introduzida a possibilidade de os Estados instituírem:

> (...) contribuição sobre produtos primários e semielaborados, produzidos nos respectivos territórios, para investimento em obras de infraestrutura e habitação, em substituição a contribuição a fundos estaduais, estabelecida como condição à aplicação

de diferimento, de regime especial ou de outro tratamento diferenciado, relacionados com o imposto de que trata o art. 155, II, da Constituição Federal, prevista na respectiva legislação estadual em 30 de abril de 2023.

Com pequenas alterações, o texto foi mantido pelo Senado e promulgado em 20 de dezembro de 2023:

Novo texto

Art. 136. Os Estados que possuíam, em 30 de abril de 2023, fundos destinados a investimentos em obras de infraestrutura e habitação e financiados por contribuições sobre produtos primários e semielaborados estabelecidas como condição à aplicação de diferimento, regime especial ou outro tratamento diferenciado, relativos ao imposto de que trata o art. 155, II, da Constituição Federal, poderão instituir contribuições semelhantes, não vinculadas ao referido imposto, observado que:

I – a alíquota ou o percentual de contribuição não poderão ser superiores e a base de incidência não poderá ser mais ampla que os das respectivas contribuições vigentes em 30 de abril de 2023;

II – a instituição de contribuição nos termos deste artigo implicará a extinção da contribuição correspondente, vinculada ao imposto de que trata o art. 155, II, da Constituição Federal, vigente em 30 de abril de 2023;

III – a destinação de sua receita deverá ser a mesma das contribuições vigentes em 30 de abril de 2023;

IV – a contribuição instituída nos termos do *caput* será extinta em 31 de dezembro de 2043.

Parágrafo único. As receitas das contribuições mantidas nos termos deste artigo não serão consideradas como receita do respectivo Estado para fins do disposto nos arts. 130, II, "b", e 131, § 2º, I, "b", deste Ato das Disposições Constitucionais Transitórias.

Como se pode ver, a proposta de simplificação e diminuição da quantidade de tributos fica comprometida com a criação de mais uma contribuição pelos Estados.

Ademais, os Estados que possuam contribuições estaduais sobre produtos primários e semielaborados criadas como condições para benefícios do ICMS podem criar contribuições que substituam essas contribuições por outras semelhantes não vinculadas ao ICMS, as quais poderão vigorar até 2043.

Entretanto, há vedações que devem ser consideradas. A nova Carta tributária veda a criação de novas contribuições nesse modelo que não visem à substituição das já existentes.

Também veda o aumento das alíquotas das contribuições atuais ou a ampliação da sua base de incidência. Tais vedações são muito relevantes e devem ser respeitadas, pois o objetivo é somente o reconhecimento das contribuições já existentes.

Importante frisar que o fundo em questão teria natureza jurídica de imposto, pois não gera ao Estado qualquer contraprestação específica ao contribuinte, de modo que seria vedada a sua vinculação, nos termos do art. 167, IV, da Constituição.

Percebe-se que o referido tributo já nasce com profundas inconsistências e vícios de constitucionalidade, visto que impostos não podem ser vinculados ou ter receitas vinculadas. Com isso, o novel tributo poderá ser objeto de questionamentos judiciais.

1.8. Imposto sobre Operações Financeiras (IOF)

A reforma tributária alterou as hipóteses de incidência do IOF retirando do seu âmbito de tributação as operações com seguros. O IOF passa a incidir somente sobre **operações de crédito**, **câmbio** e **com valores mobiliários**.

Com isso, as operações com seguros passam a ser tratadas como serviços financeiros, que terão regime de tratamento específico a ser previsto em lei complementar.

Enfim, em 2027, as operações com seguros não serão mais consideradas para fins de incidência do IOF, mas, sim, do **imposto sobre valor agregado**, nos termos da lei complementar, que deverá ser editada e deverá prever o regime específico de tributação.

1.9. Contribuição de iluminação pública

A contribuição de iluminação pública não passou ilesa pela reforma tributária. Agora os Municípios e o Distrito Federal, além de terem a competência para criar as contribuições para custeio, expansão e

Capítulo 2 – Impostos em espécie

melhoria da iluminação pública já existentes, terão a competência para instituir contribuição para financiar sistemas de monitoramento para segurança e preservação de logradouros públicos.

Como se pode ver, os Municípios e o Distrito Federal poderão criar essa contribuição ou alterar a sua legislação para incluir essa nova hipótese de incidência, que deverá respeitar os princípios tributários. Frise-se que a emenda prevê, expressamente, a submissão aos princípios da **legalidade**, da **irretroatividade**, da **anterioridade** e da **noventena**.

A competência permanece exclusiva dos Municípios e do Distrito Federal e a cobrança poderá ser efetivada na conta de consumo de energia elétrica.

1.10. ICMS e saldo credor

Por ser não cumulativo, o ICMS gera um crédito para a operação seguinte relativo ao imposto recolhido na operação anterior, conforme determina o art. **155, § 2º, I, da CRFB**. Com isso, há situações em que o crédito é maior que o débito, de modo que o contribuinte acaba por acumular o montante do saldo credor.

Dessa forma, se, mesmo após o período de transição, a empresa permanecer com saldo credor ao final de 2032, a reforma previu uma regra de compensação ou devolução dos respectivos valores.

Primeiramente, a EC 132/2023 tratou dos saldos credores cujo aproveitamento ou ressarcimento sejam admitidos pela legislação em vigor em 31 de dezembro de 2032 e tenham sido homologados pelos respectivos entes federativos. Além disso, devem ser observados os seguintes requisitos: apresentado o pedido de homologação, o ente federativo deverá se pronunciar no prazo estabelecido na lei complementar e, na ausência de resposta ao pedido de homologação no prazo a ser definido por lei complementar, os respectivos saldos credores serão considerados homologados.

Importante destacar que também caberá a devolução dos saldos credores reconhecidos após 2032 e o saldo dos créditos homologados será comunicado pelos Estados e pelo Distrito Federal ao Comitê Gestor do Imposto sobre Bens e Serviços para que seja compensado com o IBS pelo prazo remanescente, apurado nos termos do **art. 20, § 5º, da Lei Complementar 87, de 13 de setembro de 1996**, para os créditos relativos à entrada de mercadorias destinadas ao ativo permanente e

89

em 240 (duzentos e quarenta) parcelas mensais, iguais e sucessivas, nos demais casos. Tais créditos serão atualizados pelo IPCA a partir de 2033.

Caberá à lei complementar tratar das regras de implementação do parcelamento, da possibilidade e da forma de transferência do saldo credor para terceiros e da forma de ressarcimento caso não seja possível a compensação.

O que não pode acontecer é a criação de empecilhos para o proveito do saldo credor, visto que resulta em verdadeiro aumento da carga tributária, caracterizando um confisco.

Importante frisar que, durante a transição, eventuais créditos acumulados de ICMS poderão ser compensados com débitos de IBS e, caso ainda existam saldos credores após o término do período, deverá ser aplicado o art. 135 do ADCT.

Já no tocante aos saldos credores de PIS e Cofins, os créditos respectivos, inclusive presumidos, não apropriados ou não utilizados até a data de extinção dessas contribuições, permanecerão válidos e utilizáveis, mantida a fluência do prazo para sua utilização. Com isso, eles deverão estar devidamente escriturados e poderão ser utilizados para compensação com o valor devido de CBS ou poderão ser ressarcidos em dinheiro.

Ainda é possível a sua utilização para compensação com outros tributos administrados pela União Federal, desde que cumpridos os requisitos da legislação.

Capítulo 3 – Impactos no Direito Financeiro

1.1. Comitê Gestor

Uma das maiores inovações trazidas pela Emenda Constitucional 132/2023 é a criação do **Comitê Gestor do IBS**, que será responsável pela sua gestão. Isso porque os Estados, o Distrito Federal e os Municípios exercerão, de forma integrada, a capacidade tributária para fiscalizar, arrecadar e gerir o novo imposto e, de forma compartilhada, a competência tributária.

O tratamento do IBS será efetuado exclusivamente por meio do Comitê Gestor, respeitados os termos e limites estabelecidos na Constituição e em lei complementar. Assim, caberá ao Comitê editar o regulamento único e uniformizar a interpretação e a aplicação da legislação do referido imposto, sua arrecadação, compensações e distribuição do produto da arrecadação entre Estados, Distrito Federal e Municípios.

Como se não bastasse, caberá também ao Comitê decidir o contencioso administrativo que envolver o IBS. Tal situação afasta os tratamentos específicos que até então seriam exercidos pelos entes federados com relação ao ICMS e ao ISS.

Importante frisar que, no período de transição, teremos dois processos administrativos paralelos, e um envolverá, no âmbito de competência de cada ente federado, a discussão administrativa do ICMS e do ISS, enquanto o outro envolverá os debates acerca do IBS.

Frise-se que o IVA nacional, ou seja, a **CBS**, continuará sendo regulado pelo Decreto 70.235/1972, no tocante ao processo administrativo, porque tal tributo será de competência da União Federal.

Assim, o sujeito passivo do crédito tributário deverá estar atento ao procedimento a que estará submetido, quer seja aquele definido pela reforma, quer seja aquele já existente, que será aplicado aos tributos atuais até que seja exaurida a transição dos tributos sobre o consumo.

Dessa forma, o Comitê Gestor do Imposto sobre Bens e Serviços será uma entidade pública sob regime especial e terá independência técnica, administrativa, orçamentária e financeira, funcionando como órgão independente aos estados e aos municípios.

Caberá à lei complementar definir a representação dos Estados e dos Municípios, que serão representados de forma paritária na instância máxima de deliberação do referido Comitê Gestor, sendo garantida a alternância na sua presidência entre o conjunto dos Estados e o Distrito Federal e o conjunto dos Municípios e o Distrito Federal.

O orçamento do Comitê Gestor será proveniente de um percentual do produto da arrecadação do imposto destinado a cada ente federativo e, em razão disso, o controle externo deverá ser realizado pelos Estados, pelo Distrito Federal e pelos Municípios. Tal percentual deverá estar previsto em lei complementar, visto que deve complementar o disposto na Carta.

A reforma traz uma regra no mínimo confusa, ao definir que a fiscalização, o lançamento, a cobrança, a representação administrativa e a representação judicial relativos ao imposto sobre bens e serviços serão realizados no âmbito de competências de cada um dos entes federados.

Assim, os entes federados poderão fiscalizar e cobrar as alíquotas por eles definidas, não podendo cobrar o percentual de outro ente.

As administrações tributárias e as procuradorias dos Estados, do Distrito Federal e dos Municípios poderão definir hipóteses de delegação ou de compartilhamento de competências, cabendo ao Comitê Gestor a coordenação dessas atividades administrativas com vistas à integração entre os entes federativos.

Dessa forma, caberá à lei complementar definir as regras gerais acerca dessa capacidade compartilhada, com o objetivo de evitar a sobreposição de atividades, ou seja, afastar a possibilidade de o contribuinte ser fiscalizado por dois entes distintos acerca do mesmo tributo.

Ademais, as competências exclusivas das carreiras da administração tributária e das procuradorias dos Estados, do Distrito Federal e dos Municípios serão exercidas, no Comitê Gestor e na representação deste, por servidores das referidas carreiras, nos termos definidos por lei complementar.

Capítulo 3 – Impactos no Direito Financeiro

Por fim, caberá à lei complementar estabelecer a estrutura e a gestão do Comitê Gestor, cabendo ao regimento interno dispor sobre sua organização e funcionamento, sendo afastada, nesse caso, a reserva de lei complementar.

A instância máxima de deliberação do Comitê Gestor do Imposto sobre Bens e Serviços será composta de 27 (vinte e sete) membros, representando cada Estado e o Distrito Federal, e outros 27 (vinte e sete) membros, representando o conjunto dos Municípios e do Distrito Federal.

No caso dos representantes dos Municípios e do Distrito Federal, a eleição se dará da seguinte forma:

a) 14 (quatorze) representantes, com base nos votos de cada Município, com valor igual para todos; e

b) 13 (treze) representantes, com base nos votos de cada Município ponderados pelas respectivas populações.

Tal situação beneficia Municípios com maior população em detrimento de Municípios menores, reduzindo sua autonomia e poder de decisão, representando um importante impacto no federalismo fiscal, pois entes menores não terão a representatividade devida.

Todavia, com o objetivo de equilibrar a representatividade dos entes federados, as deliberações no âmbito do Comitê Gestor do Imposto sobre Bens e Serviços somente serão consideradas aprovadas se obtiverem, cumulativamente, os votos da maioria absoluta e de representantes dos Estados e do Distrito Federal que correspondam a mais de 50% (cinquenta por cento) da população do País, com relação ao conjunto dos Estados e do Distrito Federal, e, no caso dos Municípios e do Distrito Federal, da maioria absoluta de seus representantes.

O único requisito para o exercício do cargo de presidente do Comitê Gestor do IBS é a existência de notórios conhecimentos de administração tributária, não havendo uma formação mínima para o exercício do cargo de presidente do comitê.

Como o IBS é parte integrante do IVA dual, somando-se à CBS como tributos sobre o consumo, caberá ao Comitê Gestor e à Administração Tributária da União Federal, além da Fazenda Nacional, o compartilhamento de informações relacionadas com ambos os tributos, com o objetivo de harmonizar normas, interpretações, obrigações acessórias e procedimentos a eles relativos.

93

1.2. Distribuição de recursos

A reforma tributária também trouxe importantes impactos no direito financeiro, com alterações na repartição de receitas e na arrecadação.

O art. 158 passou a vigorar com a seguinte redação:

Novo texto

> Art. 158. (...)
>
> (...)
>
> III – 50% (cinquenta por cento) do produto da arrecadação do imposto do Estado sobre a propriedade de veículos automotores licenciados em seus territórios e, em relação a veículos aquáticos e aéreos, cujos proprietários sejam domiciliados em seus territórios;
>
> IV – 25% (vinte e cinco por cento):
>
> a) do produto da arrecadação do imposto do Estado sobre operações relativas à circulação de mercadorias e sobre prestações de serviços de transporte interestadual e intermunicipal e de comunicação;
>
> b) do produto da arrecadação do imposto previsto no art. 156-A distribuída aos Estados.

Percebe-se que os percentuais de repartição não foram alterados pela reforma, mas somente o esclarecimento com relação ao IPVA, que teve sua base de cálculo ampliada, e com relação ao IBS, que terá sua receita repartida com os Municípios. Assim, da parte que cabe aos Estados, 25% serão distribuídos aos Municípios.

As parcelas de receita pertencentes aos Municípios mencionadas no inciso IV, "b", serão creditadas conforme os seguintes critérios:

Novo texto

> Art. 158. (...)
>
> (...)
>
> § 2º (...)
>
> I – 80% (oitenta por cento) na proporção da população;
>
> II – 10% (dez por cento) com base em indicadores de melhoria nos resultados de aprendizagem e de aumento da equidade, considerado

Capítulo 3 – Impactos no Direito Financeiro

> o nível socioeconômico dos educandos, de acordo com o que dispuser lei estadual;
>
> III – 5% (cinco por cento) com base em indicadores de preservação ambiental, de acordo com o que dispuser lei estadual;
>
> IV – 5% (cinco por cento) em montantes iguais para todos os Municípios do Estado.

Frise-se que não se aplicam à CBS as repartições de receitas do IBS.

Os fundos de participação também precisaram ser atualizados com a reforma tributária, pois, com o fim do IPI, passa a ser repartido o percentual de 50% do produto da arrecadação do imposto de renda e do novel imposto seletivo.

O montante distribuído entre estados e municípios não foi alterado nos fundos de participação, que serão compostos de 50% da arrecadação do imposto de renda e do imposto seletivo, além do IPI, enquanto estiver sendo exigido.

No entanto, além desse ajuste necessário pela criação de um novo tributo e pela extinção do IPI, foi ajustado o art. 159, II e III, passando a vigorar com a seguinte redação:

Novo texto

> Art. 159. (...)
>
> (...)
>
> II – do produto da arrecadação do imposto sobre produtos industrializados e do imposto previsto no art. 153, VIII, 10% (dez por cento) aos Estados e ao Distrito Federal, proporcionalmente ao valor das respectivas exportações de produtos industrializados;
>
> III – do produto da arrecadação da contribuição de intervenção no domínio econômico prevista no art. 177, § 4º, 29% (vinte e nove por cento) para os Estados e o Distrito Federal, distribuídos na forma da lei, observadas as destinações a que se referem as alíneas "c" e "d" do inciso II do referido parágrafo.

Importante lembrar que os Estados entregarão aos respectivos Municípios 25% da repartição do IPI e do imposto seletivo. Em outras palavras, os Estados receberão 10% e, desse percentual, terão que entregar aos municípios 25% dos valores.

95

A Lei Complementar 214/2025 prevê que, a partir de 2027, a União deverá compensar eventual redução no montante dos valores entregues nos termos do art. 159, incisos I e II, da Constituição Federal, em razão da substituição da arrecadação do IPI pela arrecadação do Imposto Seletivo.

Os recursos provenientes dessa compensação não podem ser vinculados a órgão, fundo ou despesa, ressalvadas as hipóteses de:

a) realização de atividades da administração tributária;

b) prestação de garantias às operações de crédito por antecipação de receita;

c) pagamento de débitos com a União e para prestar-lhe garantia ou contragarantia;

d) os percentuais mínimos para ações e serviços de saúde previstos no art. 198, § 2º, da Constituição Federal;

e) percentuais mínimos a serem aplicados na manutenção e no desenvolvimento do ensino conforme o art. 212 da Constituição Federal; e

f) a parcela destinada à manutenção e ao desenvolvimento do ensino na educação básica e à remuneração condigna de seus profissionais, conforme o art. 212-A da Constituição Federal.

A reforma tributária trouxe mais uma novidade, que é a criação do Fundo Nacional de Desenvolvimento Regional (FNDR), cujo objetivo é a redução das desigualdades regionais e sociais. A composição do fundo é basicamente a entrega de recursos da União aos Estados e ao Distrito Federal.

Tais valores têm como finalidade a realização de estudos, projetos e obras de infraestrutura, o fomento a atividades produtivas com elevado potencial de geração de emprego e renda, incluindo a concessão de subvenções econômicas e financeiras, e a promoção de ações com vistas ao desenvolvimento científico e tecnológico e à inovação.

Os projetos que tenham como objetivo a sustentabilidade ambiental e a redução da emissão de carbono serão priorizados pela destinação das receitas do fundo, demonstrando mais uma vez que a Emenda Constitucional 132/2023 tem um forte viés de proteção e desenvolvimento

Capítulo 3 – Impactos no Direito Financeiro

do meio ambiente, mas cabe aos Estados e ao DF a decisão acerca da aplicação dos recursos do fundo.

A divisão dos recursos para os Estados não será igualitária, devendo ser respeitados os coeficientes individuais de participação calculados com base na população do Estado ou do Distrito Federal, com peso de 30% (trinta por cento), e o coeficiente individual de participação do Estado ou do Distrito Federal nos recursos de que trata o art. 159, I, "a", da Constituição Federal, com peso de 70% (setenta por cento). Os referidos coeficientes deverão ser regulamentados e calculados pelo Tribunal de Contas da União.

Outrossim, na Constituição que se substitui, é vedada a vinculação da receita de impostos. Entretanto, a nova Carta Tributária que nasce permite a vinculação das receitas de alguns impostos. Vejamos:

Novo texto

Art. 167. (...)

(...)

§ 4º É permitida a vinculação das receitas a que se referem os arts. 155, 156, 156-A, 157, 158 e as alíneas "a", "b", "d", "e" e "f" do inciso I e o inciso II do *caput* do art. 159 desta Constituição para pagamento de débitos com a União e para prestar-lhe garantia ou contragarantia.

Assim, Estados e Municípios poderão vincular sua arrecadação de impostos para pagamento de débitos com a União ou prestação de garantia ou contragarantia.

Outro ponto relevante que foi alterado pela reforma tributária é a distribuição de recursos para manutenção e desenvolvimento do ensino. Na forma do art. 212 da CRFB, a União deverá aplicar, no mínimo, 18% e os Estados 25% da receita de impostos a tais finalidades.

De acordo com a reforma, o Fundeb (Fundo de Manutenção e Desenvolvimento da Educação Básica e de Valorização dos Profissionais da Educação) será constituído por 20% (vinte por cento):

a) das parcelas dos Estados no IBS;

b) da parcela do Distrito Federal no imposto de que trata o art. 156-A, relativa ao IBS;

c) do ITCMD, do ICMS e do IPVA e das repartições de receitas previstas no inciso II do *caput* do art. 157, nos incisos II, III e IV do *caput* do art. 158 e nas alíneas "a" e "b" do inciso I e no inciso II do *caput* do art. 159 da Constituição.

Novo texto

Art. 157. Pertencem aos Estados e ao Distrito Federal:

I – o produto da arrecadação do imposto da União sobre renda e proventos de qualquer natureza, incidente na fonte, sobre rendimentos pagos, a qualquer título, por eles, suas autarquias e pelas fundações que instituírem e mantiverem;

II – vinte por cento do produto da arrecadação do imposto que a União instituir no exercício da competência que lhe é atribuída pelo art. 154, I.

Art. 158. Pertencem aos Municípios:

I – o produto da arrecadação do imposto da União sobre renda e proventos de qualquer natureza, incidente na fonte, sobre rendimentos pagos, a qualquer título, por eles, suas autarquias e pelas fundações que instituírem e mantiverem;

II – cinquenta por cento do produto da arrecadação do imposto da União sobre a propriedade territorial rural, relativamente aos imóveis neles situados, cabendo a totalidade na hipótese da opção a que se refere o art. 153, § 4º, III;

III – 50% (cinquenta por cento) do produto da arrecadação do imposto do Estado sobre a propriedade de veículos automotores licenciados em seus territórios e, em relação a veículos aquáticos e aéreos, cujos proprietários sejam domiciliados em seus territórios; (Redação dada pela Emenda Constitucional nº 132, de 2023)

IV – 25% (vinte e cinco por cento): (Redação dada pela Emenda Constitucional nº 132, de 2023)

a) do produto da arrecadação do imposto do Estado sobre operações relativas à circulação de mercadorias e sobre prestações de serviços de transporte interestadual e intermunicipal e de comunicação; (Incluído pela Emenda Constitucional nº 132, de 2023)

b) do produto da arrecadação do imposto previsto no art. 156-A distribuída aos Estados. (Incluído pela Emenda Constitucional nº 132, de 2023)

Capítulo 3 – Impactos no Direito Financeiro

§ 1º As parcelas de receita pertencentes aos Municípios mencionadas no inciso IV, "a", serão creditadas conforme os seguintes critérios: (Incluído pela Emenda Constitucional nº 132, de 2023)

I – 65% (sessenta e cinco por cento), no mínimo, na proporção do valor adicionado nas operações relativas à circulação de mercadorias e nas prestações de serviços, realizadas em seus territórios; (Redação dada pela Emenda Constitucional nº 108, de 2020)

II – até 35% (trinta e cinco por cento), de acordo com o que dispuser lei estadual, observada, obrigatoriamente, a distribuição de, no mínimo, 10 (dez) pontos percentuais com base em indicadores de melhoria nos resultados de aprendizagem e de aumento da equidade, considerado o nível socioeconômico dos educandos. (Redação dada pela Emenda Constitucional nº 108, de 2020)

§ 2º As parcelas de receita pertencentes aos Municípios mencionadas no inciso IV, "b", serão creditadas conforme os seguintes critérios: (Incluído pela Emenda Constitucional nº 132, de 2023)

I – 80% (oitenta por cento) na proporção da população; (Incluído pela Emenda Constitucional nº 132, de 2023)

II – 10% (dez por cento) com base em indicadores de melhoria nos resultados de aprendizagem e de aumento da equidade, considerado o nível socioeconômico dos educandos, de acordo com o que dispuser lei estadual; (Incluído pela Emenda Constitucional nº 132, de 2023)

III – 5% (cinco por cento) com base em indicadores de preservação ambiental, de acordo com o que dispuser lei estadual; (Incluído pela Emenda Constitucional nº 132, de 2023)

IV – 5% (cinco por cento) em montantes iguais para todos os Municípios do Estado. (Incluído pela Emenda Constitucional nº 132, de 2023)

Art. 159. A União entregará:

I – do produto da arrecadação dos impostos sobre renda e proventos de qualquer natureza e sobre produtos industrializados e do imposto previsto no art. 153, VIII, 50% (cinquenta por cento), da seguinte forma: (Redação dada pela Emenda Constitucional nº 132, de 2023)

a) vinte e um inteiros e cinco décimos por cento ao Fundo de Participação dos Estados e do Distrito Federal;

b) vinte e dois inteiros e cinco décimos por cento ao Fundo de Participação dos Municípios;

> c) três por cento, para aplicação em programas de financiamento ao setor produtivo das Regiões Norte, Nordeste e Centro-Oeste, através de suas instituições financeiras de caráter regional, de acordo com os planos regionais de desenvolvimento, ficando assegurada ao semiárido do Nordeste a metade dos recursos destinados à Região, na forma que a lei estabelecer;
>
> d) um por cento ao Fundo de Participação dos Municípios, que será entregue no primeiro decêndio do mês de dezembro de cada ano; (Incluído pela Emenda Constitucional nº 55, de 2007)
>
> e) 1% (um por cento) ao Fundo de Participação dos Municípios, que será entregue no primeiro decêndio do mês de julho de cada ano; (Incluída pela Emenda Constitucional nº 84, de 2014)
>
> f) 1% (um por cento) ao Fundo de Participação dos Municípios, que será entregue no primeiro decêndio do mês de setembro de cada ano; (Incluído pela Emenda Constitucional nº 112, de 2021) Produção de efeitos
>
> II – do produto da arrecadação do imposto sobre produtos industrializados e do imposto previsto no art. 153, VIII, 10% (dez por cento) aos Estados e ao Distrito Federal, proporcionalmente ao valor das respectivas exportações de produtos industrializados; (Redação dada pela Emenda Constitucional nº 132, de 2023)
>
> (...).

Tal instrumento garante a continuidade do referido fundo, essencial para a manutenção e o desenvolvimento da educação básica no Brasil.

Ademais, a reforma instituiu o Fundo de Compensação de Benefícios Fiscais ou Financeiro-Fiscais do ICMS, com o objetivo de compensar, entre 1º de janeiro de 2029 e 31 de dezembro de 2032, pessoas físicas ou jurídicas beneficiárias de isenções, incentivos e benefícios fiscais ou financeiro-fiscais a ele relativos, concedidos por prazo certo e sob condição. O fundo será composto de transferências feitas pela União, que, de 2025 a 2032, deverá entregar ao fundo os recursos respectivos na seguinte proporção:

a) em 2025, a R$ 8.000.000.000,00 (oito bilhões de reais);

b) em 2026, a R$ 16.000.000.000,00 (dezesseis bilhões de reais);

c) em 2027, a R$ 24.000.000.000,00 (vinte e quatro bilhões de reais);

d) em 2028, a R$ 32.000.000.000,00 (trinta e dois bilhões de reais);

Capítulo 3 – Impactos no Direito Financeiro

e) em 2029, a R$ 32.000.000.000,00 (trinta e dois bilhões de reais);
f) em 2030, a R$ 24.000.000.000,00 (vinte e quatro bilhões de reais);
g) em 2031, a R$ 16.000.000.000,00 (dezesseis bilhões de reais);
h) em 2032, a R$ 8.000.000.000,00 (oito bilhões de reais).

A compensação deverá ser aplicada aos titulares de benefícios onerosos referentes ao ICMS regularmente concedidos até 31 de maio de 2023, sem prejuízo de ulteriores prorrogações ou renovações, que tenham cumprido tempestivamente as condições exigidas pela norma concessiva do benefício. Frise-se que, se não estiverem preenchidos os requisitos para o gozo do benefício, não será cabível a compensação.

1.3. Alterações no ADCT

A reforma tributária também alterou o ADCT, prorrogando a DRU, desvinculação de receitas dos Estados, do Distrito Federal e dos Municípios até 31 de dezembro de 2032. Dessa forma, os referidos entes federados poderão aplicar livremente 30% da receita proveniente de impostos, taxas e multas.

Outro ponto tratado na reforma tributária que é de extrema relevância é a manutenção do caráter competitivo da Zona Franca de Manaus e das áreas de livre-comércio existentes em 31 de maio de 2023. A Zona Franca foi pensada e estruturada para desenvolver aquela região do País e seu fim poderia comprometer o desenvolvimento econômico e social da região. Afinal, caso não fosse mantido o benefício, muitas empresas poderiam migrar para as regiões mais desenvolvidas do País, comprometendo a economia dos Estados integrantes da Zona Franca.

Para isso, caberá à lei complementar instituir o Fundo de Sustentabilidade e Diversificação Econômica do Estado do Amazonas, que será constituído com recursos da União e por ela gerido, com a efetiva participação do Estado do Amazonas na definição das políticas, com o objetivo de fomentar o desenvolvimento e a diversificação das atividades econômicas no Estado.

Tal lei complementar deverá estabelecer o montante mínimo de aporte anual de recursos ao fundo, bem como os critérios para sua correção, além de prever a possibilidade de utilização dos recursos do Fundo para compensar eventual perda de receita do Estado do Amazonas em função das alterações no sistema tributário decorrentes da instituição do IBS e da CBS.

Caberá também à lei complementar instituir o Fundo de Desenvolvimento Sustentável dos Estados da Amazônia Ocidental e do Amapá, que será igualmente constituído com recursos da União e por ela gerido, com a efetiva participação dos referidos Estados na definição das políticas, com o objetivo de fomentar o desenvolvimento e a diversificação de suas atividades econômicas. O citado fundo será integrado pelos Estados onde estão localizadas as áreas de livre-comércio, ou seja, os estados do Amapá e da Amazônia Ocidental.

O Ato das Disposições Transitórias passou a prever a transição do sistema tributário sobre consumo atual para o novel IVA dual, da seguinte forma:

a) Em 2026:

a.1) o IBS será cobrado à alíquota estadual de 0,1% (um décimo por cento); e

a.2) a CBS será cobrada à alíquota de 0,9% (nove décimos por cento).

Importante destacar que os montantes recolhidos serão compensados com as contribuições para o PIS e para a Cofins, e, se não houver débito suficiente para que seja efetuada a compensação, o valor recolhido poderá ser compensado com qualquer tributo federal ou será devolvido em até 60 (sessenta) dias, mediante requerimento próprio.

No tocante ao IBS, a sua arrecadação não observará as vinculações, as repartições e as destinações previstas na Constituição Federal, devendo ser aplicada, integral e sucessivamente, para o financiamento do Comitê Gestor do Imposto sobre Bens e Serviços e para compor o Fundo de Compensação de Benefícios Fiscais ou Financeiro-Fiscais do ICMS.

b) A partir de 2027 serão cobrados:

b.1) a CBS integral; e

b.2) imposto seletivo.

Assim, serão extintas as contribuições para o PIS e para a Cofins, enquanto o IPI terá suas alíquotas reduzidas a zero, exceto em relação aos produtos que tenham industrialização incentivada na Zona Franca

Capítulo 3 – Impactos no Direito Financeiro

de Manaus, conforme critérios estabelecidos em lei complementar; e não incidirá de forma cumulativa com o imposto seletivo.

c) Em 2027 e 2028:

c.1) o IBS será cobrado à alíquota estadual de 0,05% (cinco centésimos por cento) e à alíquota municipal de 0,05% (cinco centésimos por cento).

Um ponto relevante que deve ser lavado em consideração é que a CBS será reduzida em 0,1 (um décimo) ponto percentual nesse período.

d) Entre 2029 e 2032:

d.1) as alíquotas do ICMS e do ISS serão fixadas nas seguintes proporções das alíquotas fixadas nas respectivas legislações:

- 9/10 (nove décimos), em 2029;
- 8/10 (oito décimos), em 2030;
- 7/10 (sete décimos), em 2031;
- 6/10 (seis décimos), em 2032.

Um dos objetivos da reforma tributária é a simplificação do sistema e a redução dos benefícios fiscais existentes. Com isso, aqueles benefícios que não foram mantidos pela reforma deverão ser reduzidos na mesma proporção. Assim, o ICMS e o ISS serão extintos efetivamente em 2033.

Conforme dito anteriormente, caberá ao Senado Federal fixar, para todas as esferas federativas, as alíquotas de referência do IBS e da CBS, atendida a forma de cálculo e os limites previstos em lei complementar. Tal medida tem como objetivo garantir que a União Federal mantenha a arrecadação entre 2027 e 2033, no tocante à CBS, ao imposto seletivo e ao IOF, sobre operações de seguros.

Da mesma forma, deverá ser garantida, entre 2029 e 2033, que a receita dos Estados e do Distrito Federal com relação ao IBS seja equivalente à redução da receita do ICMS, e, quanto aos Municípios, também deve ser garantida a manutenção da arrecadação do ISS.

Para fixação das alíquotas de referência, não será aplicada a noventena e elas serão editadas no ano anterior ao da sua vigência, com base em cálculo realizado pelo Tribunal de Contas da União.

103

Tal alíquota de referência deverá considerar os efeitos sobre a arrecadação dos regimes específicos, diferenciados ou favorecidos e de qualquer outro regime que resulte em arrecadação menor do que a que seria obtida com a aplicação da alíquota-padrão.

O teto de referência da União deverá considerar a média da receita no período de 2012 a 2021, apurada como proporção do PIB, do IPI, do PIS, da Cofins e do IOF sobre operações de seguros.

Ademais, o teto de referência total deverá considerar a média da receita no período de 2012 a 2021, apurada como proporção do PIB, considerando o IPI, o ICMS, o ISS, o PIS, a Cofins e o IOF sobre operações de seguro.

Por sua vez, a receita-base da União deverá ser considerada levando-se em consideração a receita da União com a CBS e com o imposto seletivo, apurados como proporção do PIB, e a receita-base dos entes subnacionais deverá considerar a receita dos Estados, do Distrito Federal e dos Municípios com o IBS, deduzidos os fundos estaduais. A apuração deverá considerar a proporção do PIB.

Por fim, a receita-base total deverá considerar a soma da receita-base da União com a receita-base dos entes subnacionais, sendo esta última:

a) multiplicada por 10 (dez) em 2029;
b) multiplicada por 5 (cinco) em 2030;
c) multiplicada por 10 (dez) e dividida por 3 (três) em 2031;
d) multiplicada por 10 (dez) e dividida por 4 (quatro) em 2032;
e) multiplicada por 1 (um) em 2033.

Frise-se que a alíquota de referência da CBS será reduzida em 2030 caso a média da receita-base da União em 2027 e 2028 exceda o teto de referência da União. Da mesma forma, as alíquotas de referência da CBS e do IBS serão reduzidas em 2035 caso a média da receita-base total entre 2029 e 2033 exceda o teto de referência total. Em outras palavras, as reduções deverão ocorrer de modo que a receita-base seja igual ao teto de referência.

O cálculo das alíquotas será realizado com base em propostas encaminhadas pelo Poder Executivo da União e pelo Comitê Gestor do Imposto sobre Bens e Serviços, que deverão fornecer ao Tribunal de Contas da União todos os subsídios necessários, mediante o compartilhamento de dados e informações relevantes.

Capítulo 3 – Impactos no Direito Financeiro

A emenda previu um instrumento importante, que é a vedação à cobrança ou à restituição de tributos relativos aos anos anteriores.

Entre 2029 e 2077, o produto da arrecadação dos Estados, do Distrito Federal e dos Municípios com o IBS será distribuído entre os referidos entes federativos. Do produto da arrecadação de cada Estado, do Distrito Federal e de cada Município, serão retidos: de 2029 a 2032, 80% (oitenta por cento); em 2033, 90% (noventa por cento); e, de 2034 a 2077, percentual correspondente ao aplicado em 2033, reduzido à razão de 1/45 (um quarenta e cinco avos) por ano, considerando as alíquotas de referência.

Assim, caberá à lei complementar a distribuição do montante retido, conforme os percentuais supracitados, entre os Estados, o Distrito Federal e os Municípios, proporcionalmente à receita média de cada ente federativo.

No caso dos Estados, deve ser considerada a arrecadação do ICMS, após a repartição de receitas de 25% para os municípios, nos termos do art. 158, IV, "a", da Carta. Ademais, devem ser consideradas também as receitas destinadas aos fundos estaduais de que trata o **art. 130, II, "b", do ADCT.**

Novo texto

Art. 130. Resolução do Senado Federal fixará, para todas as esferas federativas, as alíquotas de referência dos tributos previstos nos arts. 156-A e 195, V, da Constituição Federal, observados a forma de cálculo e os limites previstos em lei complementar, de forma a assegurar:

(...)

II – de 2029 a 2033, que a receita dos Estados e do Distrito Federal com o imposto previsto no art. 156-A da Constituição Federal seja equivalente à redução:

(...)

b) das receitas destinadas a fundos estaduais financiados por contribuições estabelecidas como condição à aplicação de diferimento, regime especial ou outro tratamento diferenciado, relativos ao imposto de que trata o art. 155, II, da Constituição Federal, em funcionamento em 30 de abril de 2023, excetuadas as receitas dos fundos mantidas na forma do art. 136 deste Ato das Disposições Constitucionais Transitórias;

(...).

No caso do Distrito Federal, deve ser considerada a arrecadação do ICMS e a arrecadação do ISS e, no caso dos municípios, a arrecadação do ISS e a parcela do ICMS repartida, na forma do art. 158, IV, "a", da CRFB.

Importante frisar que não se aplica a repartição do IBS prevista no art. 158, IV, "b", da Constituição Federal na distribuição dos recursos referida.

Além disso, do imposto dos Estados, do Distrito Federal e dos Municípios apurado com base nas alíquotas de referência citadas anteriormente, deduzida a retenção de que trata o art. 131, § 1º, do ADCT, será retido montante correspondente a 5% (cinco por cento) para distribuição aos entes, nos termos do **art. 132 do ADCT**.

Novo texto

Art. 132. Do imposto dos Estados, do Distrito Federal e dos Municípios apurado com base nas alíquotas de referência de que trata o art. 130 deste Ato das Disposições Constitucionais Transitórias, deduzida a retenção de que trata o art. 131, § 1º, será retido montante correspondente a 5% (cinco por cento) para distribuição aos entes com as menores razões entre:

I – o valor apurado nos termos dos arts. 149-C e 156-A, § 4º, II, e § 5º, I e IV, com base nas alíquotas de referência, após a aplicação do disposto no art. 158, IV, "b", todos da Constituição Federal; e

II – a respectiva receita média, apurada nos termos do art. 131, § 2º, I, II e III, deste Ato das Disposições Constitucionais Transitórias, limitada a 3 (três) vezes a média nacional por habitante da respectiva esfera federativa.

Caberá ainda à lei complementar definir os critérios para distribuição, a cada Estado, Distrito Federal e Município, da parcela do produto da arrecadação do imposto não retido nos termos do art. 131, § 1º, do ADCT, mas após a retenção do art. 132, que poderão ser vinculados para prestação de garantias às operações de crédito por antecipação de receita previstas no art. 165, § 8º, para pagamento de débitos com a União e para prestar-lhe garantia ou contragarantia, nos termos do art. 167, § 4º, todos da Constituição Federal.

Entre 2029 e 2077, os Estados, o Distrito Federal e os Municípios ficarão impedidos de fixar alíquotas próprias do IBS inferiores às necessárias para garantir as retenções definidas na Constituição.

Capítulo 4 – Tributação sobre a renda

A reforma tributária aprovada versa sobre a tributação sobre o consumo, não impactando a tributação sobre a renda, apesar de vozes afirmarem que o texto traz uma justiça fiscal. Alguns tópicos de fato representam uma evolução da tributação de acordo com a capacidade contributiva, como é o caso da incidência do IPVA sobre embarcações e aeronaves e do próprio *cashback*.

Entretanto, como complemento ao texto aprovado, deverá haver uma segunda fase da reforma, que abrangerá a renda e se efetivará por meio da alteração da legislação infraconstitucional.

Assim, deverá o Poder Executivo encaminhar ao Congresso Nacional, em até 90 (noventa) dias após a promulgação da Emenda Constitucional 132/2023, projeto de lei que reforme a tributação da renda, acompanhado das correspondentes estimativas e estudos de impactos orçamentários e financeiros, bem como projeto de lei que reforme a tributação da folha de salários.

Tais medidas são fundamentais para efetivação da tributação sobre a capacidade contributiva e isonomia tributária, mas não podem ser um instrumento de vingança fiscal contra os mais ricos, devendo ser desonerada a folha de pagamentos para gerar mais empregos e ampliada a progressividade das alíquotas do imposto de renda da pessoa física, com novas faixas de alíquotas e um maior espaçamento entre elas.

Por fim, as leis complementares que efetivarão a reforma tributária deverão ser editadas em até 180 (cento e oitenta) dias contados da promulgação da emenda.

Tal prazo não foi cumprido, tampouco foi regulamenta a reforma tributária sobre a renda, tendo sido somente regulamentados os novos tributos sobre o consumo pela Lei Complementar 214/2025.

Capítulo 5 – Da vigência

A reforma tributária não tem aplicação imediata em seus principais dispositivos, pois será aplicado um período de transição para as alterações mais profundas.

Dessa forma, em 2026 terá início a aplicação da alíquota-teste, que será de 0,9% para a CBS e 0,1% para o IBS. Aquela poderá ser abatida do PIS e da Cofins e esta do ICMS e do ISS.

A CBS entrará em vigor em 2027, quando haverá a extinção das contribuições para o PIS e para a Cofins e as alíquotas do IPI serão zeradas, com exceção dos produtos que tenham concorrência com aqueles produzidos na Zona Franca de Manaus.

O IBS somente entrará em vigor efetivamente em 2033, mas em 2029 começa a transição, de modo que as alíquotas de ICMS e do ISS começam a cair gradativamente até que, em 2033, o IBS estará plenamente em vigor.

O art. 349 da Lei Complementar 214/2025 prevê que caberá ao Senado Federal, por meio de Resolução, fixar as alíquotas de referência de 2027 a 2035.

> Art. 349. Observadas a forma de cálculo e os limites previstos nesta Seção, resolução do Senado Federal fixará:
>
> I – para os anos de 2027 a 2033, a alíquota de referência da CBS;
>
> II – para os anos de 2029 a 2033:
>
> a) a alíquota de referência do IBS para os Estados;
>
> b) a alíquota de referência do IBS para os Municípios;
>
> c) a alíquota de referência do IBS para o Distrito Federal, que corresponderá à soma das alíquotas de referência previstas nas alíneas "a" e "b" deste inciso;

Com relação aos demais dispositivos, a emenda entra em vigor na data de sua publicação, de modo que as alterações que sejam normas constitucionais de eficácia plena já terão aplicação imediata, como é o caso da aplicação dos novos princípios, da extensão da imunidade e da cobrança do imposto sobre transmissão *causa mortis* e doação quando o doador se encontra no exterior ou quando o inventário é processado no exterior.

Nesse caso, o **art. 17** da Emenda Constitucional 132/2023 prevê a aplicação da alteração trazida pela emenda sobre as sucessões abertas a partir da publicação do texto.

EC 132/2023

> Art. 17. A alteração do art. 155, § 1º, II, da Constituição Federal, promovida pelo art. 1º desta Emenda Constitucional, aplica-se às sucessões abertas a partir da data de publicação desta Emenda Constitucional.

Tal previsão viola os princípios da anterioridade e da noventena, ao autorizar a cobrança de um tributo que era indevido até então, pela ausência de lei complementar.

Assim, como se trata de uma nova exigência, até então vedada, de acordo com o entendimento firmado no julgamento do tema 825 da repercussão geral, a cobrança do ITCMD sem o devido respeito aos princípios da anterioridade e da noventena, previstos no art. 150, III, "b" e "c", da Carta, viola os direitos fundamentais dos contribuintes.

1.1. A transição no regime de compras governamentais

Nos termos do art. 473 da Lei Complementar 214/2025, o produto da arrecadação do IBS e da CBS sobre as operações para aquisições de bens e serviços pela administração pública direta, por autarquias e por fundações públicas será integralmente destinado ao ente federativo contratante, mediante redução a zero das alíquotas do IBS e da CBS devidos aos demais entes federativos e equivalente elevação da alíquota do tributo devido ao ente contratante.

Assim, nas aquisições pela União, serão reduzidas a zero as alíquotas do IBS dos demais entes federativos. Todavia, a alíquota da CBS será aplicada em montante equivalente à soma das alíquotas do IBS e da CBS incidentes sobre a operação.

Ademais, os contratos celebrados com a Administração Pública antes da entrada em vigor da Lei Complementar 214/2025 e ainda em

Capítulo 5 – Da vigência

vigência serão ajustados para assegurar o restabelecimento do equilíbrio econômico-financeiro em razão da alteração da carga tributária efetiva suportada pela contratada em decorrência do impacto da instituição do IBS e da CBS. Os ajustes deverão ser feitos durante todo o período de transição, caso sejam necessários para manutenção do equilíbrio econômico-financeiro dos contratos, desde que comprovado o prejuízo.

1.2. A transição aplicável aos bens de capital

Incidirá IBS e CBS sobre a alienação de máquinas, veículos e equipamentos usados adquiridos até 31 de dezembro de 2032 com alíquotas específicas, desde que a aquisição do respectivo bem esteja acobertada por documento fiscal idôneo e que tenham permanecido incorporados ao ativo imobilizado do vendedor por mais de 12 meses.

Entretanto, a partir de 1º de janeiro de 2027, a alíquota da CBS fica reduzida a zero para a parcela do valor da base de cálculo da CBS que seja inferior ou igual ao valor líquido de aquisição do bem. Caso a parcela exceda o valor líquido de aquisição do bem, será aplicada a alíquota prevista para a operação respectiva.

Frise-se que a regra somente se aplica à venda de bens que ocorra até 31 de dezembro de 2026.

Com relação ao IBS, a sua alíquota fica reduzida a zero a partir de 1º de janeiro de 2029 para a parcela do valor da base de cálculo do IBS que seja inferior ou igual ao valor líquido de aquisição do bem multiplicado da seguinte forma:

a) 1 (um inteiro), no caso de bens adquiridos até 31 de dezembro de 2028;

b) 0,9 (nove décimos), no caso de bens adquiridos no ano-calendário de 2029;

c) 0,8 (oito décimos), no caso de bens adquiridos no ano-calendário de 2030;

d) 0,7 (sete décimos), no caso de bens adquiridos no ano-calendário de 2031; e

e) 0,6 (seis décimos), no caso de bens adquiridos no ano-calendário de 2032.

1.3. A transição aplicável às operações com bens imóveis

O regime de transição aplicável às operações com bens imóveis leva em consideração os fatos geradores ocorridos antes de 1º de janeiro de 2029.

Nos termos do art. 485 da Lei Complementar 214/2025, nas operações de incorporação imobiliária submetidas ao patrimônio de afetação, que tenha realizado o pedido de opção pelo regime específico, antes de 1º de janeiro de 2029, pode ter redução da CBS. Vejamos:

> Art. 485. O contribuinte que realizar incorporação imobiliária submetida ao patrimônio de afetação, nos termos dos arts. 31-A a 31-E da Lei 4.591, de 16 de dezembro de 1964, que tenha realizado o pedido de opção pelo regime específico instituído pelo art. 1º e tenha o pedido efetivado nos termos do art. 2º, ambos da Lei Federal 10.931 de 2004, antes de 1º de janeiro de 2029, pode optar pelo recolhimento de CBS, da seguinte forma:
>
> I – a incorporação imobiliária submetida ao regime especial de tributação prevista nos arts. 4º e 8º da Lei Federal 10.931/2004 ficará sujeita ao pagamento de CBS em montante equivalente a 2,08% da receita mensal recebida;
>
> II – a incorporação imobiliária submetida ao regime especial de tributação prevista no § 6º e § 8º do art. 4º e parágrafo único do art. 8º da Lei Federal 10.931/2004 ficará sujeita ao pagamento de CBS em montante equivalente a 0,53% da receita mensal recebida.

Importante lembrar que, por se tratar de um regime especial, impede a apropriação de créditos do IBS e da CBS, bem como a dedução dos redutores de ajuste previstos na norma de regência.

Na hipótese de parcelamento do solo, caso o contribuinte realize alienação de imóvel respectivo, que tenha pedido o registro do parcelamento antes de 1º de janeiro de 2029, pode optar pelo recolhimento de CBS com base na receita bruta recebida, cuja alíquota de CBS incidente será de 3,65%.

Por fim, no caso de locação, cessão onerosa ou arrendamento de bem imóvel decorrente de contratos firmados por prazo determinado, o contribuinte poderá optar pelo recolhimento de IBS e CBS com base na receita bruta recebida quando o contrato for não residencial, pelo prazo original do contrato, desde que seja firmado até a data de publicação da Lei Complementar 214/2025, sendo a data comprovada por firma

Capítulo 5 – Da vigência

reconhecida ou por meio de assinatura eletrônica e seja registrado em Cartório de Registro de Imóveis ou em Registro de Títulos e Documentos até 31 de dezembro de 2025, ou seja, disponibilizado para a RFB e para o Comitê Gestor do IBS, nos termos do regulamento.

Para os contratos com finalidade residencial, pelo prazo original do contrato ou até 31 de dezembro de 2028, o que ocorrer primeiro, desde que firmado até a data de publicação da Lei Complementar 214/2025, sendo a data comprovada por firma reconhecida, por meio de assinatura eletrônica ou pela comprovação de pagamento da locação até o último dia do mês subsequente ao do primeiro mês do contrato.

A alíquota aplicável sobre as operações supracitadas estará sujeita ao pagamento de IBS e CBS e será de 3,65% da receita bruta recebida.

Destaque-se que, se a operação for iniciada a partir de 1º de janeiro de 2029, o contribuinte poderá deduzir da base de cálculo do IBS incidente na alienação de bem imóvel o montante pago na aquisição de bens e serviços realizada entre 1º de janeiro de 2027 e 31 de dezembro de 2032, desde que sejam utilizados para a incorporação, parcelamento do solo e construção do imóvel.

A dedução supracitada abrangerá o valor correspondente ao custo das aquisições de bens e serviços sujeitos à incidência do imposto previsto no art. 155, II, ou do imposto previsto no art. 156, III, ambos da Constituição Federal, que sejam contabilizados como custo direto de produção do bem imóvel e cuja aquisição tenha sido acobertada por documento fiscal idôneo.

1.4. Operações que atraiam a incidência dos tributos vigentes quando da aprovação da reforma tributária

Além disso, durante o período de transição do IBS e da CBS, caso a mesma situação prevista em lei configure, até 31 de dezembro de 2025, fato gerador da Contribuição para o PIS/Pasep e da Cofins ou da Contribuição para o PIS/Pasep-Importação e da Cofins-Importação, e, a partir de 1º de janeiro de 2026, fato gerador da CBS, aplicar-se-á a seguinte regra, nos termos do art. 408, § 1º, da Lei Complementar 214/2025:

I – não será exigida a CBS;

II – serão exigidas, conforme o caso:

a) Cofins;

b) Contribuição para o PIS/Pasep;

c) Cofins – Importação;

d) Contribuição para o PIS/Pasep – Importação.

No tocante ao IBS, durante o período de 2029 a 2032, caso a mesma operação configure, em anos-calendários distintos, fatos geradores do Imposto sobre operações relativas à Circulação de Mercadorias e sobre prestações de Serviços de Transporte Interestadual e Intermunicipal e de Comunicação (ICMS) ou do Imposto sobre Serviços de Qualquer Natureza (ISS) e do IBS, prevalecerá a legislação vigente no ano-calendário da primeira ocorrência em relação aos referidos impostos. Outrossim, caso não tenha se aperfeiçoado, até 31 de dezembro de 2032, o elemento temporal da hipótese de incidência do ICMS ou do ISS, sua incidência será excluída e incidirá somente o IBS sobre a operação.

Epílogo

A reforma tributária foi aguardada por anos no Brasil, sendo absolutamente necessária para o desenvolvimento socioeconômico da nação, ao passo que nosso sistema tributário é, indiscutivelmente, confuso e desestimula o empreendedorismo.

Entretanto, o sistema possui um problema relevante, que é a alta tributação sobre o consumo e a baixa tributação sobre patrimônio e renda, fazendo que o sistema seja regressivo, de modo que os mais pobres suportem uma carga tributária maior que os mais ricos, proporcionalmente a sua renda.

A reforma tributária promulgada em 20 de dezembro de 2023 tem pontos positivos, que podem resultar em maiores investimentos, mas não altera a lógica de tributação do sistema tributário brasileiro, mantendo uma alta carga tributária sobre o consumo.

Tivemos, sim, uma simplificação com a revogação da possibilidade de incidência de tributos por dentro, o fim da aplicação de dezenas de normas estaduais para o ICMS e milhares para o ISS. Contudo, ainda assim, teremos o maior IVA do mundo, podendo ultrapassar 28%, segundo estudo do Ipea,[1] sem contar com a incidência do novíssimo imposto seletivo.

A conta desse novo imposto, que é indireto, será repassada para a população, que ao menos saberá o que está pagando. Este é o grande ponto positivo da reforma: o reforço da transparência fiscal.

Claro que também é positiva a incidência do IPVA sobre embarcações e aeronaves, corrigindo um vício histórico de não tributação sobre externalizações de riquezas, bem como a criação do *cashback*, que devolve dignidade às camadas mais pobres da sociedade.

---

[1] Disponível em: https://www.ipea.gov.br/cartadeconjuntura/wp-content/uploads/2023/07/230706_cc_60_nota_01_reforma_tributaria.pdf. Acesso em: 27.12.2023.

Entretanto, no tocante à tributação sobre a renda, a reforma será infraconstitucional, mas é importante lembrar que aumento de tributo não é reforma e vingança fiscal não é atividade de Estado. Espera-se que a nova fase da reforma tributária, ao menos, crie novas faixas de tributação do imposto de renda, mais amplas e justas, bem como seja atualizada sua base de cálculo, não só para pessoas físicas, mas também para pessoas jurídicas.

A justiça fiscal acontece quando o Estado gasta de forma consciente a receita obtida de forma justa, representando a capacidade contributiva de cada cidadão. Arrecadar para gastar sem planejamento só empobrece a população e desvirtua a lógica tributária, que é a geração de receita pela atividade indireta do Estado para garantia da paz social e do mínimo existencial.

Bibliografia

ABRAHAM, Marcus. **Curso de Direito Tributário Brasileiro**. 4. ed. Rio de Janeiro: Forense, 2023.

ALEXANDRE, Ricardo. **Direito Tributário esquematizado**. São Paulo: Método, 2007.

AMARAL, Oséias. Creditamento na PEC 45/2019: o princípio da neutralidade. **Jota**, 14.11.2023. Disponível em: https://www.jota.info/opiniao-e-analise/artigos/creditamento-na-pec-45-2019-o-principio-da-neutralidade-14112023. Acesso em: 16.12.2023.

ÁVILA, Humberto. **Teoria da igualdade tributária**. 4. ed. São Paulo: Malheiros, 2021.

BALEEIRO, Aliomar. **Limitações constitucionais ao poder de tributar**. Atualização de Misabel Abreu Machado Derzi. 7. ed. Rio de Janeiro: Forense, 1998.

BALEEIRO, Aliomar. **Direito Tributário brasileiro**. 11. ed. Rio de Janeiro: Forense, 2008.

BARRETO, Aires F.; BARRETO, Paulo Ayres. **Imunidades tributárias**: limitações constitucionais ao poder de tributar. 2. ed. São Paulo: Dialética, 2001.

BASTOS, Celso Ribeiro. **Lei complementar**: teoria e comentários. São Paulo: Celso Bastos Editor, 1999.

CARRAZZA, Roque Antonio. **Imunidades tributárias dos templos e instituições religiosas**. São Paulo: Noeses, 2015.

CARVALHO FILHO, José dos Santos. **Manual de Direito Administrativo**. 9. ed. Rio de Janeiro: Lumen Juris.

CARVALHO JUNIOR, Pedro Humberto Bruno. **O sistema tributário dos países da OCDE e as principais recomendações da entidade**: fornecendo parâmetros para a reforma tributária no Brasil. Brasília: IPEA, 2022. Disponível em: https://repositorio.ipea.gov.br/bitstream/11058/11231/1/NT_54_Dinte_O_sistema_tributario.pdf. Acesso em: 05.11.2023.

DERZI, Misabel Abreu Machado. A necessidade da instituição do IVA no Sistema Constitucional Tributário Brasileiro. **Sequência – Estudos Jurídicos e Polític**os, v. 16, n. 31, p. 62-71, 1995. Disponível em: https://periodicos.ufsc.br/index.php/sequencia/article/view/15775. Acesso em: 26.12.2023.

EBRILL, Liam et al. **The Modern VAT**. Washington, D.C.: International Monetary Fund, 2001. Disponível em: https://www.joserobertoafonso.com.br/wp-content/uploads/2020/10/07173-9781451931761.pdf. Acesso em: 16.12.2023.

ESTÚDIO JOTA. Reforma tributária precisa garantir a não cumulatividade de impostos na prática. **Jota**, Brasília, 05.09.2023. Disponível em: https://www.jota.info/coberturas-especiais/ambiente-negocios-oportunidades/reforma-tributaria-precisa-garantir-a-nao-cumulatividade-de-impostos-na-pratica-05092023. Acesso em: 16.12.2023

FRATTARI, Rafhael; VILLAR, Érika. Reforma tributária, PEC 45 e alíquota única de IBS: para um problema complexo há sempre uma resposta simples e equivocada. In: CUNHA, Ivan Luduvice et al. (org.). **Reforma tributária brasileira**. Belo Horizonte: Editora D'Plácido, 2019.

GOMES, Fabio Luiz. **Manual sobre o IVA nas comunidades europeias**: impostos sobre o consumo no Mercosul. Curitiba: Juruá, 2006.

JAMES, Kathryn. Exploring the Origins and Global Rise of VAT. **The VAT Reader (Tax Analysts)**, p. 15-22, 2013. Disponível em: https://papers.ssrn.com/sol3/papers.cfm?abstract_id=2291281. Acesso em: 16.12.2023.

MARTINS, Ives Gandra da Silva. **O sistema tributário na Constituição**. 6. ed. São Paulo: Saraiva, 2007.

MENDES, André Moreira. Não cumulatividade tributária no Brasil e no mundo: origens, conceito e pressupostos. In: SOUZA, Priscila de. **Congresso Nacional de Estudos Tributários do IBET**. Vol. VI: Sistema Tributário Brasileiro e a Crise Atual. São Paulo: Noeses/IBET, 2009, p. 47-88. Disponível em: https://sachacalmon.com.br/wp-content/uploads/2010/10/Nao-cumulatividade-tributaria-no-Brasil-e-no-mundo-origens-conceito-e-pressupostos.pdf. Acesso em: 26.12.2023.

MONTERO, Carlos E. Peralta. O fundamento e a finalidade extrafiscal dos tributos ambientais. In: MOTTA, Maurício (coord.). **Fundamentos teóricos do Direito Ambiental**. Rio de Janeiro: Elsevier, 2008.

NABAIS, José Casalta. **O dever fundamental de pagar impostos**. Coimbra: Almedina, 1998.

OECD. **Consumption Tax Trends 2022**: VAT/GST and Excise, Core Design Features and Trends. Paris: OECD Publishing, 2022. Disponível em: https://www.oecd.org/tax/consumption-tax-trends-19990979.htm. Acesso em: 16.12.2023.

OECD. **International VAT/GST Guidelines**. Paris: OECD Publishing, 2017. Disponível em: https://www.oecd-ilibrary.org/docserver/9789264271401-en.pdf?expires=1699463406&id=id&accname=guest&checksum=DF87BA74FE900274977E2BC78D55D00C. Acesso em: 16.12.2023.

PALMA, Joana de Azevedo e Castro Celorico. **O exercício do Direito à Dedução em IVA** – uma análise dos requisitos fundamentais. Lisboa: Rei dos Livros/Letras e Conceitos, 2021.

PÊGAS, Paulo Henrique. **Manual de contabilidade tributária**. 10. ed. Barueri, SP: Atlas, 2022.

PIMENTEL, Lúcio. **A transparência fiscal**. Porto: Vida Económica, 2024.

SILVA, José Afonso da. **Comentário contextual à Constituição**. 2. ed. São Paulo: Malheiros, 2006.

SOUZA, Hamilton Dias de; ÁVILA, Humberto; CARRAZZA, Roque Antonio. Relatório sobre as propostas da Câmara para a reforma tributária (parte 1). **Consultor Jurídico**, 30.06.2023. Disponível em: https://www.conjur.com.br/2023-jun-30/opiniao-relatorio-comissao-reforma-tributaria-iasp/. Acesso em: 11.12.2023.

STAHL, Sidney. **O princípio da cooperação no processo tributário**: uma reflexão sobre *fair play* jurídico. Disponível em: https://www.google.com/url?sa=t&rct=j&q=&esrc=s&source=web&cd=&ved=2ahUKEwjmi8nA9rGDAxVApJUCHanjBsIQ-FnoECBQQAQ&url=https%3A%2F%2Fopenaccess.blucher.com.br%2Fdownload-pdf%2F438%2F21779&usg=AOvVaw3-p69GffZdjVEQ53GeOQNg&opi=89978449. Acesso em: 28.12.2023.

TORRES, Ricardo Lobo. **Tratado de direito constitucional financeiro e tributário**. 2. ed. Rio de Janeiro: Renovar, 1999. (Os direitos humanos e a tributação: imunidades e isonomia, v. III).

VÉRGEZ, Juan Calvo. **El derecho de deducción en el IVA**. Madrid: La Ley, 2015.

Anexo

EMENDA CONSTITUCIONAL 132/2023

Altera o Sistema Tributário Nacional.

As Mesas da Câmara dos Deputados e do Senado Federal, nos termos do § 3º do art. 60 da Constituição Federal, promulgam a seguinte Emenda ao texto constitucional:

EC 132/2023

Art. 1º A Constituição Federal passa a vigorar com as seguintes alterações:

CF/1988

SEÇÃO IV
DAS REGIÕES

Art. 43. Para efeitos administrativos, a União poderá articular sua ação em um mesmo complexo geoeconômico e social, visando a seu desenvolvimento e à redução das desigualdades regionais.

§ 1º Lei complementar disporá sobre:

I – as condições para integração de regiões em desenvolvimento;

II – a composição dos organismos regionais que executarão, na forma da lei, os planos regionais, integrantes dos planos nacionais de desenvolvimento econômico e social, aprovados juntamente com estes.

CF/1988

§ 2º Os incentivos regionais compreenderão, além de outros, na forma da lei:

I – igualdade de tarifas, fretes, seguros e outros itens de custos e preços de responsabilidade do Poder Público;

II – juros favorecidos para financiamento de atividades prioritárias;

III – isenções, reduções ou diferimento temporário de tributos federais devidos por pessoas físicas ou jurídicas;

IV – prioridade para o aproveitamento econômico e social dos rios e das massas de água represadas ou represáveis nas regiões de baixa renda, sujeitas a secas periódicas.

§ 3º Nas áreas a que se refere o § 2º, IV, a União incentivará a recuperação de terras áridas e cooperará com os pequenos e médios proprietários rurais para o estabelecimento, em suas glebas, de fontes de água e de pequena irrigação.

Nova redação – EC 132/2023	Redação anterior – CF/1988
§ 4º Sempre que possível, a concessão dos incentivos regionais a que se refere o § 2º, III, considerará critérios de sustentabilidade ambiental e redução das emissões de carbono.	**Sem correspondente.**

Nova redação – EC 132/2023	Redação anterior – CF/1988
Art. 50. A Câmara dos Deputados e o Senado Federal, ou qualquer de suas Comissões, poderão convocar Ministro de Estado, quaisquer titulares de	**Art. 50.** A Câmara dos Deputados e o Senado Federal, ou qualquer de suas Comissões, poderão convocar Ministro de Estado ou quaisquer titulares de

Nova redação – EC 132/2023	Redação anterior – CF/1988
órgãos diretamente subordinados à Presidência da República ou **o Presidente do Comitê Gestor do Imposto sobre Bens e Serviços** para prestarem, pessoalmente, informações sobre assunto previamente determinado, importando crime de responsabilidade a ausência sem justificação adequada.	órgãos diretamente subordinados à Presidência da República para prestarem, pessoalmente, informações sobre assunto previamente determinado, importando crime de responsabilidade a ausência sem justificação adequada.

CF/1988

Art. 105. Compete ao Superior Tribunal de Justiça:

I – processar e julgar, originariamente:

a) nos crimes comuns, os Governadores dos Estados e do Distrito Federal, e, nestes e nos de responsabilidade, os desembargadores dos Tribunais de Justiça dos Estados e do Distrito Federal, os membros dos Tribunais de Contas dos Estados e do Distrito Federal, os dos Tribunais Regionais Federais, dos Tribunais Regionais Eleitorais e do Trabalho, os membros dos Conselhos ou Tribunais de Contas dos Municípios e os do Ministério Público da União que oficiem perante tribunais;

b) os mandados de segurança e os habeas data contra ato de Ministro de Estado, dos Comandantes da Marinha, do Exército e da Aeronáutica ou do próprio Tribunal; (Redação dada pela Emenda Constitucional nº 23, de 1999)

c) os *habeas corpus*, quando o coator ou paciente for qualquer das pessoas mencionadas na alínea "a", ou quando o coator for tribunal sujeito à sua jurisdição, Ministro de Estado ou Comandante da Marinha, do Exército ou da Aeronáutica, ressalvada a competência da Justiça Eleitoral; (Redação dada pela Emenda Constitucional nº 23, de 1999)

CF/1988

d) os conflitos de competência entre quaisquer tribunais, ressalvado o disposto no art. 102, I, "o", bem como entre tribunal e juízes a ele não vinculados e entre juízes vinculados a tribunais diversos;

e) as revisões criminais e as ações rescisórias de seus julgados;

f) a reclamação para a preservação de sua competência e garantia da autoridade de suas decisões;

g) os conflitos de atribuições entre autoridades administrativas e judiciárias da União, ou entre autoridades judiciárias de um Estado e administrativas de outro ou do Distrito Federal, ou entre as deste e da União;

h) o mandado de injunção, quando a elaboração da norma regulamentadora for atribuição de órgão, entidade ou autoridade federal, da administração direta ou indireta, excetuados os casos de competência do Supremo Tribunal Federal e dos órgãos da Justiça Militar, da Justiça Eleitoral, da Justiça do Trabalho e da Justiça Federal;

i) a homologação de sentenças estrangeiras e a concessão de exequatur às cartas rogatórias;

Nova redação – EC 132/2023	Redação anterior – CF/1988
j) os conflitos entre entes federativos, ou entre estes e o Comitê Gestor do Imposto sobre Bens e Serviços, relacionados aos tributos previstos nos arts. 156-A e 195, V;	Sem correspondente.

Anexo

CF/1988

II – julgar, em recurso ordinário:

a) os *habeas corpus* decididos em única ou última instância pelos Tribunais Regionais Federais ou pelos tribunais dos Estados, do Distrito Federal e Territórios, quando a decisão for denegatória;

b) os mandados de segurança decididos em única instância pelos Tribunais Regionais Federais ou pelos tribunais dos Estados, do Distrito Federal e Territórios, quando denegatória a decisão;

c) as causas em que forem partes Estado estrangeiro ou organismo internacional, de um lado, e, do outro, Município ou pessoa residente ou domiciliada no País;

III – julgar, em recurso especial, as causas decididas, em única ou última instância, pelos Tribunais Regionais Federais ou pelos tribunais dos Estados, do Distrito Federal e Territórios, quando a decisão recorrida:

a) contrariar tratado ou lei federal, ou negar-lhes vigência;

b) julgar válido ato de governo local contestado em face de lei federal; (Redação dada pela Emenda Constitucional nº 45, de 2004)

c) der a lei federal interpretação divergente da que lhe haja atribuído outro tribunal.

§ 1º Funcionarão junto ao Superior Tribunal de Justiça:

I – a Escola Nacional de Formação e Aperfeiçoamento de Magistrados, cabendo-lhe, dentre outras funções, regulamentar os cursos oficiais para o ingresso e promoção na carreira; (Incluído pela Emenda Constitucional nº 45, de 2004)

II – o Conselho da Justiça Federal, cabendo-lhe exercer, na forma da lei, a supervisão administrativa e orçamentária da Justiça Federal de primeiro e segundo graus, como órgão central do sistema e com poderes correicionais, cujas decisões terão caráter vinculante. (Incluído pela Emenda Constitucional nº 45, de 2004)

§ 2º No recurso especial, o recorrente deve demonstrar a relevância das questões de direito federal infraconstitucional discutidas no caso, nos termos da lei, a fim de que a admissão do recurso seja examinada pelo Tribunal, o qual somente pode dele não conhecer com base

CF/1988

nesse motivo pela manifestação de 2/3 (dois terços) dos membros do órgão competente para o julgamento. (Incluído pela Emenda Constitucional nº 125, de 2022)

§ 3º Haverá a relevância de que trata o § 2º deste artigo nos seguintes casos: (Incluído pela Emenda Constitucional nº 125, de 2022)

I – ações penais; (Incluído pela Emenda Constitucional nº 125, de 2022)

II – ações de improbidade administrativa; (Incluído pela Emenda Constitucional nº 125, de 2022)

III – ações cujo valor da causa ultrapasse 500 (quinhentos) salários mínimos; (Incluído pela Emenda Constitucional nº 125, de 2022)

IV – ações que possam gerar inelegibilidade; (Incluído pela Emenda Constitucional nº 125, de 2022)

V – hipóteses em que o acórdão recorrido contrariar jurisprudência dominante do Superior Tribunal de Justiça; (Incluído pela Emenda Constitucional nº 125, de 2022)

VI – outras hipóteses previstas em lei. (Incluído pela Emenda Constitucional nº 125, de 2022)

CF/1988

Art. 145. A União, os Estados, o Distrito Federal e os Municípios poderão instituir os seguintes tributos:

I – impostos;

II – taxas, em razão do exercício do poder de polícia ou pela utilização, efetiva ou potencial, de serviços públicos específicos e divisíveis, prestados ao contribuinte ou postos a sua disposição;

III – contribuição de melhoria, decorrente de obras públicas.

§ 1º Sempre que possível, os impostos terão caráter pessoal e serão graduados segundo a capacidade econômica do contribuinte, facultado

Anexo

CF/1988

à administração tributária, especialmente para conferir efetividade a esses objetivos, identificar, respeitados os direitos individuais e nos termos da lei, o patrimônio, os rendimentos e as atividades econômicas do contribuinte.

§ 2º As taxas não poderão ter base de cálculo própria de impostos.

Nova redação – EC 132/2023	Redação anterior – CF/1988
§ 3º O Sistema Tributário Nacional deve observar os princípios da simplicidade, da transparência, da justiça tributária, da cooperação e da defesa do meio ambiente.	Sem correspondente.
§ 4º As alterações na legislação tributária buscarão atenuar efeitos regressivos.	Sem correspondente.

CF/1988

Art. 146. Cabe à lei complementar:

I – dispor sobre conflitos de competência, em matéria tributária, entre a União, os Estados, o Distrito Federal e os Municípios;

II – regular as limitações constitucionais ao poder de tributar;

III – estabelecer normas gerais em matéria de legislação tributária, especialmente sobre:

a) definição de tributos e de suas espécies, bem como, em relação aos impostos discriminados nesta Constituição, a dos respectivos fatos geradores, bases de cálculo e contribuintes;

b) obrigação, lançamento, crédito, prescrição e decadência tributários;

Nova redação – EC 132/2023	Redação anterior – CF/1988
c) adequado tratamento tributário ao ato cooperativo praticado pelas sociedades cooperativas, **inclusive em relação aos tributos previstos nos arts. 156-A e 195, V;**	c) adequado tratamento tributário ao ato cooperativo praticado pelas sociedades cooperativas.
d) definição de tratamento diferenciado e favorecido para as microempresas e para as empresas de pequeno porte, inclusive regimes especiais ou simplificados no caso do**s** imposto**s** previsto**s** no**s** arts. 155, II, **e 156-A,** das contribuições **sociais** previstas no art. 195, I **e V**, e § 12 e da contribuição a que se refere o art. 239.	d) definição de tratamento diferenciado e favorecido para as microempresas e para as empresas de pequeno porte, inclusive regimes especiais ou simplificados no caso do imposto previsto no art. 155, II, das contribuições previstas no art. 195, I e §§ 12 <u>e 13</u>, e da contribuição a que se refere o art. 239.
d) definição de tratamento diferenciado e favorecido para as microempresas e para as empresas de pequeno porte, inclusive regimes especiais ou simplificados no caso dos impostos previstos nos arts. 155, II, e 156-A e das contribuições previstas no art. 195, I e V. (Redação dada pelo art. 3º da EC 132/2023)	Obs.: vigência a partir de 2027 (art. 23, I, da EC 132/2023).
d) definição de tratamento diferenciado e favorecido para as microempresas e para as empresas de pequeno porte, inclusive regimes especiais ou simplificados	Obs.: vigência a partir de 2033 (art. 23, II, da EC 132/2023).

Nova redação – EC 132/2023	Redação anterior – CF/1988
no caso do imposto previsto no art. 156-A e das contribuições sociais previstas no art. 195, I e V. (Redação dada pelo art. 4º da EC 132/2023)	
§ 1º A lei complementar de que trata o inciso III, *d*, também poderá instituir um regime único de arrecadação dos impostos e contribuições da União, dos Estados, do Distrito Federal e dos Municípios, observado que: (Incluído pela Emenda Constitucional nº 42, de 19.12.2003)	Parágrafo único. A lei complementar de que trata o inciso III, *d*, também poderá instituir um regime único de arrecadação dos impostos e contribuições da União, dos Estados, do Distrito Federal e dos Municípios, observado que: (Incluído pela Emenda Constitucional nº 42, de 19.12.2003)

CF/1988

I – será opcional para o contribuinte; (Incluído pela Emenda Constitucional nº 42, de 19.12.2003)

II – poderão ser estabelecidas condições de enquadramento diferenciadas por Estado; (Incluído pela Emenda Constitucional nº 42, de 19.12.2003)

III – o recolhimento será unificado e centralizado e a distribuição da parcela de recursos pertencentes aos respectivos entes federados será imediata, vedada qualquer retenção ou condicionamento; (Incluído pela Emenda Constitucional nº 42, de 19.12.2003)

IV – a arrecadação, a fiscalização e a cobrança poderão ser compartilhadas pelos entes federados, adotado cadastro nacional único de contribuintes. (Incluído pela Emenda Constitucional nº 42, de 19.12.2003)

Nova redação – EC 132/2023	Redação anterior – CF/1988
§ 2º É facultado ao optante pelo regime único de que trata o § 1º apurar e recolher os tributos previstos nos arts. 156-A e 195, V, nos termos estabelecidos nesses artigos, hipótese em que as parcelas a eles relativas não serão cobradas pelo regime único.	Sem correspondente.
§ 3º Na hipótese de o recolhimento dos tributos previstos nos arts. 156-A e 195, V, ser realizado por meio do regime único de que trata o § 1º, enquanto perdurar a opção:	Sem correspondente.
I – não será permitida a apropriação de créditos dos tributos previstos nos arts. 156-A e 195, V, pelo contribuinte optante pelo regime único; e	Sem correspondente.
II – será permitida a apropriação de créditos dos tributos previstos nos arts. 156-A e 195, V, pelo adquirente não optante pelo regime único de que trata o § 1º de bens materiais ou imateriais, inclusive direitos, e de serviços do optante, em montante equivalente ao cobrado por meio do regime único.	Sem correspondente.

Anexo

Nova redação – EC 132/2023	Redação anterior – CF/1988
Art. 149-A. Os Municípios e o Distrito Federal poderão instituir contribuição, na forma das respectivas leis, para o custeio, **a expansão e a melhoria** do serviço de iluminação pública **e de sistemas de monitoramento para segurança e preservação de logradouros públicos,** observado o disposto no art. 150, I e III.	**Art. 149-A.** Os Municípios e o Distrito Federal poderão instituir contribuição, na forma das respectivas leis, para o custeio do serviço de iluminação pública, observado o disposto no art. 150, I e III.

Nova redação – EC 132/2023	Redação anterior – CF/1988
Art. 149-B. Os tributos previstos nos arts. 156-A e 195, V, observarão as mesmas regras em relação a:	**Sem correspondente.**
I – fatos geradores, bases de cálculo, hipóteses de não incidência e sujeitos passivos;	**Sem correspondente.**
II – imunidades;	**Sem correspondente.**
III – regimes específicos, diferenciados ou favorecidos de tributação;	**Sem correspondente.**
IV – regras de não cumulatividade e de creditamento.	**Sem correspondente.**

Nova redação – EC 132/2023	Redação anterior – CF/1988
Parágrafo único. Os tributos de que trata o *caput* observarão as imunidades previstas no art. 150, VI, não se aplicando a ambos os tributos o disposto no art. 195, § 7º.	Sem correspondente.

Nova redação – EC 132/2023	Redação anterior – CF/1988
Art. 149-C. O produto da arrecadação do imposto previsto no art. 156-A e da contribuição prevista no art. 195, V, incidentes sobre operações contratadas pela administração pública direta, por autarquias e por fundações públicas, inclusive suas importações, será integralmente destinado ao ente federativo contratante, mediante redução a zero das alíquotas do imposto e da contribuição devidos aos demais entes e equivalente elevação da alíquota do tributo devido ao ente contratante.	Sem correspondente.
§ 1º As operações de que trata o *caput* poderão ter alíquotas reduzidas de modo uniforme, nos termos de lei complementar.	Sem correspondente.

Nova redação – EC 132/2023	Redação anterior – CF/1988
§ 2º Lei complementar poderá prever hipóteses em que não se aplicará o disposto no *caput* e no § 1º.	Sem correspondente.
§ 3º Nas importações efetuadas pela administração pública direta, por autarquias e por fundações públicas, o disposto no art. 150, VI, "a", será implementado na forma do disposto no *caput* e no § 1º, assegurada a igualdade de tratamento em relação às aquisições internas.	Sem correspondente.

CF/1988

Art. 150. Sem prejuízo de outras garantias asseguradas ao contribuinte, é vedado à União, aos Estados, ao Distrito Federal e aos Municípios:

I – exigir ou aumentar tributo sem lei que o estabeleça;

II – instituir tratamento desigual entre contribuintes que se encontrem em situação equivalente, proibida qualquer distinção em razão de ocupação profissional ou função por eles exercida, independentemente da denominação jurídica dos rendimentos, títulos ou direitos;

III – cobrar tributos:

a) em relação a fatos geradores ocorridos antes do início da vigência da lei que os houver instituído ou aumentado;

b) no mesmo exercício financeiro em que haja sido publicada a lei que os instituiu ou aumentou;

CF/1988

c) antes de decorridos noventa dias da data em que haja sido publicada a lei que os instituiu ou aumentou, observado o disposto na alínea b; (Incluído pela Emenda Constitucional nº 42, de 19.12.2003)

IV – utilizar tributo com efeito de confisco;

V – estabelecer limitações ao tráfego de pessoas ou bens, por meio de tributos interestaduais ou intermunicipais, ressalvada a cobrança de pedágio pela utilização de vias conservadas pelo Poder Público;

VI – instituir impostos sobre:

a) patrimônio, renda ou serviços, uns dos outros;

Nova redação – EC 132/2023	Redação anterior – CF/1988
b) **entidades religiosas e** templos de qualquer culto, **inclusive suas organizações assistenciais e beneficentes;**	b) templos de qualquer culto;

CF/1988

c) patrimônio, renda ou serviços dos partidos políticos, inclusive suas fundações, das entidades sindicais dos trabalhadores, das instituições de educação e de assistência social, sem fins lucrativos, atendidos os requisitos da lei;

d) livros, jornais, periódicos e o papel destinado a sua impressão.

e) fonogramas e videofonogramas musicais produzidos no Brasil contendo obras musicais ou literomusicais de autores brasileiros e/ou obras em geral interpretadas por artistas brasileiros bem como os suportes materiais ou arquivos digitais que os contenham, salvo na etapa de replicação industrial de mídias ópticas de leitura a laser. (Incluída pela Emenda Constitucional nº 75, de 15.10.2013)

CF/1988

§ 1º A vedação do inciso III, b, não se aplica aos tributos previstos nos arts. 148, I, 153, I, II, IV e V; e 154, II; e a vedação do inciso III, c, não se aplica aos tributos previstos nos arts. 148, I, 153, I, II, III e V; e 154, II, nem à fixação da base de cálculo dos impostos previstos nos arts. 155, III, e 156, I. (Redação dada pela Emenda Constitucional nº 42, de 19.12.2003)

Nova redação – EC 132/2023	Redação anterior – CF/1988
§ 2º A vedação do inciso VI, "a", é extensiva às autarquias e às fundações instituídas e mantidas pelo **poder** público **e à empresa pública prestadora de serviço postal**, no que se refere ao patrimônio, à renda e aos serviços vinculados a suas finalidades essenciais ou às delas decorrentes.	§ 2º A vedação do inciso VI, "a", é extensiva às autarquias e às fundações instituídas e mantidas pelo Poder Público, no que se refere ao patrimônio, à renda e aos serviços, vinculados a suas finalidades essenciais ou às delas decorrentes.

CF/1988

§ 3º As vedações do inciso VI, "a", e do parágrafo anterior não se aplicam ao patrimônio, à renda e aos serviços, relacionados com exploração de atividades econômicas regidas pelas normas aplicáveis a empreendimentos privados, ou em que haja contraprestação ou pagamento de preços ou tarifas pelo usuário, nem exonera o promitente comprador da obrigação de pagar imposto relativamente ao bem imóvel.

§ 4º As vedações expressas no inciso VI, alíneas "b" e "c", compreendem somente o patrimônio, a renda e os serviços, relacionados com as finalidades essenciais das entidades nelas mencionadas.

CF/1988

§ 5º A lei determinará medidas para que os consumidores sejam esclarecidos acerca dos impostos que incidam sobre mercadorias e serviços.

§ 6º Qualquer subsídio ou isenção, redução de base de cálculo, concessão de crédito presumido, anistia ou remissão, relativos a impostos, taxas ou contribuições, só poderá ser concedido mediante lei específica, federal, estadual ou municipal, que regule exclusivamente as matérias acima enumeradas ou o correspondente tributo ou contribuição, sem prejuízo do disposto no art. 155, § 2.º, XII, *g*. (Redação dada pela Emenda Constitucional nº 3, de 1993)

§ 7º A lei poderá atribuir a sujeito passivo de obrigação tributária a condição de responsável pelo pagamento de imposto ou contribuição, cujo fato gerador deva ocorrer posteriormente, assegurada a imediata e preferencial restituição da quantia paga, caso não se realize o fato gerador presumido. (Incluído pela Emenda Constitucional nº 3, de 1993)

CF/1988

Art. 153. Compete à União instituir impostos sobre:

I – importação de produtos estrangeiros;

II – exportação, para o exterior, de produtos nacionais ou nacionalizados;

III – renda e proventos de qualquer natureza;

IV – produtos industrializados;

V – operações de crédito, câmbio e seguro, ou relativas a títulos ou valores mobiliários;

VI – propriedade territorial rural;

VII – grandes fortunas, nos termos de lei complementar.

Anexo

Nova redação – EC 132/2023	Redação anterior – CF/1988
VIII – produção, extração, comercialização ou importação de bens e serviços prejudiciais à saúde ou ao meio ambiente, nos termos de lei complementar.	Sem correspondente.

CF/1988

§ 1º É facultado ao Poder Executivo, atendidas as condições e os limites estabelecidos em lei, alterar as alíquotas dos impostos enumerados nos incisos I, II, IV e V.

§ 2º O imposto previsto no inciso III:

I – será informado pelos critérios da generalidade, da universalidade e da progressividade, na forma da lei;

II – (Revogado pela Emenda Constitucional nº 20, de 1998)

§ 3º O imposto previsto no inciso IV:

I – será seletivo, em função da essencialidade do produto;

II – será não-cumulativo, compensando-se o que for devido em cada operação com o montante cobrado nas anteriores;

III – não incidirá sobre produtos industrializados destinados ao exterior.

IV – terá reduzido seu impacto sobre a aquisição de bens de capital pelo contribuinte do imposto, na forma da lei. (Incluído pela Emenda Constitucional nº 42, de 19.12.2003)

§ 4º O imposto previsto no inciso VI do *caput*: (Redação dada pela Emenda Constitucional nº 42, de 19.12.2003)

I – será progressivo e terá suas alíquotas fixadas de forma a desestimular a manutenção de propriedades improdutivas; (Incluído pela Emenda Constitucional nº 42, de 19.12.2003)

CF/1988

II – não incidirá sobre pequenas glebas rurais, definidas em lei, quando as explore o proprietário que não possua outro imóvel; (Incluído pela Emenda Constitucional nº 42, de 19.12.2003)

III – será fiscalizado e cobrado pelos Municípios que assim optarem, na forma da lei, desde que não implique redução do imposto ou qualquer outra forma de renúncia fiscal. (Incluído pela Emenda Constitucional nº 42, de 19.12.2003) (Regulamento)

§ 5º O ouro, quando definido em lei como ativo financeiro ou instrumento cambial, sujeita-se exclusivamente à incidência do imposto de que trata o inciso V do "*caput*" deste artigo, devido na operação de origem; a alíquota mínima será de um por cento, assegurada a transferência do montante da arrecadação nos seguintes termos: (Vide Emenda Constitucional nº 3, de 1993)

I – trinta por cento para o Estado, o Distrito Federal ou o Território, conforme a origem;

II – setenta por cento para o Município de origem.

Nova redação – EC 132/2023	Redação anterior – CF/1988
§ 6º O imposto previsto no inciso VIII do *caput* deste artigo:	Sem correspondente.
I – não incidirá sobre as exportações nem sobre as operações com energia elétrica e com telecomunicações;	Sem correspondente.
II – incidirá uma única vez sobre o bem ou serviço;	Sem correspondente.
III – não integrará sua própria base de cálculo;	Sem correspondente.

Nova redação – EC 132/2023	Redação anterior – CF/1988
IV – integrará a base de cálculo dos tributos previstos nos arts. 155, II, 156, III, 156-A e 195, V;	Sem correspondente.
IV – integrará a base de cálculo dos tributos previstos nos arts. 156-A e 195, V; (Redação dada pelo art. 4º da Emenda Constitucional 132/2023)	Obs.: vigência a partir de 2033 (art. 23, II, da EC 132/2023).
V – poderá ter o mesmo fato gerador e base de cálculo de outros tributos;	Sem correspondente.
VI – terá suas alíquotas fixadas em lei ordinária, podendo ser específicas, por unidade de medida adotada, ou *ad valorem*;	Sem correspondente.
VII – na extração, o imposto será cobrado independentemente da destinação, caso em que a alíquota máxima corresponderá a 1% (um por cento) do valor de mercado do produto.	Sem correspondente.

CF/1988

Art. 155. Compete aos Estados e ao Distrito Federal instituir impostos sobre: (Redação dada pela Emenda Constitucional nº 3, de 1993)

CF/1988

I – transmissão *causa mortis* e doação, de quaisquer bens ou direitos; (Redação dada pela Emenda Constitucional nº 3, de 1993)

II – operações relativas à circulação de mercadorias e sobre prestações de serviços de transporte interestadual e intermunicipal e de comunicação, ainda que as operações e as prestações se iniciem no exterior; (Redação dada pela Emenda Constitucional nº 3, de 1993)

III – propriedade de veículos automotores. (Redação dada pela Emenda Constitucional nº 3, de 1993)

§ 1º O imposto previsto no inciso I: (Redação dada pela Emenda Constitucional nº 3, de 1993)

I – relativamente a bens imóveis e respectivos direitos, compete ao Estado da situação do bem, ou ao Distrito Federal;

Nova redação – EC 132/2023	Redação anterior – CF/1988
II – relativamente a bens móveis, títulos e créditos, compete ao Estado onde **era domiciliado o *de cujus***, ou tiver domicílio o doador, ou ao Distrito Federal;	II – relativamente a bens móveis, títulos e créditos, compete ao Estado onde se processar o inventário ou arrolamento, ou tiver domicílio o doador, ou ao Distrito Federal;

CF/1988

III – terá competência para sua instituição regulada por lei complementar:

a) se o doador tiver domicílio ou residência no exterior;

b) se o *de cujus* possuía bens, era residente ou domiciliado ou teve o seu inventário processado no exterior;

IV – terá suas alíquotas máximas fixadas pelo Senado Federal;

CF/1988

V – não incidirá sobre as doações destinadas, no âmbito do Poder Executivo da União, a projetos socioambientais ou destinados a mitigar os efeitos das mudanças climáticas e às instituições federais de ensino. (Incluído pela Emenda Constitucional nº 126, de 2022)

Nova redação – EC 132/2023	Redação anterior – CF/1988
VI – será progressivo em razão do valor do quinhão, do legado ou da doação;	**Sem correspondente.**
VII – não incidirá sobre as transmissões e as doações para as instituições sem fins lucrativos com finalidade de relevância pública e social, inclusive as organizações assistenciais e beneficentes de entidades religiosas e institutos científicos e tecnológicos, e por elas realizadas na consecução dos seus objetivos sociais, observadas as condições estabelecidas em lei complementar.	**Sem correspondente.**

CF/1988

§ 2º O imposto previsto no inciso II atenderá ao seguinte: (Redação dada pela Emenda Constitucional nº 3, de 1993)

I – será não-cumulativo, compensando-se o que for devido em cada operação relativa à circulação de mercadorias ou prestação de serviços com o montante cobrado nas anteriores pelo mesmo ou outro Estado ou pelo Distrito Federal;

CF/1988

II – a isenção ou não-incidência, salvo determinação em contrário da legislação:

a) não implicará crédito para compensação com o montante devido nas operações ou prestações seguintes;

b) acarretará a anulação do crédito relativo às operações anteriores;

III – poderá ser seletivo, em função da essencialidade das mercadorias e dos serviços;

IV – resolução do Senado Federal, de iniciativa do Presidente da República ou de um terço dos Senadores, aprovada pela maioria absoluta de seus membros, estabelecerá as alíquotas aplicáveis às operações e prestações, interestaduais e de exportação;

V – é facultado ao Senado Federal:

a) estabelecer alíquotas mínimas nas operações internas, mediante resolução de iniciativa de um terço e aprovada pela maioria absoluta de seus membros;

b) fixar alíquotas máximas nas mesmas operações para resolver conflito específico que envolva interesse de Estados, mediante resolução de iniciativa da maioria absoluta e aprovada por dois terços de seus membros;

VI – salvo deliberação em contrário dos Estados e do Distrito Federal, nos termos do disposto no inciso XII, "g", as alíquotas internas, nas operações relativas à circulação de mercadorias e nas prestações de serviços, não poderão ser inferiores às previstas para as operações interestaduais;

VII – nas operações e prestações que destinem bens e serviços a consumidor final, contribuinte ou não do imposto, localizado em outro Estado, adotar-se-á a alíquota interestadual e caberá ao Estado de localização do destinatário o imposto correspondente à diferença entre a alíquota interna do Estado destinatário e a alíquota interestadual; (Redação dada pela Emenda Constitucional nº 87, de 2015)

a) (revogada); (Redação dada pela Emenda Constitucional nº 87, de 2015)

b) (revogada); (Redação dada pela Emenda Constitucional nº 87, de 2015)

CF/1988

VIII – a responsabilidade pelo recolhimento do imposto correspondente à diferença entre a alíquota interna e a interestadual de que trata o inciso VII será atribuída: (Redação dada pela Emenda Constitucional nº 87, de 2015)

a) ao destinatário, quando este for contribuinte do imposto; (Incluído pela Emenda Constitucional nº 87, de 2015)

b) ao remetente, quando o destinatário não for contribuinte do imposto; (Incluído pela Emenda Constitucional nº 87, de 2015)

IX – incidirá também:

a) sobre a entrada de bem ou mercadoria importados do exterior por pessoa física ou jurídica, ainda que não seja contribuinte habitual do imposto, qualquer que seja a sua finalidade, assim como sobre o serviço prestado no exterior, cabendo o imposto ao Estado onde estiver situado o domicílio ou o estabelecimento do destinatário da mercadoria, bem ou serviço; (Redação dada pela Emenda Constitucional nº 33, de 2001)

b) sobre o valor total da operação, quando mercadorias forem fornecidas com serviços não compreendidos na competência tributária dos Municípios;

X – não incidirá:

a) sobre operações que destinem mercadorias para o exterior, nem sobre serviços prestados a destinatários no exterior, assegurada a manutenção e o aproveitamento do montante do imposto cobrado nas operações e prestações anteriores; (Redação dada pela Emenda Constitucional nº 42, de 19.12.2003)

b) sobre operações que destinem a outros Estados petróleo, inclusive lubrificantes, combustíveis líquidos e gasosos dele derivados, e energia elétrica;

c) sobre o ouro, nas hipóteses definidas no art. 153, § 5º;

d) nas prestações de serviço de comunicação nas modalidades de radiodifusão sonora e de sons e imagens de recepção livre e gratuita; (Incluído pela Emenda Constitucional nº 42, de 19.12.2003)

CF/1988

XI – não compreenderá, em sua base de cálculo, o montante do imposto sobre produtos industrializados, quando a operação, realizada entre contribuintes e relativa a produto destinado à industrialização ou à comercialização, configure fato gerador dos dois impostos;

XII – cabe à lei complementar:

a) definir seus contribuintes;

b) dispor sobre substituição tributária;

c) disciplinar o regime de compensação do imposto;

d) fixar, para efeito de sua cobrança e definição do estabelecimento responsável, o local das operações relativas à circulação de mercadorias e das prestações de serviços;

e) excluir da incidência do imposto, nas exportações para o exterior, serviços e outros produtos além dos mencionados no inciso X, "a";

f) prever casos de manutenção de crédito, relativamente à remessa para outro Estado e exportação para o exterior, de serviços e de mercadorias;

g) regular a forma como, mediante deliberação dos Estados e do Distrito Federal, isenções, incentivos e benefícios fiscais serão concedidos e revogados.

h) definir os combustíveis e lubrificantes sobre os quais o imposto incidirá uma única vez, qualquer que seja a sua finalidade, hipótese em que não se aplicará o disposto no inciso X, b; (Incluída pela Emenda Constitucional nº 33, de 2001)

i) fixar a base de cálculo, de modo que o montante do imposto a integre, também na importação do exterior de bem, mercadoria ou serviço. (Incluída pela Emenda Constitucional nº 33, de 2001)

Nova redação – EC 132/2023	Redação anterior – CF/1988
§ 3º À exceção dos impostos de que tratam o inciso II do *caput*	§ 3º À exceção dos impostos de que tratam o inciso II do *caput*

Nova redação – EC 132/2023	Redação anterior – CF/1988
deste artigo e **os arts**. 153, I e II, **e 156-A**, nenhum outro imposto poderá incidir sobre operações relativas a energia elétrica **e** serviços de telecomunicações **e, à exceção destes e do previsto no art. 153, VIII, nenhum outro imposto poderá incidir sobre operações relativas a** derivados de petróleo, combustíveis e minerais do País.	deste artigo e o art. 153, I e II, nenhum outro imposto poderá incidir sobre operações relativas a energia elétrica, serviços de telecomunicações, derivados de petróleo, combustíveis e minerais do País. (Redação dada pela Emenda Constitucional nº 33, de 2001)

CF/1988

§ 4º Na hipótese do inciso XII, h, observar-se-á o seguinte: (Incluído pela Emenda Constitucional nº 33, de 2001)

I – nas operações com os lubrificantes e combustíveis derivados de petróleo, o imposto caberá ao Estado onde ocorrer o consumo; (Incluído pela Emenda Constitucional nº 33, de 2001)

II – nas operações interestaduais, entre contribuintes, com gás natural e seus derivados, e lubrificantes e combustíveis não incluídos no inciso I deste parágrafo, o imposto será repartido entre os Estados de origem e de destino, mantendo-se a mesma proporcionalidade que ocorre nas operações com as demais mercadorias; (Incluído pela Emenda Constitucional nº 33, de 2001)

III – nas operações interestaduais com gás natural e seus derivados, e lubrificantes e combustíveis não incluídos no inciso I deste parágrafo, destinadas a não contribuinte, o imposto caberá ao Estado de origem; (Incluído pela Emenda Constitucional nº 33, de 2001)

IV – as alíquotas do imposto serão definidas mediante deliberação dos Estados e Distrito Federal, nos termos do § 2º, XII, g, observando-se o seguinte: (Incluído pela Emenda Constitucional nº 33, de 2001)

CF/1988

a) serão uniformes em todo o território nacional, podendo ser diferenciadas por produto; (Incluído pela Emenda Constitucional nº 33, de 2001)

b) poderão ser específicas, por unidade de medida adotada, ou ad valorem, incidindo sobre o valor da operação ou sobre o preço que o produto ou seu similar alcançaria em uma venda em condições de livre concorrência; (Incluído pela Emenda Constitucional nº 33, de 2001)

c) poderão ser reduzidas e restabelecidas, não se lhes aplicando o disposto no art. 150, III, b. (Incluído pela Emenda Constitucional nº 33, de 2001)

§ 5º As regras necessárias à aplicação do disposto no § 4º, inclusive as relativas à apuração e à destinação do imposto, serão estabelecidas mediante deliberação dos Estados e do Distrito Federal, nos termos do § 2º, XII, g. (Incluído pela Emenda Constitucional nº 33, de 2001)

§ 6º O imposto previsto no inciso III: (Incluído pela Emenda Constitucional nº 42, de 19.12.2003)

I – terá alíquotas mínimas fixadas pelo Senado Federal; (Incluído pela Emenda Constitucional nº 42, de 19.12.2003)

Nova redação – EC 132/2023	Redação anterior – CF/1988
II – poderá ter alíquotas diferenciadas em função do tipo, **do valor, da** utilização e **do impacto ambiental;**	II – poderá ter alíquotas diferenciadas em função do tipo e utilização.
III – incidirá sobre a propriedade de veículos automotores terrestres, aquáticos e aéreos, excetuados:	**Sem correspondente.**

Nova redação – EC 132/2023	Redação anterior – CF/1988
a) aeronaves agrícolas e de operador certificado para prestar serviços aéreos a terceiros;	Sem correspondente.
b) embarcações de pessoa jurídica que detenha outorga para prestar serviços de transporte aquaviário ou de pessoa física ou jurídica que pratique pesca industrial, artesanal, científica ou de subsistência;	Sem correspondente.
c) plataformas suscetíveis de se locomoverem na água por meios próprios, inclusive aquelas cuja finalidade principal seja a exploração de atividades econômicas em águas territoriais e na zona econômica exclusiva e embarcações que tenham essa mesma finalidade principal;	Sem correspondente.
d) tratores e máquinas agrícolas.	Sem correspondente.

CF/1988

Art. 156. Compete aos Municípios instituir impostos sobre:

I – propriedade predial e territorial urbana;

II – transmissão "inter vivos", a qualquer título, por ato oneroso, de bens imóveis, por natureza ou acessão física, e de direitos reais sobre imóveis, exceto os de garantia, bem como cessão de direitos a sua aquisição;

CF/1988

III – serviços de qualquer natureza, não compreendidos no art. 155, II, definidos em lei complementar. (Redação dada pela Emenda Constitucional n° 3, de 1993)

IV – (Revogado pela Emenda Constitucional n° 3, de 1993)

§ 1° Sem prejuízo da progressividade no tempo a que se refere o art. 182, § 4°, inciso II, o imposto previsto no inciso I poderá: (Redação dada pela Emenda Constitucional n° 29, de 2000)

I – ser progressivo em razão do valor do imóvel; e (Incluído pela Emenda Constitucional n° 29, de 2000)

II – ter alíquotas diferentes de acordo com a localização e o uso do imóvel. (Incluído pela Emenda Constitucional n° 29, de 2000)

Nova redação – EC 132/2023	Redação anterior – CF/1988
III – ter sua base de cálculo atualizada pelo Poder Executivo, conforme critérios estabelecidos em lei municipal.	**Sem correspondente.**

CF/1988

§ 1°-A. O imposto previsto no inciso I do *caput* deste artigo não incide sobre templos de qualquer culto, ainda que as entidades abrangidas pela imunidade de que trata a alínea "b" do inciso VI do *caput* do art. 150 desta Constituição sejam apenas locatárias do bem imóvel. (Incluído pela Emenda Constitucional n° 116, de 2022)

§ 2° O imposto previsto no inciso II:

I – não incide sobre a transmissão de bens ou direitos incorporados ao patrimônio de pessoa jurídica em realização de capital, nem sobre a transmissão de bens ou direitos decorrente de fusão, incorporação, cisão ou extinção de pessoa jurídica, salvo se, nesses casos, a atividade preponderante do adquirente for a compra e venda desses bens ou direitos, locação de bens imóveis ou arrendamento mercantil;

CF/1988

II – compete ao Município da situação do bem.

§ 3º Em relação ao imposto previsto no inciso III do *caput* deste artigo, cabe à lei complementar: (Redação dada pela Emenda Constitucional nº 37, de 2002)

I – fixar as suas alíquotas máximas e mínimas; (Redação dada pela Emenda Constitucional nº 37, de 2002)

II – excluir da sua incidência exportações de serviços para o exterior. (Incluído pela Emenda Constitucional nº 3, de 1993)

III – regular a forma e as condições como isenções, incentivos e benefícios fiscais serão concedidos e revogados. (Incluído pela Emenda Constitucional nº 3, de 1993)

§ 4º (Revogado pela Emenda Constitucional nº 3, de 1993)

Nova redação – EC 132/2023	Redação anterior – CF/1988
SEÇÃO V-A DO IMPOSTO DE COMPETÊNCIA COMPARTILHADA ENTRE ESTADOS, DISTRITO FEDERAL E MUNICÍPIOS	**Sem correspondente.**
Art. 156-A. Lei complementar instituirá imposto sobre bens e serviços de competência compartilhada entre Estados, Distrito Federal e Municípios.	**Sem correspondente.**
§ 1º O imposto previsto no *caput* será informado pelo princípio da neutralidade e atenderá ao seguinte:	**Sem correspondente.**
I – incidirá sobre operações com bens materiais ou imateriais, inclusive direitos, ou com serviços;	**Sem correspondente.**

Nova redação – EC 132/2023	Redação anterior – CF/1988
II – incidirá também sobre a importação de bens materiais ou imateriais, inclusive direitos, ou de serviços realizada por pessoa física ou jurídica, ainda que não seja sujeito passivo habitual do imposto, qualquer que seja a sua finalidade;	Sem correspondente.
III – não incidirá sobre as exportações, assegurados ao exportador a manutenção e o aproveitamento dos créditos relativos às operações nas quais seja adquirente de bem material ou imaterial, inclusive direitos, ou serviço, observado o disposto no § 5º, III;	Sem correspondente.
IV – terá legislação única e uniforme em todo o território nacional, ressalvado o disposto no inciso V;	Sem correspondente.
V – cada ente federativo fixará sua alíquota própria por lei específica;	Sem correspondente.
VI – a alíquota fixada pelo ente federativo na forma do inciso V será a mesma para todas as operações com bens materiais	Sem correspondente.

Nova redação – EC 132/2023	Redação anterior – CF/1988
ou imateriais, inclusive direitos, ou com serviços, ressalvadas as hipóteses previstas nesta Constituição;	
VII – será cobrado pelo somatório das alíquotas do Estado e do Município de destino da operação;	Sem correspondente.
VIII – será não cumulativo, compensando-se o imposto devido pelo contribuinte com o montante cobrado sobre todas as operações nas quais seja adquirente de bem material ou imaterial, inclusive direito, ou de serviço, excetuadas exclusivamente as consideradas de uso ou consumo pessoal especificadas em lei complementar e as hipóteses previstas nesta Constituição;	Sem correspondente.
IX – não integrará sua própria base de cálculo nem a dos tributos previstos nos arts. 153, VIII, e 195, I, "b", IV e V, e da contribuição para o Programa de Integração Social de que trata o art. 239;	Sem correspondente.

Nova redação – EC 132/2023	Redação anterior – CF/1988
IX – não integrará sua própria base de cálculo nem a dos tributos previstos nos arts. 153, VIII, e 195, V; (Redação dada pelo art. 3º da EC 132/2023)	Obs.: vigência a partir de 2027 (art. 23, I, da EC 132/2023).
IX – não integrará sua própria base de cálculo nem a dos tributos previstos nos arts. 153, VIII, e 195, V; (Redação dada pelo art. 4º da EC 132/2023)	Obs.: vigência a partir de 2033 (art. 23, II, da EC 132/2023).
X – não será objeto de concessão de incentivos e benefícios financeiros ou fiscais relativos ao imposto ou de regimes específicos, diferenciados ou favorecidos de tributação, excetuadas as hipóteses previstas nesta Constituição;	**Sem correspondente.**
XI – não incidirá nas prestações de serviço de comunicação nas modalidades de radiodifusão sonora e de sons e imagens de recepção livre e gratuita;	**Sem correspondente.**
XII – resolução do Senado Federal fixará alíquota de referência do imposto para cada esfera federativa, nos termos de lei complementar, que será	**Sem correspondente.**

Nova redação – EC 132/2023	Redação anterior – CF/1988
aplicada se outra não houver sido estabelecida pelo próprio ente federativo;	
XIII – sempre que possível, terá seu valor informado, de forma específica, no respectivo documento fiscal.	Sem correspondente.
§ 2º Para fins do disposto no § 1º, V, o Distrito Federal exercerá as competências estadual e municipal na fixação de suas alíquotas.	Sem correspondente.
§ 3º Lei complementar poderá definir como sujeito passivo do imposto a pessoa que concorrer para a realização, a execução ou o pagamento da operação, ainda que residente ou domiciliada no exterior.	Sem correspondente.
§ 4º Para fins de distribuição do produto da arrecadação do imposto, o Comitê Gestor do Imposto sobre Bens e Serviços:	Sem correspondente.
I – reterá montante equivalente ao saldo acumulado de créditos do imposto não compensados pelos contribuintes e não ressarcidos ao final	Sem correspondente.

Nova redação – EC 132/2023	Redação anterior – CF/1988
de cada período de apuração e aos valores decorrentes do cumprimento do § 5º, VIII;	
II – distribuirá o produto da arrecadação do imposto, deduzida a retenção de que trata o inciso I deste parágrafo, ao ente federativo de destino das operações que não tenham gerado creditamento.	Sem correspondente.
§ 5º Lei complementar disporá sobre:	Sem correspondente.
I – as regras para a distribuição do produto da arrecadação do imposto, disciplinando, entre outros aspectos:	Sem correspondente.
a) a sua forma de cálculo;	Sem correspondente.
b) o tratamento em relação às operações em que o imposto não seja recolhido tempestivamente;	Sem correspondente.
c) as regras de distribuição aplicáveis aos regimes favorecidos, específicos e diferenciados	Sem correspondente.

Nova redação – EC 132/2023	Redação anterior – CF/1988
de tributação previstos nesta Constituição;	
II – o regime de compensação, podendo estabelecer hipóteses em que o aproveitamento do crédito ficará condicionado à verificação do efetivo recolhimento do imposto incidente sobre a operação com bens materiais ou imateriais, inclusive direitos, ou com serviços, desde que:	Sem correspondente.
a) o adquirente possa efetuar o recolhimento do imposto incidente nas suas aquisições de bens ou serviços; ou	Sem correspondente.
b) o recolhimento do imposto ocorra na liquidação financeira da operação;	Sem correspondente.
III – a forma e o prazo para ressarcimento de créditos acumulados pelo contribuinte;	Sem correspondente.
IV – os critérios para a definição do destino da operação, que poderá ser, inclusive, o local da entrega, da disponibilização ou da localização do bem, o da	Sem correspondente.

Nova redação – EC 132/2023	Redação anterior – CF/1988
prestação ou da disponibilização do serviço ou o do domicílio ou da localização do adquirente ou destinatário do bem ou serviço, admitidas diferenciações em razão das características da operação;	
V – a forma de desoneração da aquisição de bens de capital pelos contribuintes, que poderá ser implementada por meio de:	Sem correspondente.
a) crédito integral e imediato do imposto;	Sem correspondente.
b) diferimento; ou	Sem correspondente.
c) redução em 100% (cem por cento) das alíquotas do imposto;	Sem correspondente.
VI – as hipóteses de diferimento e desoneração do imposto aplicáveis aos regimes aduaneiros especiais e às zonas de processamento de exportação;	Sem correspondente.
VII – o processo administrativo fiscal do imposto;	Sem correspondente.

Nova redação – EC 132/2023	Redação anterior – CF/1988
VIII – as hipóteses de devolução do imposto a pessoas físicas, inclusive os limites e os beneficiários, com o objetivo de reduzir as desigualdades de renda;	Sem correspondente.
IX – os critérios para as obrigações tributárias acessórias, visando à sua simplificação.	Sem correspondente.
§ 6º Lei complementar disporá sobre regimes específicos de tributação para:	Sem correspondente.
I – combustíveis e lubrificantes sobre os quais o imposto incidirá uma única vez, qualquer que seja a sua finalidade, hipótese em que:	Sem correspondente.
a) serão as alíquotas uniformes em todo o território nacional, específicas por unidade de medida e diferenciadas por produto, admitida a não aplicação do disposto no § 1º, V a VII;	Sem correspondente.
b) será vedada a apropriação de créditos em relação às aquisições dos produtos de que trata este inciso destinados a distribuição, comercialização ou revenda;	Sem correspondente.

Nova redação – EC 132/2023	Redação anterior – CF/1988
c) será concedido crédito nas aquisições dos produtos de que trata este inciso por sujeito passivo do imposto, observado o disposto na alínea "b" e no § 1º, VIII;	Sem correspondente.
II – serviços financeiros, operações com bens imóveis, planos de assistência à saúde e concursos de prognósticos, podendo prever:	Sem correspondente.
a) alterações nas alíquotas, nas regras de creditamento e na base de cálculo, admitida, em relação aos adquirentes dos bens e serviços de que trata este inciso, a não aplicação do disposto no § 1º, VIII;	Sem correspondente.
b) hipóteses em que o imposto incidirá sobre a receita ou o faturamento, com alíquota uniforme em todo o território uniforme em todo o território nacional, admitida a não aplicação do disposto no § 1º, V a VII, e, em relação aos adquirentes dos bens e serviços de que trata este inciso, também do disposto no § 1º, VIII;	Sem correspondente.

Anexo

Nova redação – EC 132/2023	Redação anterior – CF/1988
III – sociedades cooperativas, que será optativo, com vistas a assegurar sua competitividade, observados os princípios da livre concorrência e da isonomia tributária, definindo, inclusive:	Sem correspondente.
a) as hipóteses em que o imposto não incidirá sobre as operações realizadas entre a sociedade cooperativa e seus associados, entre estes e aquela e pelas sociedades cooperativas entre si quando associadas para a consecução dos objetivos sociais;	Sem correspondente.
b) o regime de aproveitamento do crédito das etapas anteriores;	Sem correspondente.
IV – serviços de hotelaria, parques de diversão e parques temáticos, agências de viagens e de turismo, bares e restaurantes, atividade esportiva desenvolvida por Sociedade Anônima do Futebol e aviação regional, podendo prever hipóteses de alterações nas alíquotas, nas bases de cálculo e nas regras de creditamento,	Sem correspondente.

Nova redação – EC 132/2023	Redação anterior – CF/1988
admitida a não aplicação do disposto no § 1º, V a VIII;	
V – operações alcançadas por tratado ou convenção internacional, inclusive referentes a missões diplomáticas, repartições consulares, representações de organismos internacionais e respectivos funcionários acreditados;	Sem correspondente.
VI – serviços de transporte coletivo de passageiros rodoviário intermunicipal e interestadual, ferroviário e hidroviário, podendo prever hipóteses de alterações nas alíquotas e nas regras de creditamento, admitida a não aplicação do disposto no § 1º, V a VIII.	Sem correspondente.
§ 7º A isenção e a imunidade:	Sem correspondente.
I – não implicarão crédito para compensação com o montante devido nas operações seguintes;	Sem correspondente.
II – acarretarão a anulação do crédito relativo às operações anteriores, salvo, na hipótese da imunidade, inclusive em relação ao inciso XI do § 1º, quando determinado em contrário em lei complementar.	Sem correspondente.

Anexo

Nova redação – EC 132/2023	Redação anterior – CF/1988
§ 8º Para fins do disposto neste artigo, a lei complementar de que trata o caput poderá estabelecer o conceito de operações com serviços, seu conteúdo e alcance, admitida essa definição para qualquer operação que não seja classificada como operação com bens materiais ou imateriais, inclusive direitos.	Sem correspondente.
§ 9º Qualquer alteração na legislação federal que reduza ou eleve a arrecadação do imposto:	Sem correspondente.
I – deverá ser compensada pela elevação ou redução, pelo Senado Federal, das alíquotas de referência de que trata o § 1º, XII, de modo a preservar a arrecadação das esferas federativas, nos termos de lei complementar;	Sem correspondente.
II – somente entrará em vigor com o início da produção de efeitos do ajuste das alíquotas de referência de que trata o inciso I deste parágrafo	Sem correspondente.
§ 10. Os Estados, o Distrito Federal e os Municípios poderão	Sem correspondente.

Nova redação – EC 132/2023	Redação anterior – CF/1988
optar por vincular suas alíquotas à alíquota de referência de que trata o § 1º, XII.	
§ 11. Projeto de lei complementar em tramitação no Congresso Nacional que reduza ou aumente a arrecadação do imposto somente será apreciado se acompanhado de estimativa de impacto no valor das alíquotas de referência de que trata o § 1º, XII.	Sem correspondente.
§ 12. A devolução de que trata o § 5º, VIII, não será considerada nas bases de cálculo de que tratam os arts. 29-A, 198, § 2º, 204, parágrafo único, 212, 212-A, II, e 216, § 6º, não se aplicando a ela, ainda, o disposto no art. 158, IV, "b".	Sem correspondente.
§ 13. A devolução de que trata o § 5º, VIII, será obrigatória nas operações de fornecimento de energia elétrica e de gás liquefeito de petróleo ao consumidor de baixa renda, podendo a lei complementar determinar que seja calculada e concedida no momento da cobrança da operação.	Sem correspondente.

Anexo

Nova redação – EC 132/2023	Redação anterior – CF/1988
Art. 156-B. Os Estados, o Distrito Federal e os Municípios exercerão de forma integrada, exclusivamente por meio do Comitê Gestor do Imposto sobre Bens e Serviços, nos termos e limites estabelecidos nesta Constituição e em lei complementar, as seguintes competências administrativas relativas ao imposto de que trata o art. 156-A:	Sem correspondente.
I – editar regulamento único e uniformizar a interpretação e a aplicação da legislação do imposto;	Sem correspondente.
II – arrecadar o imposto, efetuar as compensações e distribuir o produto da arrecadação entre Estados, Distrito Federal e Municípios;	Sem correspondente.
III – decidir o contencioso administrativo.	Sem correspondente.
§ 1º O Comitê Gestor do Imposto sobre Bens e Serviços, entidade pública sob regime especial, terá independência técnica, administrativa, orçamentária e financeira.	Sem correspondente.

163

Nova redação – EC 132/2023	Redação anterior – CF/1988
§ 2º Na forma da lei complementar:	Sem correspondente.
I – os Estados, o Distrito Federal e os Municípios serão representados, de forma paritária, na instância máxima de deliberação do Comitê Gestor do Imposto sobre Bens e Serviços;	Sem correspondente.
II – será assegurada a alternância na presidência do Comitê Gestor entre o conjunto dos Estados e o Distrito Federal e o conjunto dos Municípios e o Distrito Federal;	Sem correspondente.
III – o Comitê Gestor será financiado por percentual do produto da arrecadação do imposto destinado a cada ente federativo;	Sem correspondente.
IV – o controle externo do Comitê Gestor será exercido pelos Estados, pelo Distrito Federal e pelos Municípios;	Sem correspondente.
V – a fiscalização, o lançamento, a cobrança, a representação administrativa e a representação judicial relativos ao imposto serão realizados, no âmbito de suas respectivas	Sem correspondente.

Nova redação – EC 132/2023	Redação anterior – CF/1988
competências, pelas administrações tributárias e procuradorias dos Estados, do Distrito Federal e dos Municípios, que poderão definir hipóteses de delegação ou de compartilhamento de competências, cabendo ao Comitê Gestor a coordenação dessas atividades administrativas com vistas à integração entre os entes federativos;	
VI – as competências exclusivas das carreiras da administração tributária e das procuradorias dos Estados, do Distrito Federal e dos Municípios serão exercidas, no Comitê Gestor e na representação deste, por servidores das referidas carreiras;	Sem correspondente.
VII – serão estabelecidas a estrutura e a gestão do Comitê Gestor, cabendo ao regimento interno dispor sobre sua organização e funcionamento.	Sem correspondente.
§ 3º A participação dos entes federativos na instância máxima de deliberação do Comitê Gestor do Imposto sobre Bens e Serviços observará a seguinte composição:	Sem correspondente.

Nova redação – EC 132/2023	Redação anterior – CF/1988
I – 27 (vinte e sete) membros, representando cada Estado e o Distrito Federal;	Sem correspondente.
II – 27 (vinte e sete) membros, representando o conjunto dos Municípios e do Distrito Federal, que serão eleitos nos seguintes termos:	Sem correspondente.
a) 14 (quatorze) representantes, com base nos votos de cada Município, com valor igual para todos; e	Sem correspondente.
b) 13 (treze) representantes, com base nos votos de cada Município ponderados pelas respectivas populações.	Sem correspondente.
§ 4º As deliberações no âmbito do Comitê Gestor do Imposto sobre Bens e Serviços serão consideradas aprovadas se obtiverem, cumulativamente, os votos:	Sem correspondente.
I – em relação ao conjunto dos Estados e do Distrito Federal:	Sem correspondente.
a) da maioria absoluta de seus representantes; e	Sem correspondente.

Nova redação – EC 132/2023	Redação anterior – CF/1988
b) de representantes dos Estados e do Distrito Federal que correspondam a mais de 50% (cinquenta por cento) da população do País; e	Sem correspondente.
II – em relação ao conjunto dos Municípios e do Distrito Federal, da maioria absoluta de seus representantes.	Sem correspondente.
§ 5º O Presidente do Comitê Gestor do Imposto sobre Bens e Serviços deverá ter notórios conhecimentos de administração tributária.	Sem correspondente.
§ 6º O Comitê Gestor do Imposto sobre Bens e Serviços, a administração tributária da União e a Procuradoria-Geral da Fazenda Nacional compartilharão informações fiscais relacionadas aos tributos previstos nos arts. 156-A e 195, V, e atuarão com vistas a harmonizar normas, interpretações, obrigações acessórias e procedimentos a eles relativos.	Sem correspondente.
§ 7º O Comitê Gestor do Imposto sobre Bens e Serviços e a administração tributária	Sem correspondente.

Nova redação – EC 132/2023	Redação anterior – CF/1988
da União poderão implementar soluções integradas para a administração e cobrança dos tributos previstos nos arts. 156-A e 195, V.	
§ 8º Lei complementar poderá prever a integração do contencioso administrativo relativo aos tributos previstos nos arts. 156-A e 195, V.	Sem correspondente.

CF/1988

Art. 158. Pertencem aos Municípios:

I – o produto da arrecadação do imposto da União sobre renda e proventos de qualquer natureza, incidente na fonte, sobre rendimentos pagos, a qualquer título, por eles, suas autarquias e pelas fundações que instituírem e mantiverem;

II – cinqüenta por cento do produto da arrecadação do imposto da União sobre a propriedade territorial rural, relativamente aos imóveis neles situados, cabendo a totalidade na hipótese da opção a que se refere o art. 153, § 4º, III; (Redação dada pela Emenda Constitucional nº 42, de 19.12.2003)

Nova redação – EC 132/2023	Redação anterior – CF/1988
III – **50%** (cinquenta por cento) do produto da arrecadação do imposto do Estado sobre a propriedade de veículos automotores	III – cinqüenta por cento do produto da arrecadação do imposto do Estado sobre a propriedade de veículos

Anexo

Nova redação – EC 132/2023	Redação anterior – CF/1988
licenciados em seus territórios **e, em relação a veículos aquáticos e aéreos, cujos proprietários sejam domiciliados em seus territórios;**	automotores licenciados em seus territórios;
IV – 25% (vinte e cinco por cento):	IV – vinte e cinco por cento <u>do produto da arrecadação do imposto do Estado sobre operações relativas à circulação de mercadorias e sobre prestações de serviços de transporte interestadual e intermunicipal e de comunicação.</u>
a) do produto da arrecadação do imposto do Estado sobre operações relativas à circulação de mercadorias e sobre prestações de serviços de transporte interestadual e intermunicipal e de comunicação;	<u>IV – vinte e cinco por cento</u> do produto da arrecadação do imposto do Estado sobre operações relativas à circulação de mercadorias e sobre prestações de serviços de transporte interestadual e intermunicipal e de comunicação.
b) do produto da arrecadação do imposto previsto no art. 156-A distribuída aos Estados.	**Sem correspondente.**
§ 1º As parcelas de receita pertencentes aos Municípios mencionadas no inciso IV, **"a"**, serão creditadas conforme os seguintes critérios:	<u>Parágrafo único.</u> As parcelas de receita pertencentes aos Municípios, mencionadas no inciso IV, serão creditadas conforme os seguintes critérios:

169

CF/1988

I – 65% (sessenta e cinco por cento), no mínimo, na proporção do valor adicionado nas operações relativas à circulação de mercadorias e nas prestações de serviços, realizadas em seus territórios; (Redação dada pela Emenda Constitucional nº 108, de 2020)

II – até 35% (trinta e cinco por cento), de acordo com o que dispuser lei estadual, observada, obrigatoriamente, a distribuição de, no mínimo, 10 (dez) pontos percentuais com base em indicadores de melhoria nos resultados de aprendizagem e de aumento da equidade, considerado o nível socioeconômico dos educandos. (Redação dada pela Emenda Constitucional nº 108, de 2020)

Nova redação – EC 132/2023	Redação anterior – CF/1988
§ 2º As parcelas de receita pertencentes aos Municípios mencionadas no inciso IV, "b", serão creditadas conforme os seguintes critérios:	Sem correspondente.
I – 80% (oitenta por cento) na proporção da população;	Sem correspondente.
II – 10% (dez por cento) com base em indicadores de melhoria nos resultados de aprendizagem e de aumento da equidade, considerado o nível socioeconômico dos educandos, de acordo com o que dispuser lei estadual;	Sem correspondente.
III – 5% (cinco por cento) com base em indicadores de	Sem correspondente.

Anexo

Nova redação – EC 132/2023	Redação anterior – CF/1988
preservação ambiental, de acordo com o que dispuser lei estadual; IV – 5% (cinco por cento) em montantes iguais para todos os Municípios do Estado.	Sem correspondente.

CF/1988

Art. 159. A União entregará:

Nova redação – EC 132/2023	Redação anterior – CF/1988
I – do produto da arrecadação dos impostos sobre renda e proventos de qualquer natureza e sobre produtos industrializados **e do imposto previsto no art. 153, VIII,** 50% (cinquenta por cento), da seguinte forma:	I – do produto da arrecadação dos impostos sobre renda e proventos de qualquer natureza e sobre produtos industrializados, 50% (cinquenta por cento), da seguinte forma: (Redação dada pela Emenda Constitucional nº 112, de 2021)

CF/1988

a) vinte e um inteiros e cinco décimos por cento ao Fundo de Participação dos Estados e do Distrito Federal; (Vide Lei Complementar nº 62, de 1989)

b) vinte e dois inteiros e cinco décimos por cento ao Fundo de Participação dos Municípios;

CF/1988

c) três por cento, para aplicação em programas de financiamento ao setor produtivo das Regiões Norte, Nordeste e Centro-Oeste, através de suas instituições financeiras de caráter regional, de acordo com os planos regionais de desenvolvimento, ficando assegurada ao semi--árido do Nordeste a metade dos recursos destinados à Região, na forma que a lei estabelecer;

d) um por cento ao Fundo de Participação dos Municípios, que será entregue no primeiro decêndio do mês de dezembro de cada ano; (Incluído pela Emenda Constitucional nº 55, de 2007)

e) 1% (um por cento) ao Fundo de Participação dos Municípios, que será entregue no primeiro decêndio do mês de julho de cada ano; (Incluída pela Emenda Constitucional nº 84, de 2014)

f) 1% (um por cento) ao Fundo de Participação dos Municípios, que será entregue no primeiro decêndio do mês de setembro de cada ano; (Incluído pela Emenda Constitucional nº 112, de 2021)

Nova redação – EC 132/2023	Redação anterior – CF/1988
II – do produto da arrecadação do imposto sobre produtos industrializados **e do imposto previsto no art. 153, VIII, 10%** (dez por cento) aos Estados e ao Distrito Federal, proporcionalmente ao valor das respectivas exportações de produtos industrializados.	II – do produto da arrecadação do imposto sobre produtos industrializados, dez por cento aos Estados e ao Distrito Federal, proporcionalmente ao valor das respectivas exportações de produtos industrializados.
III – do produto da arrecadação da contribuição de intervenção no domínio econômico prevista no art. 177, § 4º, 29% (vinte e nove por cento) para os Estados	III – do produto da arrecadação da contribuição de intervenção no domínio econômico prevista no art. 177, § 4º, 29% (vinte e nove por cento) para os Estados

Anexo

Nova redação – EC 132/2023	Redação anterior – CF/1988
na forma da lei, observadas as destinações a que se referem as alíneas "c" e "d" do inciso II do referido parágrafo.	e o Distrito Federal, distribuídos na forma da lei, observada a destinação a que se refere o inciso II, c, do referido parágrafo. (Redação dada pela Emenda Constitucional nº 44, de 2004)

CF/1988
§ 1º Para efeito de cálculo da entrega a ser efetuada de acordo com o previsto no inciso I, excluir-se-á a parcela da arrecadação do imposto de renda e proventos de qualquer natureza pertencente aos Estados, ao Distrito Federal e aos Municípios, nos termos do disposto nos arts. 157, I, e 158, I. § 2º A nenhuma unidade federada poderá ser destinada parcela superior a vinte por cento do montante a que se refere o inciso II, devendo o eventual excedente ser distribuído entre os demais participantes, mantido, em relação a esses, o critério de partilha nele estabelecido.

Nova redação – EC 132/2023	Redação anterior – CF/1988
§ 3º Os Estados entregarão aos respectivos Municípios **25%** (vinte e cinco por cento) dos recursos que receberem nos termos do inciso II do *caput* deste artigo, observados os critérios estabelecidos no art. 158, **§ 1º, para a parcela relativa ao imposto sobre produtos industrializados, e no art. 158, § 2º, para a parcela relativa ao imposto previsto no art. 153, VIII.**	§ 3º Os Estados entregarão aos respectivos Municípios vinte e cinco por cento dos recursos que receberem nos termos do inciso II, observados os critérios estabelecidos no art. 158, parágrafo único, I e II.

173

Nova redação – EC 132/2023	Redação anterior – CF/1988
§ 3º Os Estados entregarão aos respectivos Municípios 25% (vinte e cinco por cento) dos recursos que receberem nos termos do inciso II do *caput* deste artigo, observados os critérios estabelecidos no art. 158, § 2º. (Redação dada pelo art. 4º da EC 132/2023)	Obs.: vigência a partir de 2033 (art. 23, II, da EC 132/2023).

CF/1988
§ 4º Do montante de recursos de que trata o inciso III que cabe a cada Estado, vinte e cinco por cento serão destinados aos seus Municípios, na forma da lei a que se refere o mencionado inciso. (Incluído pela Emenda Constitucional nº 42, de 19.12.2003)

Nova redação – EC 132/2023	Redação anterior – CF/1988
Art. 159-A. Fica instituído o Fundo Nacional de Desenvolvimento Regional, com o objetivo de reduzir as desigualdades regionais e sociais, nos termos do art. 3º, III, mediante a entrega de recursos da União aos Estados e ao Distrito Federal para:	**Sem correspondente.**
I – realização de estudos, projetos e obras de infraestrutura;	**Sem correspondente.**

Anexo

Nova redação – EC 132/2023	Redação anterior – CF/1988
II – fomento a atividades produtivas com elevado potencial de geração de emprego e renda, incluindo a concessão de subvenções econômicas e financeiras; e	Sem correspondente.
III – promoção de ações com vistas ao desenvolvimento científico e tecnológico e à inovação.	Sem correspondente.
§ 1º É vedada a retenção ou qualquer restrição ao recebimento dos recursos de que trata o *caput*.	Sem correspondente.
§ 2º Na aplicação dos recursos de que trata o *caput*, os Estados e o Distrito Federal priorizarão projetos que prevejam ações de sustentabilidade ambiental e redução das emissões de carbono.	Sem correspondente.
§ 3º Observado o disposto neste artigo, caberá aos Estados e ao Distrito Federal a decisão quanto à aplicação dos recursos de que trata o *caput*.	Sem correspondente.
§ 4º Os recursos de que trata o *caput* serão entregues aos Estados e ao Distrito Federal	Sem correspondente.

Nova redação – EC 132/2023	Redação anterior – CF/1988
de acordo com coeficientes individuais de participação, calculados com base nos seguintes indicadores e com os seguintes pesos:	
I – população do Estado ou do Distrito Federal, com peso de 30% (trinta por cento);	Sem correspondente.
II – coeficiente individual de participação do Estado ou do Distrito Federal nos recursos de que trata o art. 159, I, "a", da Constituição Federal, com peso de 70% (setenta por cento).	Sem correspondente.
§ 5º O Tribunal de Contas da União será o órgão responsável por regulamentar e calcular os coeficientes individuais de participação de que trata o § 4º.	Sem correspondente.

CF/1988

Art. 161. Cabe à lei complementar:

Nova redação – EC 132/2023	Redação anterior – CF/1988
I – definir valor adicionado para fins do disposto no art. 158, § 1º, I;	I – definir valor adicionado para fins do disposto no art. 158, parágrafo único, I;

Anexo

CF/1988

II – estabelecer normas sobre a entrega dos recursos de que trata o art. 159, especialmente sobre os critérios de rateio dos fundos previstos em seu inciso I, objetivando promover o equilíbrio sócio-econômico entre Estados e entre Municípios;

III – dispor sobre o acompanhamento, pelos beneficiários, do cálculo das quotas e da liberação das participações previstas nos arts. 157, 158 e 159.

Parágrafo único. O Tribunal de Contas da União efetuará o cálculo das quotas referentes aos fundos de participação a que alude o inciso II.

Art. 167. São vedados:

I – o início de programas ou projetos não incluídos na lei orçamentária anual;

II – a realização de despesas ou a assunção de obrigações diretas que excedam os créditos orçamentários ou adicionais;

III – a realização de operações de créditos que excedam o montante das despesas de capital, ressalvadas as autorizadas mediante créditos suplementares ou especiais com finalidade precisa, aprovados pelo Poder Legislativo por maioria absoluta; (Vide Emenda constitucional nº 106, de 2020)

IV – a vinculação de receita de impostos a órgão, fundo ou despesa, ressalvadas a repartição do produto da arrecadação dos impostos a que se referem os arts. 158 e 159, a destinação de recursos para as ações e serviços públicos de saúde, para manutenção e desenvolvimento do ensino e para realização de atividades da administração tributária, como determinado, respectivamente, pelos arts. 198, § 2º, 212 e 37, XXII, e a prestação de garantias às operações de crédito por antecipação de receita, previstas no art. 165, § 8º, bem como o disposto no § 4º deste artigo; (Redação dada pela Emenda Constitucional nº 42, de 19.12.2003)

V – a abertura de crédito suplementar ou especial sem prévia autorização legislativa e sem indicação dos recursos correspondentes;

177

CF/1988

VI - a transposição, o remanejamento ou a transferência de recursos de uma categoria de programação para outra ou de um órgão para outro, sem prévia autorização legislativa;

VII - a concessão ou utilização de créditos ilimitados;

VIII - a utilização, sem autorização legislativa específica, de recursos dos orçamentos fiscal e da seguridade social para suprir necessidade ou cobrir déficit de empresas, fundações e fundos, inclusive dos mencionados no art. 165, § 5º;

IX - a instituição de fundos de qualquer natureza, sem prévia autorização legislativa.

X - a transferência voluntária de recursos e a concessão de empréstimos, inclusive por antecipação de receita, pelos Governos Federal e Estaduais e suas instituições financeiras, para pagamento de despesas com pessoal ativo, inativo e pensionista, dos Estados, do Distrito Federal e dos Municípios. (Incluído pela Emenda Constitucional nº 19, de 1998)

XI - a utilização dos recursos provenientes das contribuições sociais de que trata o art. 195, I, a, e II, para a realização de despesas distintas do pagamento de benefícios do regime geral de previdência social de que trata o art. 201. (Incluído pela Emenda Constitucional nº 20, de 1998)

XII - na forma estabelecida na lei complementar de que trata o § 22 do art. 40, a utilização de recursos de regime próprio de previdência social, incluídos os valores integrantes dos fundos previstos no art. 249, para a realização de despesas distintas do pagamento dos benefícios previdenciários do respectivo fundo vinculado àquele regime e das despesas necessárias à sua organização e ao seu funcionamento; (Incluído pela Emenda Constitucional nº 103, de 2019)

XIII - a transferência voluntária de recursos, a concessão de avais, as garantias e as subvenções pela União e a concessão de empréstimos e de financiamentos por instituições financeiras federais aos Estados, ao Distrito Federal e aos Municípios na hipótese de descumprimento das regras gerais de organização e de

CF/1988

funcionamento de regime próprio de previdência social. (Incluído pela Emenda Constitucional nº 103, de 2019)

XIV – a criação de fundo público, quando seus objetivos puderem ser alcançados mediante a vinculação de receitas orçamentárias específicas ou mediante a execução direta por programação orçamentária e financeira de órgão ou entidade da administração pública. (Incluído pela Emenda Constitucional nº 109, de 2021)

§ 1º Nenhum investimento cuja execução ultrapasse um exercício financeiro poderá ser iniciado sem prévia inclusão no plano plurianual, ou sem lei que autorize a inclusão, sob pena de crime de responsabilidade.

§ 2º Os créditos especiais e extraordinários terão vigência no exercício financeiro em que forem autorizados, salvo se o ato de autorização for promulgado nos últimos quatro meses daquele exercício, caso em que, reabertos nos limites de seus saldos, serão incorporados ao orçamento do exercício financeiro subseqüente.

§ 3º A abertura de crédito extraordinário somente será admitida para atender a despesas imprevisíveis e urgentes, como as decorrentes de guerra, comoção interna ou calamidade pública, observado o disposto no art. 62.

Nova redação – EC 132/2023	Redação anterior – CF/1988
§ 4º É permitida a vinculação das receitas a que se referem os arts. 155, 156, **156-A,** 157, 158 e as alíneas "a", "b", "d", "e" e **"f"** do inciso I e o inciso II do *caput* do art. 159 desta Constituição para pagamento de débitos com a União e para prestar-lhe garantia ou contragarantia.	§ 4º É permitida a vinculação das receitas a que se referem os arts. 155, 156, 157, 158 e as alíneas "a", "b", "d" e "e" do inciso I e o inciso II do *caput* do art. 159 desta Constituição para pagamento de débitos com a União e para prestar-lhe garantia ou contragarantia. (Redação dada pela Emenda Constitucional nº 109, de 2021)

CF/1988

§ 5º A transposição, o remanejamento ou a transferência de recursos de uma categoria de programação para outra poderão ser admitidos, no âmbito das atividades de ciência, tecnologia e inovação, com o objetivo de viabilizar os resultados de projetos restritos a essas funções, mediante ato do Poder Executivo, sem necessidade da prévia autorização legislativa prevista no inciso VI deste artigo. (Incluído pela Emenda Constitucional nº 85, de 2015)

§ 6º Para fins da apuração ao término do exercício financeiro do cumprimento do limite de que trata o inciso III do *caput* deste artigo, as receitas das operações de crédito efetuadas no contexto da gestão da dívida pública mobiliária federal somente serão consideradas no exercício financeiro em que for realizada a respectiva despesa. (Incluído pela Emenda Constitucional nº 109, de 2021)

§ 7º A lei não imporá nem transferirá qualquer encargo financeiro decorrente da prestação de serviço público, inclusive despesas de pessoal e seus encargos, para a União, os Estados, o Distrito Federal ou os Municípios, sem a previsão de fonte orçamentária e financeira necessária à realização da despesa ou sem a previsão da correspondente transferência de recursos financeiros necessários ao seu custeio, ressalvadas as obrigações assumidas espontaneamente pelos entes federados e aquelas decorrentes da fixação do salário mínimo, na forma do inciso IV do *caput* do art. 7º desta Constituição. (Incluído pela Emenda Constitucional nº 128, de 2022)

CF/1988

Art. 177. Constituem monopólio da União:

I – a pesquisa e a lavra das jazidas de petróleo e gás natural e outros hidrocarbonetos fluidos;

II – a refinação do petróleo nacional ou estrangeiro;

III – a importação e exportação dos produtos e derivados básicos resultantes das atividades previstas nos incisos anteriores;

Anexo

CF/1988

IV – o transporte marítimo do petróleo bruto de origem nacional ou de derivados básicos de petróleo produzidos no País, bem assim o transporte, por meio de conduto, de petróleo bruto, seus derivados e gás natural de qualquer origem;

V – a pesquisa, a lavra, o enriquecimento, o reprocessamento, a industrialização e o comércio de minérios e minerais nucleares e seus derivados, com exceção dos radioisótopos cuja produção, comercialização e utilização poderão ser autorizadas sob regime de permissão, conforme as alíneas b e c do inciso XXIII do *caput* do art. 21 desta Constituição Federal. (Redação dada pela Emenda Constitucional nº 49, de 2006)

§ 1º A União poderá contratar com empresas estatais ou privadas a realização das atividades previstas nos incisos I a IV deste artigo observadas as condições estabelecidas em lei. (Redação dada pela Emenda Constitucional nº 9, de 1995)

§ 2º A lei a que se refere o § 1º disporá sobre: (Incluído pela Emenda Constitucional nº 9, de 1995)

I – a garantia do fornecimento dos derivados de petróleo em todo o território nacional; (Incluído pela Emenda Constitucional nº 9, de 1995)

II – as condições de contratação; (Incluído pela Emenda Constitucional nº 9, de 1995)

III – a estrutura e atribuições do órgão regulador do monopólio da União; (Incluído pela Emenda Constitucional nº 9, de 1995)

§ 3º A lei disporá sobre o transporte e a utilização de materiais radioativos no território nacional. (Renumerado de § 2º para 3º pela Emenda Constitucional nº 9, de 1995)

§ 4º A lei que instituir contribuição de intervenção no domínio econômico relativa às atividades de importação ou comercialização de petróleo e seus derivados, gás natural e seus derivados e álcool combustível deverá atender aos seguintes requisitos: (Incluído pela Emenda Constitucional nº 33, de 2001)

CF/1988

I – a alíquota da contribuição poderá ser: (Incluído pela Emenda Constitucional nº 33, de 2001)

a) diferenciada por produto ou uso; (Incluído pela Emenda Constitucional nº 33, de 2001)

b) reduzida e restabelecida por ato do Poder Executivo, não se lhe aplicando o disposto no art. 150, III, b; (Incluído pela Emenda Constitucional nº 33, de 2001)

II – os recursos arrecadados serão destinados: (Incluído pela Emenda Constitucional nº 33, de 2001)

a) ao pagamento de subsídios a preços ou transporte de álcool combustível, gás natural e seus derivados e derivados de petróleo; (Incluído pela Emenda Constitucional nº 33, de 2001)

b) ao financiamento de projetos ambientais relacionados com a indústria do petróleo e do gás; (Incluído pela Emenda Constitucional nº 33, de 2001)

c) ao financiamento de programas de infra-estrutura de transportes. (Incluído pela Emenda Constitucional nº 33, de 2001)

Nova redação – EC 132/2023	Redação anterior – CF/1988
d) ao pagamento de subsídios a tarifas de transporte público coletivo de passageiros.	Sem correspondente.

CF/1988

Art. 195. A seguridade social será financiada por toda a sociedade, de forma direta e indireta, nos termos da lei, mediante recursos provenientes dos orçamentos da União, dos Estados, do Distrito Federal e dos Municípios, e das seguintes contribuições sociais:

CF/1988

I – do empregador, da empresa e da entidade a ela equiparada na forma da lei, incidentes sobre: (Redação dada pela Emenda Constitucional nº 20, de 1998)

a) a folha de salários e demais rendimentos do trabalho pagos ou creditados, a qualquer título, à pessoa física que lhe preste serviço, mesmo sem vínculo empregatício; (Incluído pela Emenda Constitucional nº 20, de 1998)

b) a receita ou o faturamento; (Incluído pela Emenda Constitucional nº 20, de 1998)

c) o lucro; (Incluído pela Emenda Constitucional nº 20, de 1998)

II – do trabalhador e dos demais segurados da previdência social, podendo ser adotadas alíquotas progressivas de acordo com o valor do salário de contribuição, não incidindo contribuição sobre aposentadoria e pensão concedidas pelo Regime Geral de Previdência Social; (Redação dada pela Emenda Constitucional nº 103, de 2019)

III – sobre a receita de concursos de prognósticos.

IV – do importador de bens ou serviços do exterior, ou de quem a lei a ele equiparar. (Incluído pela Emenda Constitucional nº 42, de 19.12.2003)

Nova redação – EC 132/2023	Redação anterior – CF/1988
V – sobre bens e serviços, nos termos de lei complementar.	Sem correspondente.

CF/1988

§ 1º As receitas dos Estados, do Distrito Federal e dos Municípios destinadas à seguridade social constarão dos respectivos orçamentos, não integrando o orçamento da União.

CF/1988

§ 2º A proposta de orçamento da seguridade social será elaborada de forma integrada pelos órgãos responsáveis pela saúde, previdência social e assistência social, tendo em vista as metas e prioridades estabelecidas na lei de diretrizes orçamentárias, assegurada a cada área a gestão de seus recursos.

§ 3º A pessoa jurídica em débito com o sistema da seguridade social, como estabelecido em lei, não poderá contratar com o Poder Público nem dele receber benefícios ou incentivos fiscais ou creditícios.

§ 4º A lei poderá instituir outras fontes destinadas a garantir a manutenção ou expansão da seguridade social, obedecido o disposto no art. 154, I.

§ 5º Nenhum benefício ou serviço da seguridade social poderá ser criado, majorado ou estendido sem a correspondente fonte de custeio total.

§ 6º As contribuições sociais de que trata este artigo só poderão ser exigidas após decorridos noventa dias da data da publicação da lei que as houver instituído ou modificado, não se lhes aplicando o disposto no art. 150, III, "b".

§ 7º São isentas de contribuição para a seguridade social as entidades beneficentes de assistência social que atendam às exigências estabelecidas em lei.

§ 8º O produtor, o parceiro, o meeiro e o arrendatário rurais e o pescador artesanal, bem como os respectivos cônjuges, que exerçam suas atividades em regime de economia familiar, sem empregados permanentes, contribuirão para a seguridade social mediante a aplicação de uma alíquota sobre o resultado da comercialização da produção e farão jus aos benefícios nos termos da lei. (Redação dada pela Emenda Constitucional nº 20, de 1998)

§ 9º As contribuições sociais previstas no inciso I do *caput* deste artigo poderão ter alíquotas diferenciadas em razão da atividade econômica, da utilização intensiva de mão de obra, do porte da empresa ou da condição estrutural do mercado de trabalho, sendo também autorizada a adoção de bases de cálculo diferenciadas apenas no caso das alíneas "b" e "c" do inciso I do *caput*. (Redação dada pela Emenda Constitucional nº 103, de 2019)

Anexo

CF/1988

§ 10. A lei definirá os critérios de transferência de recursos para o sistema único de saúde e ações de assistência social da União para os Estados, o Distrito Federal e os Municípios, e dos Estados para os Municípios, observada a respectiva contrapartida de recursos. (Incluído pela Emenda Constitucional nº 20, de 1998)

§ 11. São vedados a moratória e o parcelamento em prazo superior a 60 (sessenta) meses e, na forma de lei complementar, a remissão e a anistia das contribuições sociais de que tratam a alínea "a" do inciso I e o inciso II do *caput*. (Redação dada pela Emenda Constitucional nº 103, de 2019)

§ 12. A lei definirá os setores de atividade econômica para os quais as contribuições incidentes na forma dos incisos I, b; e IV do *caput*, serão não-cumulativas. (Incluído pela Emenda Constitucional nº 42, de 19.12.2003)

§ 13. (Revogado). (Redação dada pela Emenda Constitucional nº 103, de 2019)

§ 14. O segurado somente terá reconhecida como tempo de contribuição ao Regime Geral de Previdência Social a competência cuja contribuição seja igual ou superior à contribuição mínima mensal exigida para sua categoria, assegurado o agrupamento de contribuições. (Incluído pela Emenda Constitucional nº 103, de 2019)

Nova redação – EC 132/2023	Redação anterior – CF/1988
§ 15. A contribuição prevista no inciso V do *caput* poderá ter sua alíquota fixada em lei ordinária.	Sem correspondente.
§ 16. Aplica-se à contribuição prevista no inciso V do *caput* o disposto no art. 156-A, § 1º, I a VI, VIII, X a XIII, § 3º, § 5º, II a VI e IX, e §§ 6º a 11 e 13.	Sem correspondente.

Nova redação – EC 132/2023	Redação anterior – CF/1988
§ 17. A contribuição prevista no inciso V do *caput* não integrará sua própria base de cálculo nem a dos tributos previstos nos arts. 153, VIII, 156-A e 195, I, "b", e IV, e da contribuição para o Programa de Integração Social de que trata o art. 239.	**Sem correspondente.**
§ 17. A contribuição prevista no inciso V do *caput* não integrará sua própria base de cálculo nem a dos impostos previstos nos arts. 153, VIII, e 156-A. (Redação dada pelo art. 3º da EC 132/2023)	Obs.: vigência a partir de 2027 (art. 23, I, da EC 132/2023).
§ 17. A contribuição prevista no inciso V do *caput* não integrará sua própria base de cálculo nem a dos impostos previstos nos arts. 153,VIII, e 156-A. (Redação dada pelo art. 4º da EC 132/2023)	Obs.: vigência a partir de 2033 (art. 23, II, da EC 132/2023).
§ 18. Lei estabelecerá as hipóteses de devolução da contribuição prevista no inciso V do *caput* a pessoas físicas, inclusive em relação a limites e beneficiários, com o objetivo de reduzir as desigualdades de renda.	**Sem correspondente.**

Anexo

Nova redação – EC 132/2023	Redação anterior – CF/1988
§ 19. A devolução de que trata o § 18 não será computada na receita corrente líquida da União para os fins do disposto nos arts. 100, § 15, 166, §§ 9º, 12 e 17, e 198, § 2º.	Sem correspondente.
§ 19. A devolução de que trata o § 18: (Redação dada pelo art. 3º da EC 132/2023)	Obs.: vigência a partir de 2027 (art. 23, I, da EC 132/2023).
I – não será computada na receita corrente líquida da União para os fins do disposto nos arts. 100, § 15, 166, §§ 9º, 12 e 17, e 198, § 2º; (Redação dada pelo art. 3º da EC 132/2023)	Obs.: vigência a partir de 2027 (art. 23, I, da EC 132/2023).
II – não integrará a base de cálculo para fins do disposto no art. 239. (Redação dada pelo art. 3º da EC 132/2023)	Obs.: vigência a partir de 2027 (art. 23, I, da EC 132/2023).

CF/1988

Art. 198. As ações e serviços públicos de saúde integram uma rede regionalizada e hierarquizada e constituem um sistema único, organizado de acordo com as seguintes diretrizes:

I – descentralização, com direção única em cada esfera de governo;

II – atendimento integral, com prioridade para as atividades preventivas, sem prejuízo dos serviços assistenciais;

CF/1988

III – participação da comunidade.

§ 1º O sistema único de saúde será financiado, nos termos do art. 195, com recursos do orçamento da seguridade social, da União, dos Estados, do Distrito Federal e dos Municípios, além de outras fontes. (Parágrafo único renumerado para § 1º pela Emenda Constitucional nº 29, de 2000)

§ 2º A União, os Estados, o Distrito Federal e os Municípios aplicarão, anualmente, em ações e serviços públicos de saúde recursos mínimos derivados da aplicação de percentuais calculados sobre: (Incluído pela Emenda Constitucional nº 29, de 2000)

I – no caso da União, a receita corrente líquida do respectivo exercício financeiro, não podendo ser inferior a 15% (quinze por cento); (Redação dada pela Emenda Constitucional nº 86, de 2015)

Nova redação – EC 132/2023	Redação anterior – CF/1988
II – no caso dos Estados e do Distrito Federal, o produto da arrecadação dos impostos a que se referem os arts. 155 e 156-A e dos recursos de que tratam os arts. 157 e 159, I, "a", e II, deduzidas as parcelas que forem transferidas aos respectivos Municípios;	II – no caso dos Estados e do Distrito Federal, o produto da arrecadação dos impostos a que se refere o art. 155 e dos recursos de que tratam os arts. 157 e 159, inciso I, alínea a, e inciso II, deduzidas as parcelas que forem transferidas aos respectivos Municípios; (Incluído pela Emenda Constitucional nº 29, de 2000)
III – no caso dos Municípios e do Distrito Federal, o produto da arrecadação dos impostos a que se referem os arts. 156 e 156-A	III – no caso dos Municípios e do Distrito Federal, o produto da arrecadação dos impostos a que se refere o art. 156 e dos recursos

Nova redação – EC 132/2023	Redação anterior – CF/1988
e dos recursos de que tratam os arts. 158 e 159, I, "b", e § 3º.	de que tratam os arts. 158 e 159, inciso I, alínea *b* e § 3º. (Incluído pela Emenda Constitucional nº 29, de 2000)

CF/1988

§ 3º Lei complementar, que será reavaliada pelo menos a cada cinco anos, estabelecerá: (Incluído pela Emenda Constitucional nº 29, de 2000)

I – os percentuais de que tratam os incisos II e III do § 2º; (Redação dada pela Emenda Constitucional nº 86, de 2015)

II – os critérios de rateio dos recursos da União vinculados à saúde destinados aos Estados, ao Distrito Federal e aos Municípios, e dos Estados destinados a seus respectivos Municípios, objetivando a progressiva redução das disparidades regionais; (Incluído pela Emenda Constitucional nº 29, de 2000)

III – as normas de fiscalização, avaliação e controle das despesas com saúde nas esferas federal, estadual, distrital e municipal; (Incluído pela Emenda Constitucional nº 29, de 2000)

IV – (revogado). (Redação dada pela Emenda Constitucional nº 86, de 2015)

§ 4º Os gestores locais do sistema único de saúde poderão admitir agentes comunitários de saúde e agentes de combate às endemias por meio de processo seletivo público, de acordo com a natureza e complexidade de suas atribuições e requisitos específicos para sua atuação. (Incluído pela Emenda Constitucional nº 51, de 2006)

§ 5º Lei federal disporá sobre o regime jurídico, o piso salarial profissional nacional, as diretrizes para os Planos de Carreira e a regulamentação das atividades de agente comunitário de saúde e agente de combate às endemias, competindo à União, nos termos da lei, prestar assistência financeira complementar aos Estados, ao Distrito Federal e aos Municípios, para o cumprimento do referido piso salarial. (Redação dada pela Emenda Constitucional nº 63, de 2010)

CF/1988

§ 6º Além das hipóteses previstas no § 1º do art. 41 e no § 4º do art. 169 da Constituição Federal, o servidor que exerça funções equivalentes às de agente comunitário de saúde ou de agente de combate às endemias poderá perder o cargo em caso de descumprimento dos requisitos específicos, fixados em lei, para o seu exercício. (Incluído pela Emenda Constitucional nº 51, de 2006)

§ 7º O vencimento dos agentes comunitários de saúde e dos agentes de combate às endemias fica sob responsabilidade da União, e cabe aos Estados, ao Distrito Federal e aos Municípios estabelecer, além de outros consectários e vantagens, incentivos, auxílios, gratificações e indenizações, a fim de valorizar o trabalho desses profissionais. (Incluído pela Emenda Constitucional nº 120, de 2022)

§ 8º Os recursos destinados ao pagamento do vencimento dos agentes comunitários de saúde e dos agentes de combate às endemias serão consignados no orçamento geral da União com dotação própria e exclusiva. (Incluído pela Emenda Constitucional nº 120, de 2022)

§ 9º O vencimento dos agentes comunitários de saúde e dos agentes de combate às endemias não será inferior a 2 (dois) salários mínimos, repassados pela União aos Municípios, aos Estados e ao Distrito Federal. (Incluído pela Emenda Constitucional nº 120, de 2022)

§ 10. Os agentes comunitários de saúde e os agentes de combate às endemias terão também, em razão dos riscos inerentes às funções desempenhadas, aposentadoria especial e, somado aos seus vencimentos, adicional de insalubridade. (Incluído pela Emenda Constitucional nº 120, de 2022)

§ 11. Os recursos financeiros repassados pela União aos Estados, ao Distrito Federal e aos Municípios para pagamento do vencimento ou de qualquer outra vantagem dos agentes comunitários de saúde e dos agentes de combate às endemias não serão objeto de inclusão no cálculo para fins do limite de despesa com pessoal. (Incluído pela Emenda Constitucional nº 120, de 2022)

§ 12. Lei federal instituirá pisos salariais profissionais nacionais para o enfermeiro, o técnico de enfermagem, o auxiliar de enfermagem e a

CF/1988

parteira, a serem observados por pessoas jurídicas de direito público e de direito privado. (Incluído pela Emenda Constitucional nº 124, de 2022)

§ 13. A União, os Estados, o Distrito Federal e os Municípios, até o final do exercício financeiro em que for publicada a lei de que trata o § 12 deste artigo, adequarão a remuneração dos cargos ou dos respectivos planos de carreiras, quando houver, de modo a atender aos pisos estabelecidos para cada categoria profissional. (Incluído pela Emenda Constitucional nº 124, de 2022)

§ 14. Compete à União, nos termos da lei, prestar assistência financeira complementar aos Estados, ao Distrito Federal e aos Municípios e às entidades filantrópicas, bem como aos prestadores de serviços contratualizados que atendam, no mínimo, 60% (sessenta por cento) de seus pacientes pelo sistema único de saúde, para o cumprimento dos pisos salariais de que trata o § 12 deste artigo. (Incluído pela Emenda Constitucional nº 127, de 2022)

§ 15. Os recursos federais destinados aos pagamentos da assistência financeira complementar aos Estados, ao Distrito Federal e aos Municípios e às entidades filantrópicas, bem como aos prestadores de serviços contratualizados que atendam, no mínimo, 60% (sessenta por cento) de seus pacientes pelo sistema único de saúde, para o cumprimento dos pisos salariais de que trata o § 12 deste artigo serão consignados no orçamento geral da União com dotação própria e exclusiva. (Incluído pela Emenda Constitucional nº 127, de 2022)

CF/1988

Art. 212-A. Os Estados, o Distrito Federal e os Municípios destinarão parte dos recursos a que se refere o *caput* do art. 212 desta Constituição à manutenção e ao desenvolvimento do ensino na educação básica e à remuneração condigna de seus profissionais, respeitadas as seguintes disposições: (Incluído pela Emenda Constitucional nº 108, de 2020)

CF/1988

I - a distribuição dos recursos e de responsabilidades entre o Distrito Federal, os Estados e seus Municípios é assegurada mediante a instituição, no âmbito de cada Estado e do Distrito Federal, de um Fundo de Manutenção e Desenvolvimento da Educação Básica e de Valorização dos Profissionais da Educação (Fundeb), de natureza contábil;

Nova redação – EC 132/2023	Redação anterior – CF/1988
II – os fundos referidos no inciso I do *caput* deste artigo serão constituídos por 20% (vinte por cento):	II – os fundos referidos no inciso I do *caput* deste artigo serão constituídos por 20% (vinte por cento) dos recursos a que se referem os incisos I, II e III do *caput* do art. 155, o inciso II do *caput* do art. 157, os incisos II, III e IV do *caput* do art. 158 e as alíneas "a" e "b" do inciso I e o inciso II do *caput* do art. 159 desta Constituição;
a) das parcelas dos Estados no imposto de que trata o art. 156-A;	Sem correspondente.
b) da parcela do Distrito Federal no imposto de que trata o art. 156-A, relativa ao exercício de sua competência estadual, nos termos do art. 156-A, § 2º; e	Sem correspondente.
c) dos recursos a que se referem os incisos I, II e III do *caput* do art. 155, o inciso II do *caput* do art. 157, os incisos II, III e IV do *caput*	II – os fundos referidos no inciso I do *caput* deste artigo serão constituídos por 20% (vinte por cento) dos recursos a que se referem os

Nova redação – EC 132/2023	Redação anterior – CF/1988
do art. 158 e as alíneas "a" e "b" do inciso I e o inciso II do *caput* do art. 159 desta Constituição;	incisos I, II e III do *caput* do art. 155, o inciso II do *caput* do art. 157, os incisos II, III e IV do *caput* do art. 158 e as alíneas "a" e "b" do inciso I e o inciso II do *caput* do art. 159 desta Constituição;
c) dos recursos a que se referem os incisos I e III do *caput* do art. 155, o inciso II do *caput* do art. 157, os incisos II, III e IV do *caput* do art. 158 e as alíneas "a" e "b" do inciso I e o inciso II do *caput* do art. 159 desta Constituição; (Redação dada pelo art. 4º da EC 132/2023)	Obs.: vigência a partir de 2033 (art. 23, II, da EC 132/2023).

CF/1988

III – os recursos referidos no inciso II do *caput* deste artigo serão distribuídos entre cada Estado e seus Municípios, proporcionalmente ao número de alunos das diversas etapas e modalidades da educação básica presencial matriculados nas respectivas redes, nos âmbitos de atuação prioritária, conforme estabelecido nos §§ 2º e 3º do art. 211 desta Constituição, observadas as ponderações referidas na alínea "a" do inciso X do *caput* e no § 2º deste artigo; (Incluído pela Emenda Constitucional nº 108, de 2020)

IV – a União complementará os recursos dos fundos a que se refere o inciso II do *caput* deste artigo; (Incluído pela Emenda Constitucional nº 108, de 2020)

V – a complementação da União será equivalente a, no mínimo, 23% (vinte e três por cento) do total de recursos a que se refere o inciso II do *caput* deste artigo, distribuída da seguinte forma: (Incluído pela Emenda Constitucional nº 108, de 2020)

CF/1988

a) 10 (dez) pontos percentuais no âmbito de cada Estado e do Distrito Federal, sempre que o valor anual por aluno (VAAF), nos termos do inciso III do *caput* deste artigo, não alcançar o mínimo definido nacionalmente; (Incluído pela Emenda Constitucional nº 108, de 2020)

b) no mínimo, 10,5 (dez inteiros e cinco décimos) pontos percentuais em cada rede pública de ensino municipal, estadual ou distrital, sempre que o valor anual total por aluno (VAAT), referido no inciso VI do *caput* deste artigo, não alcançar o mínimo definido nacionalmente; (Incluído pela Emenda Constitucional nº 108, de 2020)

c) 2,5 (dois inteiros e cinco décimos) pontos percentuais nas redes públicas que, cumpridas condicionalidades de melhoria de gestão previstas em lei, alcançarem evolução de indicadores a serem definidos, de atendimento e melhoria da aprendizagem com redução das desigualdades, nos termos do sistema nacional de avaliação da educação básica; (Incluído pela Emenda Constitucional nº 108, de 2020)

VI – o VAAT será calculado, na forma da lei de que trata o inciso X do *caput* deste artigo, com base nos recursos a que se refere o inciso II do *caput* deste artigo, acrescidos de outras receitas e de transferências vinculadas à educação, observado o disposto no § 1º e consideradas as matrículas nos termos do inciso III do *caput* deste artigo; (Incluído pela Emenda Constitucional nº 108, de 2020)

VII – os recursos de que tratam os incisos II e IV do *caput* deste artigo serão aplicados pelos Estados e pelos Municípios exclusivamente nos respectivos âmbitos de atuação prioritária, conforme estabelecido nos §§ 2º e 3º do art. 211 desta Constituição; (Incluído pela Emenda Constitucional nº 108, de 2020)

VIII – a vinculação de recursos à manutenção e ao desenvolvimento do ensino estabelecida no art. 212 desta Constituição suportará, no máximo, 30% (trinta por cento) da complementação da União, considerados para os fins deste inciso os valores previstos no inciso V do *caput* deste artigo; (Incluído pela Emenda Constitucional nº 108, de 2020)

Anexo

CF/1988

IX – o disposto no *caput* do art. 160 desta Constituição aplica-se aos recursos referidos nos incisos II e IV do *caput* deste artigo, e seu descumprimento pela autoridade competente importará em crime de responsabilidade; (Incluído pela Emenda Constitucional nº 108, de 2020)

X – a lei disporá, observadas as garantias estabelecidas nos incisos I, II, III e IV do *caput* e no § 1º do art. 208 e as metas pertinentes do plano nacional de educação, nos termos previstos no art. 214 desta Constituição, sobre: (Incluído pela Emenda Constitucional nº 108, de 2020)

a) a organização dos fundos referidos no inciso I do *caput* deste artigo e a distribuição proporcional de seus recursos, as diferenças e as ponderações quanto ao valor anual por aluno entre etapas, modalidades, duração da jornada e tipos de estabelecimento de ensino, observados as respectivas especificidades e os insumos necessários para a garantia de sua qualidade; (Incluído pela Emenda Constitucional nº 108, de 2020)

b) a forma de cálculo do VAAF decorrente do inciso III do *caput* deste artigo e do VAAT referido no inciso VI do *caput* deste artigo; (Incluído pela Emenda Constitucional nº 108, de 2020)

c) a forma de cálculo para distribuição prevista na alínea "c" do inciso V do *caput* deste artigo; (Incluído pela Emenda Constitucional nº 108, de 2020)

d) a transparência, o monitoramento, a fiscalização e o controle interno, externo e social dos fundos referidos no inciso I do *caput* deste artigo, assegurada a criação, a autonomia, a manutenção e a consolidação de conselhos de acompanhamento e controle social, admitida sua integração aos conselhos de educação; (Incluído pela Emenda Constitucional nº 108, de 2020)

e) o conteúdo e a periodicidade da avaliação, por parte do órgão responsável, dos efeitos redistributivos, da melhoria dos indicadores educacionais e da ampliação do atendimento; (Incluído pela Emenda Constitucional nº 108, de 2020)

CF/1988

XI – proporção não inferior a 70% (setenta por cento) de cada fundo referido no inciso I do *caput* deste artigo, excluídos os recursos de que trata a alínea "c" do inciso V do *caput* deste artigo, será destinada ao pagamento dos profissionais da educação básica em efetivo exercício, observado, em relação aos recursos previstos na alínea "b" do inciso V do *caput* deste artigo, o percentual mínimo de 15% (quinze por cento) para despesas de capital; (Incluído pela Emenda Constitucional nº 108, de 2020)

XII – lei específica disporá sobre o piso salarial profissional nacional para os profissionais do magistério da educação básica pública; (Incluído pela Emenda Constitucional nº 108, de 2020)

XIII – a utilização dos recursos a que se refere o § 5º do art. 212 desta Constituição para a complementação da União ao Fundeb, referida no inciso V do *caput* deste artigo, é vedada. (Incluído pela Emenda Constitucional nº 108, de 2020)

§ 1º O cálculo do VAAT, referido no inciso VI do *caput* deste artigo, deverá considerar, além dos recursos previstos no inciso II do *caput* deste artigo, pelo menos, as seguintes disponibilidades: (Incluído pela Emenda Constitucional nº 108, de 2020)

I – receitas de Estados, do Distrito Federal e de Municípios vinculadas à manutenção e ao desenvolvimento do ensino não integrantes dos fundos referidos no inciso I do *caput* deste artigo; (Incluído pela Emenda Constitucional nº 108, de 2020)

II – cotas estaduais e municipais da arrecadação do salário-educação de que trata o § 6º do art. 212 desta Constituição; (Incluído pela Emenda Constitucional nº 108, de 2020)

III – complementação da União transferida a Estados, ao Distrito Federal e a Municípios nos termos da alínea "a" do inciso V do *caput* deste artigo. (Incluído pela Emenda Constitucional nº 108, de 2020)

§ 2º Além das ponderações previstas na alínea "a" do inciso X do *caput* deste artigo, a lei definirá outras relativas ao nível socioeconômico dos

CF/1988

educandos e aos indicadores de disponibilidade de recursos vinculados à educação e de potencial de arrecadação tributária de cada ente federado, bem como seus prazos de implementação. (Incluído pela Emenda Constitucional nº 108, de 2020)

§ 3º Será destinada à educação infantil a proporção de 50% (cinquenta por cento) dos recursos globais a que se refere a alínea "b" do inciso V do *caput* deste artigo, nos termos da lei. (Incluído pela Emenda Constitucional nº 108, de 2020)

CF/1988

Art. 225. Todos têm direito ao meio ambiente ecologicamente equilibrado, bem de uso comum do povo e essencial à sadia qualidade de vida, impondo-se ao Poder Público e à coletividade o dever de defendê-lo e preservá-lo para as presentes e futuras gerações.

§ 1º Para assegurar a efetividade desse direito, incumbe ao Poder Público:

I – preservar e restaurar os processos ecológicos essenciais e prover o manejo ecológico das espécies e ecossistemas;

II – preservar a diversidade e a integridade do patrimônio genético do País e fiscalizar as entidades dedicadas à pesquisa e manipulação de material genético;

III – definir, em todas as unidades da Federação, espaços territoriais e seus componentes a serem especialmente protegidos, sendo a alteração e a supressão permitidas somente através de lei, vedada qualquer utilização que comprometa a integridade dos atributos que justifiquem sua proteção;

IV – exigir, na forma da lei, para instalação de obra ou atividade potencialmente causadora de significativa degradação do meio ambiente, estudo prévio de impacto ambiental, a que se dará publicidade;

CF/1988

V – controlar a produção, a comercialização e o emprego de técnicas, métodos e substâncias que comportem risco para a vida, a qualidade de vida e o meio ambiente;

VI – promover a educação ambiental em todos os níveis de ensino e a conscientização pública para a preservação do meio ambiente;

VII – proteger a fauna e a flora, vedadas, na forma da lei, as práticas que coloquem em risco sua função ecológica, provoquem a extinção de espécies ou submetam os animais a crueldade.

Nova redação – EC 132/2023	Redação anterior – CF/1988
VIII – manter regime fiscal favorecido para os biocombustíveis **e para o hidrogênio de baixa emissão de carbono**, na forma de lei complementar, a fim de assegurar-lhes tributação inferior à incidente sobre os combustíveis fósseis, capaz de garantir diferencial competitivo em relação a estes, especialmente em relação às contribuições de que tratam o art. 195, I, "b", IV **e V**, e o art. 239 e aos impostos a que se refere**m** o**s** arts. 155, II, **e 156-A**.	VIII – manter regime fiscal favorecido para os biocombustíveis <u>destinados ao consumo final</u>, na forma de lei complementar, a fim de assegurar-lhes tributação inferior à incidente sobre os combustíveis fósseis, capaz de garantir diferencial competitivo em relação a estes, especialmente em relação às contribuições de que tratam <u>a alínea "b" do inciso I e o inciso IV do *caput* do</u> art. 195 e o art. 239 e ao imposto a que se refere o <u>inciso II do *caput* do</u> art. 155 <u>desta Constituição</u>. (Incluído pela Emenda Constitucional nº 123, de 2022)
VIII – manter regime fiscal favorecido para os biocombustíveis e para o hidrogênio de baixa emissão	Obs.: vigência a partir de 2027 (art. 23, I, da EC 132/2023).

Nova redação – EC 132/2023	Redação anterior – CF/1988
de carbono, na forma de lei complementar, a fim de assegurar-lhes tributação inferior à incidente sobre os combustíveis fósseis, capaz de garantir diferencial competitivo em relação a estes, especialmente em relação à contribuição de que trata o art. 195, V, e aos impostos a que se referem os arts. 155, II, e 156-A. (Redação dada pelo art. 3º da EC 132/2023)	
VIII – manter regime fiscal favorecido para os biocombustíveis e para o hidrogênio de baixa emissão de carbono, na forma de lei complementar, a fim de assegurar-lhes tributação inferior à incidente sobre os combustíveis fósseis, capaz de garantir diferencial competitivo em relação a estes, especialmente em relação à contribuição de que trata o art. 195, V, e ao imposto a que se refere o art. 156-A. (Redação dada pelo art. 4º da EC 132/2023)	Obs.: vigência a partir de 2033 (art. 23, II, da EC 132/2023).

CF/1988

§ 2º Aquele que explorar recursos minerais fica obrigado a recuperar o meio ambiente degradado, de acordo com solução técnica exigida pelo órgão público competente, na forma da lei.

CF/1988

§ 3º As condutas e atividades consideradas lesivas ao meio ambiente sujeitarão os infratores, pessoas físicas ou jurídicas, a sanções penais e administrativas, independentemente da obrigação de reparar os danos causados.

§ 4º A Floresta Amazônica brasileira, a Mata Atlântica, a Serra do Mar, o Pantanal Mato-Grossense e a Zona Costeira são patrimônio nacional, e sua utilização far-se-á, na forma da lei, dentro de condições que assegurem a preservação do meio ambiente, inclusive quanto ao uso dos recursos naturais.

§ 5º São indisponíveis as terras devolutas ou arrecadadas pelos Estados, por ações discriminatórias, necessárias à proteção dos ecossistemas naturais.

§ 6º As usinas que operem com reator nuclear deverão ter sua localização definida em lei federal, sem o que não poderão ser instaladas.

§ 7º Para fins do disposto na parte final do inciso VII do § 1º deste artigo, não se consideram cruéis as práticas desportivas que utilizem animais, desde que sejam manifestações culturais, conforme o § 1º do art. 215 desta Constituição Federal, registradas como bem de natureza imaterial integrante do patrimônio cultural brasileiro, devendo ser regulamentadas por lei específica que assegure o bem-estar dos animais envolvidos. (Incluído pela Emenda Constitucional nº 96, de 2017).

EC 132/2023

Art. 2º O Ato das Disposições Constitucionais Transitórias passa a vigorar com as seguintes alterações:

Nova redação – EC 132/2023	ADCT
Art. 76-A. São desvinculados de órgão, fundo ou despesa,	Sem correspondente.

Nova redação – EC 132/2023	ADCT

até 31 de dezembro de 2032, 30% (trinta por cento) das receitas dos Estados e do Distrito Federal relativas a impostos, taxas e multas já instituídos ou que vierem a ser criados até a referida data, seus adicionais e respectivos acréscimos legais, e outras receitas correntes.

Art. 76-A. São desvinculados de órgão, fundo ou despesa, até 31 de dezembro de 2032, 30% (trinta por cento) das receitas dos Municípios relativas a impostos, taxas e multas, já instituídos ou que vierem a ser criados até a referida data, seus adicionais e respectivos acréscimos legais, e outras receitas correntes.	Sem correspondente.

Nova redação – EC 132/2023	ADCT

Art. 92-B. As leis instituidoras dos tributos previstos nos arts. 156-A e 195, V, da Constituição Federal estabelecerão os mecanismos necessários, com ou sem contrapartidas, para manter, em caráter geral, o diferencial competitivo assegurado à Zona	Sem correspondente.

Nova redação – EC 132/2023	ADCT
Franca de Manaus pelos arts. 40 e 92-A e às áreas de livre comércio existentes em 31 de maio de 2023, nos níveis estabelecidos pela legislação relativa aos tributos extintos a que se referem os arts. 126 a 129, todos deste Ato das Disposições Constitucionais Transitórias.	
§ 1º Para assegurar o disposto no *caput*, serão utilizados, isolada ou cumulativamente, instrumentos fiscais, econômicos ou financeiros.	Sem correspondente.
§ 2º Lei complementar instituirá Fundo de Sustentabilidade e Diversificação Econômica do Estado do Amazonas, que será constituído com recursos da União e por ela gerido, com a efetiva participação do Estado do Amazonas na definição das políticas, com o objetivo de fomentar o desenvolvimento e a diversificação das atividades econômicas no Estado.	Sem correspondente.
§ 3º A lei complementar de que trata o § 2º:	Sem correspondente.

Nova redação – EC 132/2023	ADCT
I – estabelecerá o montante mínimo de aporte anual de recursos ao Fundo, bem como os critérios para sua correção;	Sem correspondente.
II – preverá a possibilidade de utilização dos recursos do Fundo para compensar eventual perda de receita do Estado do Amazonas em função das alterações no sistema tributário decorrentes da instituição dos tributos previstos nos arts. 156-A e 195, V, da Constituição Federal.	Sem correspondente.
§ 4º A União, mediante acordo com o Estado do Amazonas, poderá reduzir o alcance dos instrumentos previstos no § 1º, condicionado ao aporte de recursos adicionais ao Fundo de que trata o § 2º, asseguradas a diversificação das atividades econômicas e a antecedência mínima de 3 (três) anos.	Sem correspondente.
§ 5º Não se aplica aos mecanismos previstos no *caput* o disposto nos incisos III e IV do *caput* do art. 149-B da Constituição Federal.	Sem correspondente.

Nova redação – EC 132/2023	ADCT
§ 6º Lei complementar instituirá Fundo de Desenvolvimento Sustentável dos Estados da Amazônia Ocidental e do Amapá, que será constituído com recursos da União e por ela gerido, com a efetiva participação desses Estados na definição das políticas, com o objetivo de fomentar o desenvolvimento e a diversificação de suas atividades econômicas.	Sem correspondente.
§ 7º O Fundo de que trata o § 6º será integrado pelos Estados onde estão localizadas as áreas de livre comércio de que trata o *caput* e observará, no que couber, o disposto no § 3º, I e II, sendo, quanto a este inciso, considerados os respectivos Estados, e no § 4º.	Sem correspondente.

ADCT

Art. 104. Se os recursos referidos no art. 101 deste Ato das Disposições Constitucionais Transitórias para o pagamento de precatórios não forem tempestivamente liberados, no todo ou em parte: (Incluído pela Emenda Constitucional nº 94, de 2016)

I – o Presidente do Tribunal de Justiça local determinará o sequestro, até o limite do valor não liberado, das contas do ente

ADCT

federado inadimplente; (Incluído pela Emenda Constitucional nº 94, de 2016)

II – o chefe do Poder Executivo do ente federado inadimplente responderá, na forma da legislação de responsabilidade fiscal e de improbidade administrativa; (Incluído pela Emenda Constitucional nº 94, de 2016)

III – a União reterá os recursos referentes aos repasses ao Fundo de Participação dos Estados e do Distrito Federal e ao Fundo de Participação dos Municípios e os depositará na conta especial referida no art. 101 deste Ato das Disposições Constitucionais Transitórias, para utilização como nele previsto; (Incluído pela Emenda Constitucional nº 94, de 2016)

Nova redação – EC 132/2023	ADCT
IV – os Estados **e o Comitê Gestor do Imposto sobre Bens e Serviços** reterão os repasses previstos, **respectivamente**, nos §§ 1º e 2º do art. 158 da Constituição Federal e os depositarão na conta especial referida no art. 101 deste Ato das Disposições Constitucionais Transitórias, para utilização como nele previsto.	IV – os Estados reterão os repasses previstos no <u>parágrafo único</u> do art. 158 da Constituição Federal e os depositarão na conta especial referida no art. 101 deste Ato das Disposições Constitucionais Transitórias, para utilização como nele previsto. (Incluído pela Emenda Constitucional nº 94, de 2016)

ADCT

Parágrafo único. Enquanto perdurar a omissão, o ente federado não poderá contrair empréstimo externo ou interno, exceto para os fins previstos no § 2º do art. 101 deste Ato das Disposições Constitucionais Transitórias, e ficará impedido de receber transferências voluntárias.

Nova redação – EC 132/2023	ADCT
Art. 124. A transição para os tributos previstos no art. 156-A e no art. 195, V, todos da Constituição Federal, atenderá aos critérios estabelecidos nos arts. 125 a 133 deste Ato das Disposições Constitucionais Transitórias.	Sem correspondente.
Parágrafo único. A contribuição prevista no art. 195, V, será instituída pela mesma lei complementar de que trata o art. 156-A, ambos da Constituição Federal.	Sem correspondente.

Nova redação – EC 132/2023	ADCT
Art. 125. Em 2026, o imposto previsto no art. 156-A será cobrado à alíquota estadual de 0,1% (um décimo por cento), e a contribuição prevista no art. 195, V, ambos da Constituição Federal, será cobrada à alíquota de 0,9% (nove décimos por cento).	Sem correspondente.
§ 1º O montante recolhido na forma do *caput* será compensado com o valor devido das	Sem correspondente.

Nova redação – EC 132/2023	ADCT
contribuições previstas no art. 195, I, "b", e IV, e da contribuição para o Programa de Integração Social a que se refere o art. 239, ambos da Constituição Federal.	
§ 2º Caso o contribuinte não possua débitos suficientes para efetuar a compensação de que trata o § 1º, o valor recolhido poderá ser compensado com qualquer outro tributo federal ou ser ressarcido em até 60 (sessenta) dias, mediante requerimento.	Sem correspondente.
§ 3º A arrecadação do imposto previsto no art. 156-A da Constituição Federal decorrente do disposto no *caput* deste artigo não observará as vinculações, repartições e destinações previstas na Constituição Federal, devendo ser aplicada, integral e sucessivamente, para:	Sem correspondente.
I – o financiamento do Comitê Gestor do Imposto sobre Bens e Serviços, nos termos do art. 156-B, § 2º, III, da Constituição Federal;	Sem correspondente.

Nova redação – EC 132/2023	ADCT
II – compor o Fundo de Compensação de Benefícios Fiscais ou Financeiro-Fiscais do imposto de que trata o art. 155, II, da Constituição Federal.	Sem correspondente.
§ 4º Durante o período de que trata o *caput*, os sujeitos passivos que cumprirem as obrigações acessórias relativas aos tributos referidos no *caput* poderão ser dispensados do seu recolhimento, nos termos de lei complementar.	Sem correspondente.

Nova redação – EC 132/2023	ADCT
Art. 126. A partir de 2027:	Sem correspondente.
I – serão cobrados:	Sem correspondente.
a) a contribuição prevista no art. 195, V, da Constituição Federal;	Sem correspondente.
b) o imposto previsto no art. 153, VIII, da Constituição Federal;	Sem correspondente.
II – serão extintas as contribuições previstas no art. 195, I, "b",	Sem correspondente.

Nova redação – EC 132/2023	ADCT
e IV, e a contribuição para o Programa de Integração Social de que trata o art. 239, todos da Constituição Federal, desde que instituída a contribuição referida na alínea "a" do inciso I;	
III – o imposto previsto no art. 153, IV, da Constituição Federal:	Sem correspondente.
a) terá suas alíquotas reduzidas a zero, exceto em relação aos produtos que tenham industrialização incentivada na Zona Franca de Manaus, conforme critérios estabelecidos em lei complementar; e	Sem correspondente.
b) não incidirá de forma cumulativa com o imposto previsto no art. 153, VIII, da Constituição Federal.	Sem correspondente.

Nova redação – EC 132/2023	ADCT
Art. 127. Em 2027 e 2028, o imposto previsto no art. 156-A da Constituição Federal será cobrado à alíquota estadual de 0,05% (cinco centésimos por cento) e à alíquota municipal de 0,05% (cinco centésimos por cento).	Sem correspondente.

Nova redação – EC 132/2023	ADCT
Parágrafo único. No período referido no *caput*, a alíquota da contribuição prevista no art. 195, V, da Constituição Federal, será reduzida em 0,1 (um décimo) ponto percentual.	Sem correspondente.

Nova redação – EC 132/2023	ADCT
Art. 128. De 2029 a 2032, as alíquotas dos impostos previstos nos arts. 155, II, e 156, III, da Constituição Federal, serão fixadas nas seguintes proporções das alíquotas fixadas nas respectivas legislações:	Sem correspondente.
I – 9/10 (nove décimos), em 2029;	Sem correspondente.
II – 8/10 (oito décimos), em 2030;	Sem correspondente.
III – 7/10 (sete décimos), em 2031;	Sem correspondente.
IV – 6/10 (seis décimos), em 2032.	Sem correspondente.
§ 1º Os benefícios ou os incentivos fiscais ou financeiros relativos aos impostos previstos nos arts. 155, II, e 156, III, da Constituição Federal não alcançados pelo disposto no *caput* deste artigo serão reduzidos na mesma proporção.	Sem correspondente.

Nova redação – EC 132/2023	ADCT
§ 2º Os benefícios e incentivos fiscais ou financeiros referidos no art. 3º da Lei Complementar nº 160, de 7 de agosto de 2017, serão reduzidos na forma deste artigo, não se aplicando a redução prevista no § 2º-A do art. 3º da referida Lei complementar.	Sem correspondente.
§ 3º Ficam mantidos em sua integralidade, até 31 de dezembro de 2032, os percentuais utilizados para calcular os benefícios ou incentivos fiscais ou financeiros já reduzidos por força da redução das alíquotas, em decorrência do disposto no *caput*.	Sem correspondente.

Nova redação – EC 132/2023	ADCT
Art. 129. Ficam extintos, a partir de 2033, os impostos previstos nos arts. 155, II, e 156, III, da Constituição Federal.	Sem correspondente.

Nova redação – EC 132/2023	ADCT
Art. 130. Resolução do Senado Federal fixará, para todas as esferas federativas, as alíquotas	Sem correspondente.

Nova redação – EC 132/2023	ADCT
de referência dos tributos previstos nos arts. 156-A e 195, V, da Constituição Federal, observados a forma de cálculo e os limites previstos em lei complementar, de forma a assegurar:	
I – de 2027 a 2033, que a receita da União com a contribuição prevista no art. 195, V, e com o imposto previsto no art. 153, VIII, todos da Constituição Federal, seja equivalente à redução da receita:	Sem correspondente.
a) das contribuições previstas no art. 195, I, "b", e IV, e da contribuição para o Programa de Integração Social de que trata o art. 239, todos da Constituição Federal;	Sem correspondente.
b) do imposto previsto no art. 153, IV; e	Sem correspondente.
c) do imposto previsto no art. 153, V, da Constituição Federal, sobre operações de seguros;	Sem correspondente.
II – de 2029 a 2033, que a receita dos Estados e do Distrito Federal com o imposto previsto no art. 156-A da Constituição Federal seja equivalente à redução:	Sem correspondente.

Nova redação – EC 132/2023	ADCT
a) da receita do imposto previsto no art. 155, II, da Constituição Federal; e	Sem correspondente.
b) das receitas destinadas a fundos estaduais financiados por contribuições estabelecidas como condição à aplicação de diferimento, regime especial ou outro tratamento diferenciado, relativos ao imposto de que trata o art. 155, II, da Constituição Federal, em funcionamento em 30 de abril de 2023, excetuadas as receitas dos fundos mantidas na forma do art. 136 deste Ato das Disposições Constitucionais Transitórias;	Sem correspondente.
III – de 2029 a 2033, que a receita dos Municípios e do Distrito Federal com o imposto previsto no art. 156-A seja equivalente à redução da receita do imposto previsto no art. 156, III, ambos da Constituição Federal.	Sem correspondente.
§ 1º As alíquotas de referência serão fixadas no ano anterior ao de sua vigência, não se aplicando o disposto no art. 150, III, "c",	Sem correspondente.

Nova redação – EC 132/2023	ADCT
da Constituição Federal, com base em cálculo realizado pelo Tribunal de Contas da União.	
§ 2º Na fixação das alíquotas de referência, deverão ser considerados os efeitos sobre a arrecadação dos regimes específicos, diferenciados ou favorecidos e de qualquer outro regime que resulte em arrecadação menor do que a que seria obtida com a aplicação da alíquota padrão.	Sem correspondente.
§ 3º Para fins do disposto nos §§ 4º a 6º, entende-se por:	Sem correspondente.
I – Teto de Referência da União: a média da receita no período de 2012 a 2021, apurada como proporção do PIB, do imposto previsto no art. 153, IV, das contribuições previstas no art. 195, I, "b", e IV, da contribuição para o Programa de Integração Social de que trata o art. 239 e do imposto previsto no art. 153, V, sobre operações de seguro, todos da Constituição Federal;	Sem correspondente.

Nova redação – EC 132/2023	ADCT
II – Teto de Referência Total: a média da receita no período de 2012 a 2021, apurada como proporção do PIB, dos impostos previstos nos arts. 153, IV, 155, II e 156, III, das contribuições previstas no art. 195, I, "b", e IV, da contribuição para o Programa de Integração Social de que trata o art. 239 e do imposto previsto no art. 153, V, sobre operações de seguro, todos da Constituição Federal;	Sem correspondente.
III – Receita-Base da União: a receita da União com a contribuição prevista no art. 195, V, e com o imposto previsto no art. 153, VIII, ambos da Constituição Federal, apurada como proporção do PIB;	Sem correspondente.
IV – Receita-Base dos Entes Subnacionais: a receita dos Estados, do Distrito Federal e dos Municípios com o imposto previsto no art. 156-A da Constituição Federal, deduzida da parcela a que se refere a alínea "b" do inciso II do *caput*, apurada como proporção do PIB;	Sem correspondente.

Nova redação – EC 132/2023	ADCT
V – Receita-Base Total: a soma da Receita-Base da União com a Receita-Base dos Entes Subnacionais, sendo essa última:	Sem correspondente.
a) multiplicada por 10 (dez) em 2029;	Sem correspondente.
b) multiplicada por 5 (cinco) em 2030;	Sem correspondente.
c) multiplicada por 10 (dez) e dividida por 3 (três) em 2031;	Sem correspondente.
d) multiplicada por 10 (dez) e dividida por 4 (quatro) em 2032;	Sem correspondente.
e) multiplicada por 1 (um) em 2033.	Sem correspondente.
§ 4º A alíquota de referência da contribuição a que se refere o art. 195, V, da Constituição Federal será reduzida em 2030 caso a média da Receita-Base da União em 2027 e 2028 exceda o Teto de Referência da União.	Sem correspondente.
§ 5º As alíquotas de referência da contribuição a que se refere o art. 195, V, e do imposto a que se refere o art. 156-A,	Sem correspondente.

Nova redação – EC 132/2023	ADCT
ambos da Constituição Federal, serão reduzidas em 2035 caso a média da Receita-Base Total entre 2029 e 2033 exceda o Teto de Referência Total.	
§ 6º As reduções de que tratam os §§ 4º e 5º serão:	Sem correspondente.
I – definidas de forma a que a Receita-Base seja igual ao respectivo Teto de Referência;	Sem correspondente.
II – no caso do § 5º, proporcionais para as alíquotas de referência federal, estadual e municipal.	Sem correspondente.
§ 7º A revisão das alíquotas de referência em função do disposto nos §§ 4º, 5º e 6º não implicará cobrança ou restituição de tributo relativo a anos anteriores ou transferência de recursos entre os entes federativos.	Sem correspondente.
§ 8º Os entes federativos e o Comitê Gestor do Imposto sobre Bens e Serviços fornecerão ao Tribunal de Contas da União as informações necessárias para o cálculo a que se referem os §§ 1º, 4º e 5º.	Sem correspondente.

Nova redação – EC 132/2023	ADCT
§ 9º Nos cálculos das alíquotas de que trata o *caput*, deverá ser considerada a arrecadação dos tributos previstos nos arts. 156-A e 195, V, da Constituição Federal, cuja cobrança tenha sido iniciada antes dos períodos de que tratam os incisos I, II e III do *caput*.	Sem correspondente.
§ 10. O cálculo das alíquotas a que se refere este artigo será realizado com base em propostas encaminhadas pelo Poder Executivo da União e pelo Comitê Gestor do Imposto sobre Bens e Serviços, que deverão fornecer ao Tribunal de Contas da União todos os subsídios necessários, mediante o compartilhamento de dados e informações, nos termos de lei complementar.	Sem correspondente.

Nova redação – EC 132/2023	ADCT
Art. 131. De 2029 a 2077, o produto da arrecadação dos Estados, do Distrito Federal e dos Municípios com o imposto de que trata o art. 156-A da Constituição Federal será distribuído a esses entes federativos conforme o disposto neste artigo.	Sem correspondente.

Nova redação – EC 132/2023	ADCT
§ 1º Serão retidos do produto da arrecadação do imposto de cada Estado, do Distrito Federal e de cada Município apurada com base nas alíquotas de referência de que trata o art. 130 deste Ato das Disposições Constitucionais Transitórias, nos termos dos arts. 149-C e 156-A, § 4º, II, e § 5º, I e IV, antes da aplicação do disposto no art. 158, IV, "b", todos da Constituição Federal:	Sem correspondente.
I – de 2029 a 2032, 80% (oitenta por cento);	Sem correspondente.
II – em 2033, 90% (noventa por cento);	Sem correspondente.
III – de 2034 a 2077, percentual correspondente ao aplicado em 2033, reduzido à razão de 1/45 (um quarenta e cinco avos) por ano.	Sem correspondente.
§ 2º Na forma estabelecida em lei complementar, o montante retido nos termos do § 1º será distribuído entre os Estados, o Distrito Federal e os Municípios proporcionalmente à receita média de cada ente federativo, devendo ser consideradas:	Sem correspondente.

Nova redação – EC 132/2023	ADCT
I – no caso dos Estados	Sem correspondente.
a) a arrecadação do imposto previsto no art. 155, II, após aplicação do disposto no art. 158, IV, "a", todos da Constituição Federal; e	Sem correspondente.
b) as receitas destinadas aos fundos estaduais de que trata o art. 130, II, "b", deste Ato das Disposições Constitucionais Transitórias;	Sem correspondente.
II – no caso do Distrito Federal:	Sem correspondente.
a) a arrecadação do imposto previsto no art. 155, II, da Constituição Federal; e	Sem correspondente.
b) a arrecadação do imposto previsto no art. 156, III, da Constituição Federal;	Sem correspondente.
III – no caso dos Municípios:	Sem correspondente.
a) a arrecadação do imposto previsto no art. 156, III, da Constituição Federal; e	Sem correspondente.
b) a parcela creditada na forma do art. 158, IV, "a", da Constituição Federal.	Sem correspondente.

Nova redação – EC 132/2023	ADCT
§ 3º Não se aplica o disposto no art. 158, IV, "b", da Constituição Federal aos recursos distribuídos na forma do § 2º, I, deste artigo.	Sem correspondente.
§ 4º A parcela do produto da arrecadação do imposto não retida nos termos do § 1º, após a retenção de que trata o art. 132 deste Ato das Disposições Constitucionais Transitórias, será distribuída a cada Estado, ao Distrito Federal e a cada Município de acordo com os critérios da lei complementar de que trata o art. 156-A, § 5º, I, da Constituição Federal, nela computada a variação de alíquota fixada pelo ente em relação à de referência.	Sem correspondente.
§ 5º Os recursos de que trata este artigo serão distribuídos nos termos estabelecidos em lei complementar, aplicando-se o seguinte:	Sem correspondente.
I – constituirão a base de cálculo dos fundos de que trata o art. 212-A, II, da Constituição Federal, observado que:	Sem correspondente.

Nova redação – EC 132/2023	ADCT
a) para os Estados, o percentual de que trata o art. 212-A, II, será aplicado proporcionalmente à razão entre a soma dos valores distribuídos a cada ente nos termos do § 2º, I, "a", e do § 4º, e a soma dos valores distribuídos nos termos do § 2º, I e do § 4º;	Sem correspondente.
b) para o Distrito Federal, o percentual de que trata o art. 212-A, II, será aplicado proporcionalmente à razão entre a soma dos valores distribuídos nos termos do § 2º, II, "a", e do § 4º, e a soma dos valores distribuídos nos termos do § 2º, II, e do § 4º, considerada, em ambas as somas, somente a parcela estadual nos valores distribuídos nos termos do § 4º;	Sem correspondente.
c) para os Municípios, o percentual de que trata o art. 212-A, II, será aplicado proporcionalmente à razão entre a soma dos valores distribuídos nos termos do § 2º, III, "b", e a soma dos valores distribuídos nos termos do § 2º, III;	Sem correspondente.

Nova redação – EC 132/2023	ADCT
II – constituirão as bases de cálculo de que tratam os arts. 29-A, 198, § 2º, 204, parágrafo único, 212 e 216, § 6º, da Constituição Federal, excetuados os valores distribuídos nos termos do § 2º, I, "b";	Sem correspondente.
III – poderão ser vinculados para prestação de garantias às operações de crédito por antecipação de receita previstas no art. 165, § 8º, para pagamento de débitos com a União e para prestar-lhe garantia ou contragarantia, nos termos do art. 167, § 4º, todos da Constituição Federal.	Sem correspondente.
§ 6º Durante o período de que trata o *caput* deste artigo, é vedado aos Estados, ao Distrito Federal e aos Municípios fixar alíquotas próprias do imposto de que trata o art. 156-A da Constituição Federal inferiores às necessárias para garantir as retenções de que tratam o § 1º deste artigo e o art. 132 deste Ato das Disposições Constitucionais Transitórias.	Sem correspondente.

Nova redação – EC 132/2023	ADCT
Art. 132. Do imposto dos Estados, do Distrito Federal e dos Municípios apurado com base nas alíquotas de referência de que trata o art. 130 deste Ato das Disposições Constitucionais Transitórias, deduzida a retenção de que trata o art. 131, § 1º, será retido montante correspondente a 5% (cinco por cento) para distribuição aos entes com as menores razões entre:	Sem correspondente.
I – o valor apurado nos termos dos arts. 149-C e 156-A, § 4º, II, e § 5º, I e IV, com base nas alíquotas de referência, após a aplicação do disposto no art. 158, IV, "b", todos da Constituição Federal; e	Sem correspondente.
II – a respectiva receita média, apurada nos termos do art. 131, § 2º, I, II e III, deste Ato das Disposições Constitucionais Transitórias, limitada a 3 (três) vezes a média nacional por habitante da respectiva esfera federativa.	Sem correspondente.
§ 1º Os recursos serão distribuídos, sequencial e sucessivamente, aos entes com as menores razões de que trata o	Sem correspondente.

Nova redação – EC 132/2023	ADCT
caput, de maneira que, ao final da distribuição, para todos os entes que receberem recursos, seja observada a mesma a razão entre:	
I – a soma do valor apurado nos termos do inciso I do *caput* com o valor recebido nos termos deste artigo; e	Sem correspondente.
II – a receita média apurada na forma do inciso II do *caput*.	Sem correspondente.
§ 2º Aplica-se aos recursos distribuídos na forma deste artigo o disposto no art. 131, § 5º deste Ato das Disposições Constitucionais Transitórias.	Sem correspondente.
§ 3º Lei complementar estabelecerá os critérios para a redução gradativa, entre 2078 e 2097, do percentual de que trata o *caput*, até a sua extinção.	Sem correspondente.

Nova redação – EC 132/2023	ADCT
Art. 133. Os tributos de que tratam os arts. 153, IV, 155, II, 156, III, e 195, I, "b", e IV, e a	Sem correspondente.

Nova redação – EC 132/2023	ADCT
contribuição para o Programa de Integração Social a que se refere o art. 239 não integrarão a base de cálculo do imposto de que trata o art. 156-A e da contribuição de que trata o art. 195, V, todos da Constituição Federal.	

Nova redação – EC 132/2023	ADCT
Art. 134. Os saldos credores relativos ao imposto previsto no art. 155, II, da Constituição Federal, existentes ao final de 2032 serão aproveitados pelos contribuintes na forma deste artigo e nos termos de lei complementar.	Sem correspondente.
§ 1º O disposto neste artigo alcança os saldos credores cujos aproveitamento ou ressarcimento sejam admitidos pela legislação em vigor em 31 de dezembro de 2032 e que tenham sido homologados pelos respectivos entes federativos, observadas as seguintes diretrizes:	Sem correspondente.

Nova redação – EC 132/2023	ADCT
I – apresentado o pedido de homologação, o ente federativo deverá se pronunciar no prazo estabelecido na lei complementar a que se refere o *caput*;	Sem correspondente.
II – na ausência de resposta ao pedido de homologação no prazo a que se refere o inciso I deste parágrafo, os respectivos saldos credores serão considerados homologados.	Sem correspondente.
§ 2º Aplica-se o disposto neste artigo também aos créditos reconhecidos após o prazo previsto no *caput*.	Sem correspondente.
§ 3º O saldo dos créditos homologados será informado pelos Estados e pelo Distrito Federal ao Comitê Gestor do Imposto sobre Bens e Serviços para que seja compensado com o imposto de que trata o art. 156-A da Constituição Federal:	Sem correspondente.
I – pelo prazo remanescente, apurado nos termos do art. 20, § 5º, da Lei Complementar nº 87, de 13 de setembro de 1996, para os créditos relativos à entrada de mercadorias destinadas ao ativo permanente;	Sem correspondente.

Nova redação – EC 132/2023	ADCT
II – em 240 (duzentos e quaren-ta) parcelas mensais, iguais e sucessivas, nos demais casos.	Sem correspondente.
§ 4º O Comitê Gestor do Imposto sobre Bens e Serviços deduzirá do produto da arrecadação do imposto previsto no art. 156-A devido ao respectivo ente federativo o valor compensado na forma do § 3º, o qual não comporá base de cálculo para fins do disposto nos arts. 158, IV, 198, § 2º, 204, parágrafo único, 212, 212-A, II, e 216, § 6º, todos da Constituição Federal.	Sem correspondente.
§ 5º A partir de 2033, os saldos credores serão atualizados pelo IPCA ou por outro índice que venha a substituí-lo.	Sem correspondente.
§ 6º Lei complementar disporá sobre:	Sem correspondente.
I – as regras gerais de implementação do parcelamento previsto no § 3º;	Sem correspondente.
II – a forma pela qual os titulares dos créditos de que trata este artigo poderão transferi--los a terceiros;	Sem correspondente.

Nova redação – EC 132/2023	ADCT
III – a forma pela qual o crédito de que trata este artigo poderá ser ressarcido ao contribuinte pelo Comitê Gestor do Imposto sobre Bens e Serviços, caso não seja possível compensar o valor da parcela nos termos do § 3º.	Sem correspondente.

Nova redação – EC 132/2023	ADCT
Art. 135. Lei complementar disciplinará a forma de utilização dos créditos, inclusive presumidos, do imposto de que trata o art. 153, IV, e das contribuições de que tratam o art. 195, I, "b", e IV, e da contribuição para o Programa de Integração Social a que se refere o art. 239, todos da Constituição Federal, não apropriados ou não utilizados até a extinção, mantendo-se, apenas para os créditos que cumpram os requisitos estabelecidos na legislação vigente na data da extinção de tais tributos, a permissão para compensação com outros tributos federais, inclusive	Sem correspondente.

Nova redação – EC 132/2023	ADCT
com a contribuição prevista no inciso **V** do *caput* do art. 195 da Constituição Federal, ou ressarcimento em dinheiro.	

Nova redação – EC 132/2023	ADCT
Art. 136. Os Estados que possuíam, em 30 de abril de 2023, fundos destinados a investimentos em obras de infraestrutura e habitação e financiados por contribuições sobre produtos primários e semielaborados estabelecidas como condição à aplicação de diferimento, regime especial ou outro tratamento diferenciado, relativos ao imposto de que trata o art. 155, II, da Constituição Federal, poderão instituir contribuições semelhantes, não vinculadas ao referido imposto, observado que:	Sem correspondente.
I – a alíquota ou o percentual de contribuição não poderão ser superiores e a base de incidência não poderá ser mais ampla que os das respectivas contribuições vigentes em 30 de abril de 2023;	Sem correspondente.

Nova redação – EC 132/2023	ADCT
II – a instituição de contribuição nos termos deste artigo implicará a extinção da contribuição correspondente, vinculada ao imposto de que trata o art. 155, II, da Constituição Federal, vigente em 30 de abril de 2023;	Sem correspondente.
III – a destinação de sua receita deverá ser a mesma das contribuições vigentes em 30 de abril de 2023;	Sem correspondente.
IV – a contribuição instituída nos termos do *caput* será extinta em 31 de dezembro de 2043.	Sem correspondente.
Parágrafo único. As receitas das contribuições mantidas nos termos deste artigo não serão consideradas como receita do respectivo Estasdo para fins do disposto nos arts. 130, II, "b", e 131, § 2º, I, "b", deste Ato das Disposições Constitucionais Transitórias.	Sem correspondente.

Nova redação – EC 132/2023	ADCT
Art. 137. Os saldos financeiros dos recursos transferidos pelo Fundo Nacional de Saúde e	Sem correspondente.

Nova redação – EC 132/2023	ADCT
pelo Fundo Nacional de Assistência Social, para enfrentamento da pandemia de Covid-19 no período de 2020 a 2022, aos fundos de saúde e assistência social estaduais, municipais e do Distrito Federal poderão ser aplicados, até 31 de dezembro de 2024, para o custeio de ações e serviços públicos de saúde e de assistência social, observadas, respectivamente, as diretrizes emanadas do Sistema Único de Saúde e do Sistema Único de Assistência Social.	

EC 132/2023

Art. 3º A Constituição Federal passa a vigorar com as seguintes alterações:

CF/1988

CAPÍTULO VII
DA ADMINISTRAÇÃO PÚBLICA
SEÇÃO I
DISPOSIÇÕES GERAIS

Art. 37. A administração pública direta e indireta de qualquer dos Poderes da União, dos Estados, do Distrito Federal e dos Municípios

Anexo

CF/1988

obedecerá aos princípios de legalidade, impessoalidade, moralidade, publicidade e eficiência e, também, ao seguinte: (Redação dada pela Emenda Constitucional nº 19, de 1998)

I – os cargos, empregos e funções públicas são acessíveis aos brasileiros que preencham os requisitos estabelecidos em lei, assim como aos estrangeiros, na forma da lei; (Redação dada pela Emenda Constitucional nº 19, de 1998)

II – a investidura em cargo ou emprego público depende de aprovação prévia em concurso público de provas ou de provas e títulos, de acordo com a natureza e a complexidade do cargo ou emprego, na forma prevista em lei, ressalvadas as nomeações para cargo em comissão declarado em lei de livre nomeação e exoneração; (Redação dada pela Emenda Constitucional nº 19, de 1998)

III – o prazo de validade do concurso público será de até dois anos, prorrogável uma vez, por igual período;

IV – durante o prazo improrrogável previsto no edital de convocação, aquele aprovado em concurso público de provas ou de provas e títulos será convocado com prioridade sobre novos concursados para assumir cargo ou emprego, na carreira;

V – as funções de confiança, exercidas exclusivamente por servidores ocupantes de cargo efetivo, e os cargos em comissão, a serem preenchidos por servidores de carreira nos casos, condições e percentuais mínimos previstos em lei, destinam-se apenas às atribuições de direção, chefia e assessoramento; (Redação dada pela Emenda Constitucional nº 19, de 1998)

VI – é garantido ao servidor público civil o direito à livre associação sindical;

VII – o direito de greve será exercido nos termos e nos limites definidos em lei específica; (Redação dada pela Emenda Constitucional nº 19, de 1998)

VIII – a lei reservará percentual dos cargos e empregos públicos para as pessoas portadoras de deficiência e definirá os critérios de sua admissão;

CF/1988

IX – a lei estabelecerá os casos de contratação por tempo determinado para atender a necessidade temporária de excepcional interesse público;

X – a remuneração dos servidores públicos e o subsídio de que trata o § 4º do art. 39 somente poderão ser fixados ou alterados por lei específica, observada a iniciativa privativa em cada caso, assegurada revisão geral anual, sempre na mesma data e sem distinção de índices; (Redação dada pela Emenda Constitucional nº 19, de 1998) (Regulamento)

XI – a remuneração e o subsídio dos ocupantes de cargos, funções e empregos públicos da administração direta, autárquica e fundacional, dos membros de qualquer dos Poderes da União, dos Estados, do Distrito Federal e dos Municípios, dos detentores de mandato eletivo e dos demais agentes políticos e os proventos, pensões ou outra espécie remuneratória, percebidos cumulativamente ou não, incluídas as vantagens pessoais ou de qualquer outra natureza, não poderão exceder o subsídio mensal, em espécie, dos Ministros do Supremo Tribunal Federal, aplicando-se como limite, nos Municípios, o subsídio do Prefeito, e nos Estados e no Distrito Federal, o subsídio mensal do Governador no âmbito do Poder Executivo, o subsídio dos Deputados Estaduais e Distritais no âmbito do Poder Legislativo e o subsidio dos Desembargadores do Tribunal de Justiça, limitado a noventa inteiros e vinte e cinco centésimos por cento do subsídio mensal, em espécie, dos Ministros do Supremo Tribunal Federal, no âmbito do Poder Judiciário, aplicável este limite aos membros do Ministério Público, aos Procuradores e aos Defensores Públicos; (Redação dada pela Emenda Constitucional nº 41, 19.12.2003)

XII – os vencimentos dos cargos do Poder Legislativo e do Poder Judiciário não poderão ser superiores aos pagos pelo Poder Executivo;

XIII – é vedada a vinculação ou equiparação de quaisquer espécies remuneratórias para o efeito de remuneração de pessoal do serviço público; (Redação dada pela Emenda Constitucional nº 19, de 1998)

XIV – os acréscimos pecuniários percebidos por servidor público não serão computados nem acumulados para fins de concessão de acréscimos ulteriores; (Redação dada pela Emenda Constitucional nº 19, de 1998)

CF/1988

XV – o subsídio e os vencimentos dos ocupantes de cargos e empregos públicos são irredutíveis, ressalvado o disposto nos incisos XI e XIV deste artigo e nos arts. 39, § 4º, 150, II, 153, III, e 153, § 2º, I; (Redação dada pela Emenda Constitucional nº 19, de 1998)

XVI – é vedada a acumulação remunerada de cargos públicos, exceto, quando houver compatibilidade de horários, observado em qualquer caso o disposto no inciso XI: (Redação dada pela Emenda Constitucional nº 19, de 1998)

a) a de dois cargos de professor; (Redação dada pela Emenda Constitucional nº 19, de 1998)

b) a de um cargo de professor com outro técnico ou científico; (Redação dada pela Emenda Constitucional nº 19, de 1998)

c) a de dois cargos ou empregos privativos de profissionais de saúde, com profissões regulamentadas; (Redação dada pela Emenda Constitucional nº 34, de 2001)

XVII – a proibição de acumular estende-se a empregos e funções e abrange autarquias, fundações, empresas públicas, sociedades de economia mista, suas subsidiárias, e sociedades controladas, direta ou indiretamente, pelo poder público; (Redação dada pela Emenda Constitucional nº 19, de 1998)

XVIII – a administração fazendária e seus servidores fiscais terão, dentro de suas áreas de competência e jurisdição, precedência sobre os demais setores administrativos, na forma da lei;

XIX – somente por lei específica poderá ser criada autarquia e autorizada a instituição de empresa pública, de sociedade de economia mista e de fundação, cabendo à lei complementar, neste último caso, definir as áreas de sua atuação; (Redação dada pela Emenda Constitucional nº 19, de 1998)

XX – depende de autorização legislativa, em cada caso, a criação de subsidiárias das entidades mencionadas no inciso anterior, assim como a participação de qualquer delas em empresa privada;

CF/1988

XXI – ressalvados os casos especificados na legislação, as obras, serviços, compras e alienações serão contratados mediante processo de licitação pública que assegure igualdade de condições a todos os concorrentes, com cláusulas que estabeleçam obrigações de pagamento, mantidas as condições efetivas da proposta, nos termos da lei, o qual somente permitirá as exigências de qualificação técnica e econômica indispensáveis à garantia do cumprimento das obrigações.

XXII – as administrações tributárias da União, dos Estados, do Distrito Federal e dos Municípios, atividades essenciais ao funcionamento do Estado, exercidas por servidores de carreiras específicas, terão recursos prioritários para a realização de suas atividades e atuarão de forma integrada, inclusive com o compartilhamento de cadastros e de informações fiscais, na forma da lei ou convênio. (Incluído pela Emenda Constitucional nº 42, de 19.12.2003)

§ 1º A publicidade dos atos, programas, obras, serviços e campanhas dos órgãos públicos deverá ter caráter educativo, informativo ou de orientação social, dela não podendo constar nomes, símbolos ou imagens que caracterizem promoção pessoal de autoridades ou servidores públicos.

§ 2º A não observância do disposto nos incisos II e III implicará a nulidade do ato e a punição da autoridade responsável, nos termos da lei.

§ 3º A lei disciplinará as formas de participação do usuário na administração pública direta e indireta, regulando especialmente: (Redação dada pela Emenda Constitucional nº 19, de 1998)

I – as reclamações relativas à prestação dos serviços públicos em geral, asseguradas a manutenção de serviços de atendimento ao usuário e a avaliação periódica, externa e interna, da qualidade dos serviços; (Incluído pela Emenda Constitucional nº 19, de 1998)

II – o acesso dos usuários a registros administrativos e a informações sobre atos de governo, observado o disposto no art. 5º, X e 132III; (Incluído pela Emenda Constitucional nº 19, de 1998)

III – a disciplina da representação contra o exercício negligente ou abusivo de cargo, emprego ou função na administração pública. (Incluído pela Emenda Constitucional nº 19, de 1998)

Anexo

CF/1988

§ 4º Os atos de improbidade administrativa importarão a suspensão dos direitos políticos, a perda da função pública, a indisponibilidade dos bens e o ressarcimento ao erário, na forma e gradação previstas em lei, sem prejuízo da ação penal cabível.

§ 5º A lei estabelecerá os prazos de prescrição para ilícitos praticados por qualquer agente, servidor ou não, que causem prejuízos ao erário, ressalvadas as respectivas ações de ressarcimento.

§ 6º As pessoas jurídicas de direito público e as de direito privado prestadoras de serviços públicos responderão pelos danos que seus agentes, nessa qualidade, causarem a terceiros, assegurado o direito de regresso contra o responsável nos casos de dolo ou culpa.

§ 7º A lei disporá sobre os requisitos e as restrições ao ocupante de cargo ou emprego da administração direta e indireta que possibilite o acesso a informações privilegiadas. (Incluído pela Emenda Constitucional nº 19, de 1998)

§ 8º A autonomia gerencial, orçamentária e financeira dos órgãos e entidades da administração direta e indireta poderá ser ampliada mediante contrato, a ser firmado entre seus administradores e o poder público, que tenha por objeto a fixação de metas de desempenho para o órgão ou entidade, cabendo à lei dispor sobre: (Incluído pela Emenda Constitucional nº 19, de 1998)

I – o prazo de duração do contrato; (Incluído pela Emenda Constitucional nº 19, de 1998)

II – os controles e critérios de avaliação de desempenho, direitos, obrigações e responsabilidade dos dirigentes; (Incluído pela Emenda Constitucional nº 19, de 1998)

III – a remuneração do pessoal. (Incluído pela Emenda Constitucional nº 19, de 1998)

§ 9º O disposto no inciso XI aplica-se às empresas públicas e às sociedades de economia mista, e suas subsidiárias, que receberem recursos da União, dos Estados, do Distrito Federal ou dos Municípios para

CF/1988

pagamento de despesas de pessoal ou de custeio em geral. (Incluído pela Emenda Constitucional nº 19, de 1998)

§ 10. É vedada a percepção simultânea de proventos de aposentadoria decorrentes do art. 40 ou dos arts. 42 e 142 com a remuneração de cargo, emprego ou função pública, ressalvados os cargos acumuláveis na forma desta Constituição, os cargos eletivos e os cargos em comissão declarados em lei de livre nomeação e exoneração. (Incluído pela Emenda Constitucional nº 20, de 1998)

§ 11. Não serão computadas, para efeito dos limites remuneratórios de que trata o inciso XI do *caput* deste artigo, as parcelas de caráter indenizatório previstas em lei. (Incluído pela Emenda Constitucional nº 47, de 2005)

§ 12. Para os fins do disposto no inciso XI do *caput* deste artigo, fica facultado aos Estados e ao Distrito Federal fixar, em seu âmbito, mediante emenda às respectivas Constituições e Lei Orgânica, como limite único, o subsídio mensal dos Desembargadores do respectivo Tribunal de Justiça, limitado a noventa inteiros e vinte e cinco centésimos por cento do subsídio mensal dos Ministros do Supremo Tribunal Federal, não se aplicando o disposto neste parágrafo aos subsídios dos Deputados Estaduais e Distritais e dos Vereadores. (Incluído pela Emenda Constitucional nº 47, de 2005)

§ 13. O servidor público titular de cargo efetivo poderá ser readaptado para exercício de cargo cujas atribuições e responsabilidades sejam compatíveis com a limitação que tenha sofrido em sua capacidade física ou mental, enquanto permanecer nesta condição, desde que possua a habilitação e o nível de escolaridade exigidos para o cargo de destino, mantida a remuneração do cargo de origem. (Incluído pela Emenda Constitucional nº 103, de 2019)

§ 14. A aposentadoria concedida com a utilização de tempo de contribuição decorrente de cargo, emprego ou função pública, inclusive do Regime Geral de Previdência Social, acarretará o rompimento do vínculo que gerou o referido tempo de contribuição. (Incluído pela Emenda Constitucional nº 103, de 2019)

CF/1988

§ 15. É vedada a complementação de aposentadorias de servidores públicos e de pensões por morte a seus dependentes que não seja decorrente do disposto nos §§ 14 a 16 do art. 40 ou que não seja prevista em lei que extinga regime próprio de previdência social. (Incluído pela Emenda Constitucional nº 103, de 2019)

§ 16. Os órgãos e entidades da administração pública, individual ou conjuntamente, devem realizar avaliação das políticas públicas, inclusive com divulgação do objeto a ser avaliado e dos resultados alcançados, na forma da lei. (Incluído pela Emenda Constitucional nº 109, de 2021)

Nova redação – EC 132/2023	Redação anterior – CF/1988
§ 17. Lei complementar estabelecerá normas gerais aplicáveis às administrações tributárias da União, dos Estados, do Distrito Federal e dos Municípios, dispondo sobre deveres, direitos e garantias dos servidores das carreiras de que trata o inciso XXII do *caput*.	Sem correspondente.
§ 18. Para os fins do disposto no inciso XI do *caput* deste artigo, os servidores de carreira das administrações tributárias dos Estados, do Distrito Federal e dos Municípios sujeitam-se ao limite aplicável aos servidores da União.	Sem correspondente.

CF/1988

Art. 146. Cabe à lei complementar:

I – dispor sobre conflitos de competência, em matéria tributária, entre a União, os Estados, o Distrito Federal e os Municípios;

II – regular as limitações constitucionais ao poder de tributar;

III – estabelecer normas gerais em matéria de legislação tributária, especialmente sobre:

a) definição de tributos e de suas espécies, bem como, em relação aos impostos discriminados nesta Constituição, a dos respectivos fatos geradores, bases de cálculo e contribuintes;

b) obrigação, lançamento, crédito, prescrição e decadência tributários;

c) adequado tratamento tributário ao ato cooperativo praticado pelas sociedades cooperativas, **inclusive em relação aos tributos previstos nos arts. 156-A e 195, V;** (Redação dada pelo art. 1º da EC 132/2023).

Nova redação – EC 132/2023	Redação anterior – CF/1988
d) definição de tratamento diferenciado e favorecido para as microempresas e para as empresas de pequeno porte, inclusive regimes especiais ou simplificados no caso dos impostos previstos nos arts. 155, II, e 156-A **e** das contribuições previstas no art. 195, I e V.	d) definição de tratamento diferenciado e favorecido para as microempresas e para as empresas de pequeno porte, inclusive regimes especiais ou simplificados no caso dos impostos previstos nos arts. 155, II, e 156-A, das contribuições <u>sociais</u> previstas no art. 195, I e V, <u>e § 12 e</u> <u>da contribuição a que se refere</u> <u>o art. 239</u> (Redação dada pelo art. 1º da EC 132/2023).

CF/1988

§ 1º A lei complementar de que trata o inciso III, *d*, também poderá instituir um regime único de arrecadação dos impostos e contribuições da União, dos Estados, do Distrito Federal e dos Municípios, observado que: (Primitivo parágrafo único renumerado pela EC132/2023)

I – será opcional para o contribuinte; (Incluído pela Emenda Constitucional nº 42, de 19.12.2003)

II – poderão ser estabelecidas condições de enquadramento diferenciadas por Estado; (Incluído pela Emenda Constitucional nº 42, de 19.12.2003)

III – o recolhimento será unificado e centralizado e a distribuição da parcela de recursos pertencentes aos respectivos entes federados será imediata, vedada qualquer retenção ou condicionamento; (Incluído pela Emenda Constitucional nº 42, de 19.12.2003)

IV – a arrecadação, a fiscalização e a cobrança poderão ser compartilhadas pelos entes federados, adotado cadastro nacional único de contribuintes. (Incluído pela Emenda Constitucional nº 42, de 19.12.2003)

§ 2º É facultado ao optante pelo regime único de que trata o § 1º apurar e recolher os tributos previstos nos arts. 156-A e 195, V, nos termos estabelecidos nesses artigos, hipótese em que as parcelas a eles relativas não serão cobradas pelo regime único. (Incluído pelo art. 1º da Emenda Constitucional nº 132, de 2023)

§ 3º Na hipótese de o recolhimento dos tributos previstos nos arts. 156-A e 195, V, ser realizado por meio do regime único de que trata o § 1º, enquanto perdurar a opção: (Incluído pelo art. 1º da Emenda Constitucional nº 132, de 2023)

I – não será permitida a apropriação de créditos dos tributos previstos nos arts. 156-A e 195, V, pelo contribuinte optante pelo regime único; e

II – será permitida a apropriação de créditos dos tributos previstos nos arts. 156-A e 195, V, pelo adquirente não optante pelo regime único de que trata o § 1º de bens materiais ou imateriais, inclusive direitos, e de serviços do optante, em montante equivalente ao cobrado por meio do regime único.

CF/1988

Art. 153. Compete à União instituir impostos sobre:

I – importação de produtos estrangeiros;

II – exportação, para o exterior, de produtos nacionais ou nacionalizados;

III – renda e proventos de qualquer natureza;

IV – produtos industrializados;

Nova redação – EC 132/2023	Redação anterior – CF/1988
V – operações de crédito e câmbio ou relativas a títulos ou valores mobiliários;	V – operações de crédito, câmbio e seguro, ou relativas a títulos ou valores mobiliários;

CF/1988

VI – propriedade territorial rural;

VII – grandes fortunas, nos termos de lei complementar.

VIII – produção, extração, comercialização ou importação de bens e serviços prejudiciais à saúde ou ao meio ambiente, nos termos de lei complementar. (Incluído pelo art. 1º da Emenda Constitucional nº 132, de 2023)

§ 1º É facultado ao Poder Executivo, atendidas as condições e os limites estabelecidos em lei, alterar as alíquotas dos impostos enumerados nos incisos I, II, IV e V.

§ 2º O imposto previsto no inciso III:

I – será informado pelos critérios da generalidade, da universalidade e da progressividade, na forma da lei;

II – (Revogado pela Emenda Constitucional nº 20, de 1998)

§ 3º O imposto previsto no inciso IV:

I – será seletivo, em função da essencialidade do produto;

CF/1988

II – será não-cumulativo, compensando-se o que for devido em cada operação com o montante cobrado nas anteriores;

III – não incidirá sobre produtos industrializados destinados ao exterior.

IV – terá reduzido seu impacto sobre a aquisição de bens de capital pelo contribuinte do imposto, na forma da lei. (Incluído pela Emenda Constitucional nº 42, de 19.12.2003)

§ 4º O imposto previsto no inciso VI do *caput*: (Redação dada pela Emenda Constitucional nº 42, de 19.12.2003)

I – será progressivo e terá suas alíquotas fixadas de forma a desestimular a manutenção de propriedades improdutivas; (Incluído pela Emenda Constitucional nº 42, de 19.12.2003)

II – não incidirá sobre pequenas glebas rurais, definidas em lei, quando as explore o proprietário que não possua outro imóvel; (Incluído pela Emenda Constitucional nº 42, de 19.12.2003)

III – será fiscalizado e cobrado pelos Municípios que assim optarem, na forma da lei, desde que não implique redução do imposto ou qualquer outra forma de renúncia fiscal. (Incluído pela Emenda Constitucional nº 42, de 19.12.2003) (Regulamento)

§ 5º O ouro, quando definido em lei como ativo financeiro ou instrumento cambial, sujeita-se exclusivamente à incidência do imposto de que trata o inciso V do "*caput*" deste artigo, devido na operação de origem; a alíquota mínima será de um por cento, assegurada a transferência do montante da arrecadação nos seguintes termos: (Vide Emenda Constitucional nº 3, de 1993)

I – trinta por cento para o Estado, o Distrito Federal ou o Território, conforme a origem;

II – setenta por cento para o Município de origem.

§ 6º O imposto previsto no inciso VIII do caput deste artigo: (Incluído pelo art. 1º da Emenda Constitucional nº 132, de 2023)

I – não incidirá sobre as exportações nem sobre as operações com energia elétrica e com telecomunicações;

CF/1988

II – incidirá uma única vez sobre o bem ou serviço;

III – não integrará sua própria base de cálculo;

IV – integrará a base de cálculo dos tributos previstos nos arts. 155, II, 156, III, 156-A e 195, V;

V – poderá ter o mesmo fato gerador e base de cálculo de outros tributos;

VI – terá suas alíquotas fixadas em lei ordinária, podendo ser específicas, por unidade de medida adotada, ou ad valorem;

VII – na extração, o imposto será cobrado independentemente da destinação, caso em que a alíquota máxima corresponderá a 1% (um por cento) do valor de mercado do produto.

CF/1988

SEÇÃO V-A
DO IMPOSTO DE COMPETÊNCIA COMPARTILHADA ENTRE ESTADOS, DISTRITO FEDERAL E MUNICÍPIOS

Art. 156-A. Lei complementar instituirá imposto sobre bens e serviços de competência compartilhada entre Estados, Distrito Federal e Municípios. (Incluído pelo art. 1º da Emenda Constitucional nº 132, de 2023)

§ 1º O imposto previsto no *caput* será informado pelo princípio da neutralidade e atenderá ao seguinte:

I – incidirá sobre operações com bens materiais ou imateriais, inclusive direitos, ou com serviços;

II – incidirá também sobre a importação de bens materiais ou imateriais, inclusive direitos, ou de serviços realizada por pessoa física ou jurídica, ainda que não seja sujeito passivo habitual do imposto, qualquer que seja a sua finalidade;

CF/1988

III – não incidirá sobre as exportações, assegurados ao exportador a manutenção e o aproveitamento dos créditos relativos às operações nas quais seja adquirente de bem material ou imaterial, inclusive direitos, ou serviço, observado o disposto no § 5º, III;

IV – terá legislação única e uniforme em todo o território nacional, ressalvado o disposto no inciso V;

V – cada ente federativo fixará sua alíquota própria por lei específica;

VI – a alíquota fixada pelo ente federativo na forma do inciso V será a mesma para todas as operações com bens materiais ou imateriais, inclusive direitos, ou com serviços, ressalvadas as hipóteses previstas nesta Constituição;

VII – será cobrado pelo somatório das alíquotas do Estado e do Município de destino da operação;

VIII – será não cumulativo, compensando-se o imposto devido pelo contribuinte com o montante cobrado sobre todas as operações nas quais seja adquirente de bem material ou imaterial, inclusive direito, ou de serviço, excetuadas exclusivamente as consideradas de uso ou consumo pessoal especificadas em lei complementar e as hipóteses previstas nesta Constituição;

Nova redação – EC 132/2023	Redação anterior – CF/1988
IX – não integrará sua própria base de cálculo nem a dos tributos previstos nos arts. 153, VIII, **155, II, 156, III** e 195, V;	IX – não integrará sua própria base de cálculo nem a dos tributos previstos nos arts. 153, VIII, e 195, <u>I, "b", IV</u> e V, <u>e da contribuição para o Programa de Integração Social de que trata o art. 239</u>; **(Incluído pelo art. 1º da Emenda Constitucional nº 132, de 2023)**

CF/1988

X – não será objeto de concessão de incentivos e benefícios financeiros ou fiscais relativos ao imposto ou de regimes específicos, diferenciados ou favorecidos de tributação, excetuadas as hipóteses previstas nesta Constituição;

XI – não incidirá nas prestações de serviço de comunicação nas modalidades de radiodifusão sonora e de sons e imagens de recepção livre e gratuita;

XII – resolução do Senado Federal fixará alíquota de referência do imposto para cada esfera federativa, nos termos de lei complementar, que será aplicada se outra não houver sido estabelecida pelo próprio ente federativo;

XIII – sempre que possível, terá seu valor informado, de forma específica, no respectivo documento fiscal.

§ 2º Para fins do disposto no § 1º, V, o Distrito Federal exercerá as competências estadual e municipal na fixação de suas alíquotas.

§ 3º Lei complementar poderá definir como sujeito passivo do imposto a pessoa que concorrer para a realização, a execução ou o pagamento da operação, ainda que residente ou domiciliada no exterior.

§ 4º Para fins de distribuição do produto da arrecadação do imposto, o Comitê Gestor do Imposto sobre Bens e Serviços:

I – reterá montante equivalente ao saldo acumulado de créditos do imposto não compensados pelos contribuintes e não ressarcidos ao final de cada período de apuração e aos valores decorrentes do cumprimento do § 5º, VIII;

II – distribuirá o produto da arrecadação do imposto, deduzida a retenção de que trata o inciso I deste parágrafo, ao ente federativo de destino das operações que não tenham gerado creditamento.

§ 5º Lei complementar disporá sobre:

I – as regras para a distribuição do produto da arrecadação do imposto, disciplinando, entre outros aspectos:

a) a sua forma de cálculo;

Anexo

CF/1988

b) o tratamento em relação às operações em que o imposto não seja recolhido tempestivamente;

c) as regras de distribuição aplicáveis aos regimes favorecidos, específicos e diferenciados de tributação previstos nesta Constituição;

II – o regime de compensação, podendo estabelecer hipóteses em que o aproveitamento do crédito ficará condicionado à verificação do efetivo recolhimento do imposto incidente sobre a operação com bens materiais ou imateriais, inclusive direitos, ou com serviços, desde que:

a) o adquirente possa efetuar o recolhimento do imposto incidente nas suas aquisições de bens ou serviços; ou

b) o recolhimento do imposto ocorra na liquidação financeira da operação;

III – a forma e o prazo para ressarcimento de créditos acumulados pelo contribuinte;

IV – os critérios para a definição do destino da operação, que poderá ser, inclusive, o local da entrega, da disponibilização ou da localização do bem, o da prestação ou da disponibilização do serviço ou o do domicílio ou da localização do adquirente ou destinatário do bem ou serviço, admitidas diferenciações em razão das características da operação;

V – a forma de desoneração da aquisição de bens de capital pelos contribuintes, que poderá ser implementada por meio de:

a) crédito integral e imediato do imposto;

b) diferimento; ou

c) redução em 100% (cem por cento) das alíquotas do imposto;

VI – as hipóteses de diferimento e desoneração do imposto aplicáveis aos regimes aduaneiros especiais e às zonas de processamento de exportação;

VII – o processo administrativo fiscal do imposto;

CF/1988

VIII – as hipóteses de devolução do imposto a pessoas físicas, inclusive os limites e os beneficiários, com o objetivo de reduzir as desigualdades de renda.

IX – os critérios para as obrigações tributárias acessórias, visando à sua simplificação.

§ 6º Lei complementar disporá sobre regimes específicos de tributação para:

I – combustíveis e lubrificantes sobre os quais o imposto incidirá uma única vez, qualquer que seja a sua finalidade, hipótese em que:

a) serão as alíquotas uniformes em todo o território nacional, específicas por unidade de medida e diferenciadas por produto, admitida a não aplicação do disposto no § 1º, V a VII;

b) será vedada a apropriação de créditos em relação às aquisições dos produtos de que trata este inciso destinados a distribuição, comercialização ou revenda;

c) será concedido crédito nas aquisições dos produtos de que trata este inciso por sujeito passivo do imposto, observado o disposto na alínea "b" e no § 1º, VIII;

II – serviços financeiros, operações com bens imóveis, planos de assistência à saúde e concursos de prognósticos, podendo prever:

a) alterações nas alíquotas, nas regras de creditamento e na base de cálculo, admitida, em relação aos adquirentes dos bens e serviços de que trata este inciso, a não aplicação do disposto no § 1º, VIII;

b) hipóteses em que o imposto incidirá sobre a receita ou o faturamento, com alíquota uniforme em todo o território nacional, admitida a não aplicação do disposto no § 1º, V a VII, e, em relação aos adquirentes dos bens e serviços de que trata este inciso, também do disposto no § 1º, VIII;

III – sociedades cooperativas, que será optativo, com vistas a assegurar sua competitividade, observados os princípios da livre concorrência e da isonomia tributária, definindo, inclusive:

Anexo

CF/1988

a) as hipóteses em que o imposto não incidirá sobre as operações realizadas entre a sociedade cooperativa e seus associados, entre estes e aquela e pelas sociedades cooperativas entre si quando associadas para a consecução dos objetivos sociais;

b) o regime de aproveitamento do crédito das etapas anteriores;

IV – serviços de hotelaria, parques de diversão e parques temáticos, agências de viagens e de turismo, bares e restaurantes, atividade esportiva desenvolvida por Sociedade Anônima do Futebol e aviação regional, podendo prever hipóteses de alterações nas alíquotas, nas bases de cálculo e nas regras de creditamento, admitida a não aplicação do disposto no § 1º, V a VIII;

V – operações alcançadas por tratado ou convenção internacional, inclusive referentes a missões diplomáticas, repartições consulares, representações de organismos internacionais e respectivos funcionários acreditados;

VI – serviços de transporte coletivo de passageiros rodoviário intermunicipal e interestadual, ferroviário e hidroviário, podendo prever hipóteses de alterações nas alíquotas e nas regras de creditamento, admitida a não aplicação do disposto no § 1º, V a VIII.

§ 7º A isenção e a imunidade:

I – não implicarão crédito para compensação com o montante devido nas operações seguintes;

II – acarretarão a anulação do crédito relativo às operações anteriores, salvo, na hipótese da imunidade, inclusive em relação ao inciso XI do § 1º, quando determinado em contrário em lei complementar.

§ 8º Para fins do disposto neste artigo, a lei complementar de que trata o *caput* poderá estabelecer o conceito de operações com serviços, seu conteúdo e alcance, admitida essa definição para qualquer operação que não seja classificada como operação com bens materiais ou imateriais, inclusive direitos.

CF/1988

§ 9º Qualquer alteração na legislação federal que reduza ou eleve a arrecadação do imposto:

I – deverá ser compensada pela elevação ou redução, pelo Senado Federal, das alíquotas de referência de que trata o § 1º, XII, de modo a preservar a arrecadação das esferas federativas, nos termos de lei complementar;

II – somente entrará em vigor com o início da produção de efeitos do ajuste das alíquotas de referência de que trata o inciso I deste parágrafo

§ 10. Os Estados, o Distrito Federal e os Municípios poderão optar por vincular suas alíquotas à alíquota de referência de que trata o § 1º, XII.

§ 11. Projeto de lei complementar em tramitação no Congresso Nacional que reduza ou aumente a arrecadação do imposto somente será apreciado se acompanhado de estimativa de impacto no valor das alíquotas de referência de que trata o § 1º, XII.

§ 12. A devolução de que trata o § 5º, VIII, não será considerada nas bases de cálculo de que tratam os arts. 29-A, 198, § 2º, 204, parágrafo único, 212, 212-A, II, e 216, § 6º, não se aplicando a ela, ainda, o disposto no art. 158, IV, "b".

§ 13. A devolução de que trata o § 5º, VIII, será obrigatória nas operações de fornecimento de energia elétrica e de gás liquefeito de petróleo ao consumidor de baixa renda, podendo a lei complementar determinar que seja calculada e concedida no momento da cobrança da operação.

CF/1988

Art. 195. A seguridade social será financiada por toda a sociedade, de forma direta e indireta, nos termos da lei, mediante recursos provenientes dos orçamentos da União, dos Estados, do Distrito Federal e dos Municípios, e das seguintes contribuições sociais:

CF/1988

I – do empregador, da empresa e da entidade a ela equiparada na forma da lei, incidentes sobre: (Redação dada pela Emenda Constitucional nº 20, de 1998)

a) a folha de salários e demais rendimentos do trabalho pagos ou creditados, a qualquer título, à pessoa física que lhe preste serviço, mesmo sem vínculo empregatício; (Incluído pela Emenda Constitucional nº 20, de 1998)

b) a receita ou o faturamento; (Incluído pela Emenda Constitucional nº 20, de 1998)

c) o lucro; (Incluído pela Emenda Constitucional nº 20, de 1998)

II – do trabalhador e dos demais segurados da previdência social, podendo ser adotadas alíquotas progressivas de acordo com o valor do salário de contribuição, não incidindo contribuição sobre aposentadoria e pensão concedidas pelo Regime Geral de Previdência Social; (Redação dada pela Emenda Constitucional nº 103, de 2019)

III – sobre a receita de concursos de prognósticos.

IV – do importador de bens ou serviços do exterior, ou de quem a lei a ele equiparar. (Incluído pela Emenda Constitucional nº 42, de 19.12.2003)

V – sobre bens e serviços, nos termos de lei complementar. (Incluído pelo art. 1º da Emenda Constitucional nº 132, de 2023)

§ 1º As receitas dos Estados, do Distrito Federal e dos Municípios destinadas à seguridade social constarão dos respectivos orçamentos, não integrando o orçamento da União.

§ 2º A proposta de orçamento da seguridade social será elaborada de forma integrada pelos órgãos responsáveis pela saúde, previdência social e assistência social, tendo em vista as metas e prioridades estabelecidas na lei de diretrizes orçamentárias, assegurada a cada área a gestão de seus recursos.

§ 3º A pessoa jurídica em débito com o sistema da seguridade social, como estabelecido em lei, não poderá contratar com o Poder Público nem dele receber benefícios ou incentivos fiscais ou creditícios.

CF/1988

§ 4º A lei poderá instituir outras fontes destinadas a garantir a manutenção ou expansão da seguridade social, obedecido o disposto no art. 154, I.

§ 5º Nenhum benefício ou serviço da seguridade social poderá ser criado, majorado ou estendido sem a correspondente fonte de custeio total.

§ 6º As contribuições sociais de que trata este artigo só poderão ser exigidas após decorridos noventa dias da data da publicação da lei que as houver instituído ou modificado, não se lhes aplicando o disposto no art. 150, III, "b".

§ 7º São isentas de contribuição para a seguridade social as entidades beneficentes de assistência social que atendam às exigências estabelecidas em lei.

§ 8º O produtor, o parceiro, o meeiro e o arrendatário rurais e o pescador artesanal, bem como os respectivos cônjuges, que exerçam suas atividades em regime de economia familiar, sem empregados permanentes, contribuirão para a seguridade social mediante a aplicação de uma alíquota sobre o resultado da comercialização da produção e farão jus aos benefícios nos termos da lei. (Redação dada pela Emenda Constitucional nº 20, de 1998)

Nova redação – EC 132/2023	Redação anterior – CF/1988
§ 9º As contribuições sociais previstas no inciso I do *caput* deste artigo poderão ter alíquotas diferenciadas em razão da atividade econômica, da utilização intensiva de mão de obra, do porte da empresa ou da condição estrutural do mercado de trabalho, sendo também autorizada	§ 9º As contribuições sociais previstas no inciso I do *caput* deste artigo poderão ter alíquotas diferenciadas em razão da atividade econômica, da utilização intensiva de mão de obra, do porte da empresa ou da condição estrutural do mercado de trabalho, sendo também autorizada a adoção

Nova redação – EC 132/2023	Redação anterior – CF/1988
a adoção de bases de cálculo diferenciadas apenas no caso da alínea "c" do inciso I do *caput*.	de bases de cálculo diferenciadas apenas no caso das alíneas "b" e "c" do inciso I do *caput*. (Redação dada pela Emenda Constitucional nº 103, de 2019)

CF/1988

§ 10. A lei definirá os critérios de transferência de recursos para o sistema único de saúde e ações de assistência social da União para os Estados, o Distrito Federal e os Municípios, e dos Estados para os Municípios, observada a respectiva contrapartida de recursos. (Incluído pela Emenda Constitucional nº 20, de 1998)

§ 11. São vedados a moratória e o parcelamento em prazo superior a 60 (sessenta) meses e, na forma de lei complementar, a remissão e a anistia das contribuições sociais de que tratam a alínea "a" do inciso I e o inciso II do *caput*. (Redação dada pela Emenda Constitucional nº 103, de 2019)

§ 12. A lei definirá os setores de atividade econômica para os quais as contribuições incidentes na forma dos incisos I, b; e IV do *caput*, serão não-cumulativas. (Incluído pela Emenda Constitucional nº 42, de 19.12.2003)

§ 13. (Revogado). (Redação dada pela Emenda Constitucional nº 103, de 2019)

§ 14. O segurado somente terá reconhecida como tempo de contribuição ao Regime Geral de Previdência Social a competência cuja contribuição seja igual ou superior à contribuição mínima mensal exigida para sua categoria, assegurado o agrupamento de contribuições. (Incluído pela Emenda Constitucional nº 103, de 2019)

§ 15. A contribuição prevista no inciso V do *caput* poderá ter sua alíquota fixada em lei ordinária. (Incluído pelo art. 1º da Emenda Constitucional nº 132, de 2023)

CF/1988

§ 16. Aplica-se à contribuição prevista no inciso V do *caput* o disposto no art. 156-A, § 1º, I a VI, VIII, X a XIII, § 3º, § 5º, II a VI e IX, e §§ 6º a 11 e 13. (Incluído pelo art. 1º da Emenda Constitucional nº 132, de 2023)

Nova redação – EC 132/2023	Redação anterior – CF/1988
§ 17. A contribuição prevista no inciso V do *caput* não integrará sua própria base de cálculo nem a dos impostos previstos nos arts. 153, VIII, e 156-A.	§ 17. A contribuição prevista no inciso V do *caput* não integrará sua própria base de cálculo nem a dos tributos previstos nos arts. 153, VIII, 156-A <u>e 195, I, "b", e IV, e da contribuição para o Programa de Integração Social de que trata o art. 239.</u> (Incluído pelo art. 1º da Emenda Constitucional nº 132, de 2023)

CF/1988

§ 18. Lei estabelecerá as hipóteses de devolução da contribuição prevista no inciso V do *caput* a pessoas físicas, inclusive em relação a limites e beneficiários, com o objetivo de reduzir as desigualdades de renda. (Incluído pelo art. 1º da Emenda Constitucional nº 132, de 2023)

Nova redação – EC 132/2023	Redação anterior – CF/1988
§ 19. A devolução de que trata o § 18:	§ 19. A devolução de que trata o § 18 <u>não será computada na receita corrente líquida da União para os fins do disposto nos arts. 100, § 15, 166, §§ 9º, 12 e 17, e 198, § 2º.</u> (Incluído pelo art. 1º da Emenda Constitucional nº 132, de 2023)

Nova redação – EC 132/2023	Redação anterior – CF/1988
I – não será computada na receita corrente líquida da União para os fins do disposto nos arts. 100, § 15, 166, §§ 9º, 12 e 17, e 198, § 2º;	§ 19. A devolução de que trata o § 18 não será computada na receita corrente líquida da União para os fins do disposto nos arts. 100, § 15, 166, §§ 9º, 12 e 17, e 198, § 2º. (Incluído pelo art. 1º da Emenda Constitucional nº 132, de 2023)
II – não integrará a base de cálculo para fins do disposto no art. 239.	**Sem correspondente.**

CF/1988

Art. 225. Todos têm direito ao meio ambiente ecologicamente equilibrado, bem de uso comum do povo e essencial à sadia qualidade de vida, impondo-se ao Poder Público e à coletividade o dever de defendê-lo e preservá-lo para as presentes e futuras gerações.

§ 1º Para assegurar a efetividade desse direito, incumbe ao Poder Público:

I – preservar e restaurar os processos ecológicos essenciais e prover o manejo ecológico das espécies e ecossistemas;

II – preservar a diversidade e a integridade do patrimônio genético do País e fiscalizar as entidades dedicadas à pesquisa e manipulação de material genético;

III – definir, em todas as unidades da Federação, espaços territoriais e seus componentes a serem especialmente protegidos, sendo a alteração e a supressão permitidas somente através de lei, vedada qualquer utilização que comprometa a integridade dos atributos que justifiquem sua proteção;

CF/1988

IV – exigir, na forma da lei, para instalação de obra ou atividade potencialmente causadora de significativa degradação do meio ambiente, estudo prévio de impacto ambiental, a que se dará publicidade;

V – controlar a produção, a comercialização e o emprego de técnicas, métodos e substâncias que comportem risco para a vida, a qualidade de vida e o meio ambiente;

VI – promover a educação ambiental em todos os níveis de ensino e a conscientização pública para a preservação do meio ambiente;

VII – proteger a fauna e a flora, vedadas, na forma da lei, as práticas que coloquem em risco sua função ecológica, provoquem a extinção de espécies ou submetam os animais a crueldade.

Nova redação – EC 132/2023	Redação anterior – CF/1988
VIII – manter regime fiscal favorecido para os biocombustíveis e para o hidrogênio de baixa emissão de carbono, na forma de lei complementar, a fim de assegurar-lhes tributação inferior à incidente sobre os combustíveis fósseis, capaz de garantir diferencial competitivo em relação a estes, especialmente em relação à contribuição de que trata o art. 195, V, e aos impostos a que se referem os arts. 155, II, e 156-A.	VIII – manter regime fiscal favorecido para os biocombustíveis e para o hidrogênio de baixa emissão de carbono, na forma de lei complementar, a fim de assegurar-lhes tributação inferior à incidente sobre os combustíveis fósseis, capaz de garantir diferencial competitivo em relação a estes, especialmente em relação às contribuições de que trata<u>m</u> o art. 195, <u>I, "b", IV e V, e o art. 239</u> e aos impostos a que se referem os arts. 155, II, e 156-A. (Redação dada pelo art. 1º da EC 132/2023)

Anexo

CF/1988

§ 2º Aquele que explorar recursos minerais fica obrigado a recuperar o meio ambiente degradado, de acordo com solução técnica exigida pelo órgão público competente, na forma da lei.

§ 3º As condutas e atividades consideradas lesivas ao meio ambiente sujeitarão os infratores, pessoas físicas ou jurídicas, a sanções penais e administrativas, independentemente da obrigação de reparar os danos causados.

§ 4º A Floresta Amazônica brasileira, a Mata Atlântica, a Serra do Mar, o Pantanal Mato-Grossense e a Zona Costeira são patrimônio nacional, e sua utilização far-se-á, na forma da lei, dentro de condições que assegurem a preservação do meio ambiente, inclusive quanto ao uso dos recursos naturais.

§ 5º São indisponíveis as terras devolutas ou arrecadadas pelos Estados, por ações discriminatórias, necessárias à proteção dos ecossistemas naturais.

§ 6º As usinas que operem com reator nuclear deverão ter sua localização definida em lei federal, sem o que não poderão ser instaladas.

§ 7º Para fins do disposto na parte final do inciso VII do § 1º deste artigo, não se consideram cruéis as práticas desportivas que utilizem animais, desde que sejam manifestações culturais, conforme o § 1º do art. 215 desta Constituição Federal, registradas como bem de natureza imaterial integrante do patrimônio cultural brasileiro, devendo ser regulamentadas por lei específica que assegure o bem-estar dos animais envolvidos. (Incluído pela Emenda Constitucional nº 96, de 2017).

Nova redação – EC 132/2023	Redação anterior – CF/1988
Art. 239. A arrecadação **correspondente a 18% (dezoito por cento) da contribuição prevista no art. 195, V, e a** decorrente da contribui**ção** para o Programa de Formação do Patrimônio do Servidor Público, criado pela	**Art. 239.** A arrecadação decorrente das contribuições para o Programa de Integração Social, criado pela Lei Complementar nº 7, de 7 de setembro de 1970, e para o Programa de Formação do Patrimônio do Servidor Público,

Nova redação – EC 132/2023	Redação anterior – CF/1988
Lei Complementar nº 8, de 3 de dezembro de 1970, financia**rão**, nos termos **em** que a lei dispuser, o programa do seguro-desemprego, outras ações da previdência social e o abono de que trata o § 3º deste artigo.	criado pela Lei Complementar nº 8, de 3 de dezembro de 1970, <u>passa, a partir da promulgação desta Constituição, a</u> financiar, nos termos que a lei dispuser, o programa do seguro-desemprego, outras ações da previdência social e o abono de que trata o § 3º deste artigo. (Redação dada pela Emenda Constitucional nº 103, de 2019).

CF/1988

§ 1º Dos recursos mencionados no *caput*, no mínimo 28% (vinte e oito por cento) serão destinados para o financiamento de programas de desenvolvimento econômico, por meio do Banco Nacional de Desenvolvimento Econômico e Social, com critérios de remuneração que preservem o seu valor. (Redação dada pela Emenda Constitucional nº 103, de 2019)

§ 2º Os patrimônios acumulados do Programa de Integração Social e do Programa de Formação do Patrimônio do Servidor Público são preservados, mantendo-se os critérios de saque nas situações previstas nas leis específicas, com exceção da retirada por motivo de casamento, ficando vedada a distribuição da arrecadação de que trata o *"caput"* deste artigo, para depósito nas contas individuais dos participantes.

Nova redação – EC 132/2023	Redação anterior – CF/1988
§ 3º Aos empregados que percebam de empregadores que **recolhem a contribuição prevista no art. 195, V,** ou **a contribuição**	§ 3º Aos empregados que percebam de empregadores que <u>contribuem para o Programa de Integração Social</u> ou para o

Anexo

Nova redação – EC 132/2023	Redação anterior – CF/1988
para o Programa de Formação do Patrimônio do Servidor Público até **2** (dois) salários mínimos de remuneração mensal é assegurado o pagamento de **1** (um) salário mínimo anual, computado neste valor o rendimento das contas individuais, no caso daqueles que já participavam dos referidos programas, até a data de promulgação desta Constituição.	Programa de Formação do Patrimônio do Servidor Público, até dois salários mínimos de remuneração mensal, é assegurado o pagamento de um salário mínimo anual, computado neste valor o rendimento das contas individuais, no caso daqueles que já participavam dos referidos programas, até a data da promulgação desta Constituição.

CF/1988

§ 4º O financiamento do seguro-desemprego receberá uma contribuição adicional da empresa cujo índice de rotatividade da força de trabalho superar o índice médio da rotatividade do setor, na forma estabelecida por lei.

§ 5º Os programas de desenvolvimento econômico financiados na forma do § 1º e seus resultados serão anualmente avaliados e divulgados em meio de comunicação social eletrônico e apresentados em reunião da comissão mista permanente de que trata o § 1º do art. 166. (Incluído pela Emenda Constitucional nº 103, de 2019)

EC 132/2023

Art. 4º A Constituição Federal passa a vigorar com as seguintes alterações:

CF/1988

Art. 146. Cabe à lei complementar:

I – dispor sobre conflitos de competência, em matéria tributária, entre a União, os Estados, o Distrito Federal e os Municípios;

II – regular as limitações constitucionais ao poder de tributar;

III – estabelecer normas gerais em matéria de legislação tributária, especialmente sobre:

a) definição de tributos e de suas espécies, bem como, em relação aos impostos discriminados nesta Constituição, a dos respectivos fatos geradores, bases de cálculo e contribuintes;

b) obrigação, lançamento, crédito, prescrição e decadência tributários;

c) adequado tratamento tributário ao ato cooperativo praticado pelas sociedades cooperativas, **inclusive em relação aos tributos previstos nos arts. 156-A e 195, V;** (Redação dada pelo art. 1º da EC 132/2023).

Nova redação – EC 132/2023	Redação anterior – CF/1988
d) definição de tratamento diferenciado e favorecido para as microempresas e para as empresas de pequeno porte, inclusive regimes especiais ou simplificados no caso do imposto previsto no art. 156-A e das contribuições sociais previstas no art. 195, I e V.	d) definição de tratamento diferenciado e favorecido para as microempresas e para as empresas de pequeno porte, inclusive regimes especiais ou simplificados no caso dos impostos previstos nos arts. 155, II, e 156-A e das contribuições previstas no art. 195, I e V. (Redação dada pelo art. 3º da EC 132/2023).

CF/1988

§ 1º A lei complementar de que trata o inciso III, *d*, também poderá instituir um regime único de arrecadação dos impostos e contribuições da União, dos Estados, do Distrito Federal e dos Municípios, observado que: (Primitivo parágrafo único renumerado pela EC 132/2023)

CF/1988

I – será opcional para o contribuinte; (Incluído pela Emenda Constitucional nº 42, de 19.12.2003)

II – poderão ser estabelecidas condições de enquadramento diferenciadas por Estado; (Incluído pela Emenda Constitucional nº 42, de 19.12.2003)

III – o recolhimento será unificado e centralizado e a distribuição da parcela de recursos pertencentes aos respectivos entes federados será imediata, vedada qualquer retenção ou condicionamento; (Incluído pela Emenda Constitucional nº 42, de 19.12.2003)

IV – a arrecadação, a fiscalização e a cobrança poderão ser compartilhadas pelos entes federados, adotado cadastro nacional único de contribuintes. (Incluído pela Emenda Constitucional nº 42, de 19.12.2003)

§ 2º É facultado ao optante pelo regime único de que trata o § 1º apurar e recolher os tributos previstos nos arts. 156-A e 195, V, nos termos estabelecidos nesses artigos, hipótese em que as parcelas a eles relativas não serão cobradas pelo regime único. (Incluído pelo art. 1º da Emenda Constitucional nº 132, de 2023)

§ 3º Na hipótese de o recolhimento dos tributos previstos nos arts. 156-A e 195, V, ser realizado por meio do regime único de que trata o § 1º, enquanto perdurar a opção: (Incluído pelo art. 1º da Emenda Constitucional nº 132, de 2023)

I – não será permitida a apropriação de créditos dos tributos previstos nos arts. 156-A e 195, V, pelo contribuinte optante pelo regime único; e

II – será permitida a apropriação de créditos dos tributos previstos nos arts. 156-A e 195, V, pelo adquirente não optante pelo regime único de que trata o § 1º de bens materiais ou imateriais, inclusive direitos, e de serviços do optante, em montante equivalente ao cobrado por meio do regime único.

CF/1988

Art. 150. Sem prejuízo de outras garantias asseguradas ao contribuinte, é vedado à União, aos Estados, ao Distrito Federal e aos Municípios:

I – exigir ou aumentar tributo sem lei que o estabeleça;

II – instituir tratamento desigual entre contribuintes que se encontrem em situação equivalente, proibida qualquer distinção em razão de ocupação profissional ou função por eles exercida, independentemente da denominação jurídica dos rendimentos, títulos ou direitos;

III – cobrar tributos:

a) em relação a fatos geradores ocorridos antes do início da vigência da lei que os houver instituído ou aumentado;

b) no mesmo exercício financeiro em que haja sido publicada a lei que os instituiu ou aumentou;

c) antes de decorridos noventa dias da data em que haja sido publicada a lei que os instituiu ou aumentou, observado o disposto na alínea b; (Incluído pela Emenda Constitucional nº 42, de 19.12.2003)

IV – utilizar tributo com efeito de confisco;

V – estabelecer limitações ao tráfego de pessoas ou bens, por meio de tributos interestaduais ou intermunicipais, ressalvada a cobrança de pedágio pela utilização de vias conservadas pelo Poder Público;

VI – instituir impostos sobre:

a) patrimônio, renda ou serviços, uns dos outros;

b) **entidades religiosas e** templos de qualquer culto, **inclusive suas organizações assistenciais e beneficentes**; (Redação dada pelo art. 1º da EC 132/2023)

c) patrimônio, renda ou serviços dos partidos políticos, inclusive suas fundações, das entidades sindicais dos trabalhadores, das instituições de educação e de assistência social, sem fins lucrativos, atendidos os requisitos da lei;

d) livros, jornais, periódicos e o papel destinado a sua impressão;

CF/1988

e) fonogramas e videofonogramas musicais produzidos no Brasil contendo obras musicais ou literomusicais de autores brasileiros e/ou obras em geral interpretadas por artistas brasileiros bem como os suportes materiais ou arquivos digitais que os contenham, salvo na etapa de replicação industrial de mídias ópticas de leitura a laser. (Incluída pela Emenda Constitucional nº 75, de 15.10.2013)

§ 1º A vedação do inciso III, b, não se aplica aos tributos previstos nos arts. 148, I, 153, I, II, IV e V; e 154, II; e a vedação do inciso III, c, não se aplica aos tributos previstos nos arts. 148, I, 153, I, II, III e V; e 154, II, nem à fixação da base de cálculo dos impostos previstos nos arts. 155, III, e 156, I. (Redação dada pela Emenda Constitucional nº 42, de 19.12.2003)

§ 2º A vedação do inciso VI, "a", é extensiva às autarquias e às fundações instituídas e mantidas pelo poder público e **à empresa pública prestadora de serviço postal**, no que se refere ao patrimônio, à renda e aos serviços vinculados a suas finalidades essenciais ou às delas decorrentes. (Redação dada pelo art. 1º da Emenda Constitucional 132/2023)

§ 3º As vedações do inciso VI, "a", e do parágrafo anterior não se aplicam ao patrimônio, à renda e aos serviços, relacionados com exploração de atividades econômicas regidas pelas normas aplicáveis a empreendimentos privados, ou em que haja contraprestação ou pagamento de preços ou tarifas pelo usuário, nem exonera o promitente comprador da obrigação de pagar imposto relativamente ao bem imóvel.

§ 4º As vedações expressas no inciso VI, alíneas "b" e "c", compreendem somente o patrimônio, a renda e os serviços, relacionados com as finalidades essenciais das entidades nelas mencionadas.

§ 5º A lei determinará medidas para que os consumidores sejam esclarecidos acerca dos impostos que incidam sobre mercadorias e serviços.

Nova redação – EC 132/2023	Redação anterior – CF/1988
§ 6º Qualquer subsídio ou isenção, redução de base de cálculo, concessão de crédito presumido, anistia ou remissão, relativos a impostos, taxas ou contribuições, só poderá ser concedido mediante lei específica, federal, estadual ou municipal, que regule exclusivamente as matérias acima enumeradas ou o correspondente tributo ou contribuição.	§ 6º Qualquer subsídio ou isenção, redução de base de cálculo, concessão de crédito presumido, anistia ou remissão, relativos a impostos, taxas ou contribuições, só poderá ser concedido mediante lei específica, federal, estadual ou municipal, que regule exclusivamente as matérias acima enumeradas ou o correspondente tributo ou contribuição, <u>sem prejuízo do disposto no art. 155, § 2.º, XII, g.</u> (Redação dada pela Emenda Constitucional nº 3, de 1993)

CF/1988

§ 7º A lei poderá atribuir a sujeito passivo de obrigação tributária a condição de responsável pelo pagamento de imposto ou contribuição, cujo fato gerador deva ocorrer posteriormente, assegurada a imediata e preferencial restituição da quantia paga, caso não se realize o fato gerador presumido. (Incluído pela Emenda Constitucional nº 3, de 1993)

CF/1988

Art. 153. Compete à União instituir impostos sobre:

I – importação de produtos estrangeiros;

II – exportação, para o exterior, de produtos nacionais ou nacionalizados;

III – renda e proventos de qualquer natureza;

CF/1988

IV – produtos industrializados;

V – operações de crédito e câmbio ou relativas a títulos ou valores mobiliários; (Redação dada pelo art. 3º da EC 132/2023)

VI – propriedade territorial rural;

VII – grandes fortunas, nos termos de lei complementar.

VIII – produção, extração, comercialização ou importação de bens e serviços prejudiciais à saúde ou ao meio ambiente, nos termos de lei complementar. (Incluído pelo art. 1º da Emenda Constitucional nº 132, de 2023)

§ 1º É facultado ao Poder Executivo, atendidas as condições e os limites estabelecidos em lei, alterar as alíquotas dos impostos enumerados nos incisos I, II, IV e V.

§ 2º O imposto previsto no inciso III:

I – será informado pelos critérios da generalidade, da universalidade e da progressividade, na forma da lei;

II – (Revogado pela Emenda Constitucional nº 20, de 1998)

§ 3º O imposto previsto no inciso IV:

I – será seletivo, em função da essencialidade do produto;

II – será não-cumulativo, compensando-se o que for devido em cada operação com o montante cobrado nas anteriores;

III – não incidirá sobre produtos industrializados destinados ao vexterior.

IV – terá reduzido seu impacto sobre a aquisição de bens de capital pelo contribuinte do imposto, na forma da lei. (Incluído pela Emenda Constitucional nº 42, de 19.12.2003)

§ 4º O imposto previsto no inciso VI do *caput*: (Redação dada pela Emenda Constitucional nº 42, de 19.12.2003)

I – será progressivo e terá suas alíquotas fixadas de forma a desestimular a manutenção de propriedades improdutivas; (Incluído pela Emenda Constitucional nº 42, de 19.12.2003)

CF/1988

II – não incidirá sobre pequenas glebas rurais, definidas em lei, quando as explore o proprietário que não possua outro imóvel; (Incluído pela Emenda Constitucional nº 42, de 19.12.2003)

III – será fiscalizado e cobrado pelos Municípios que assim optarem, na forma da lei, desde que não implique redução do imposto ou qualquer outra forma de renúncia fiscal. (Incluído pela Emenda Constitucional nº 42, de 19.12.2003) (Regulamento)

§ 5º O ouro, quando definido em lei como ativo financeiro ou instrumento cambial, sujeita-se exclusivamente à incidência do imposto de que trata o inciso V do *"caput"* deste artigo, devido na operação de origem; a alíquota mínima será de um por cento, assegurada a transferência do montante da arrecadação nos seguintes termos: (Vide Emenda Constitucional nº 3, de 1993)

I – trinta por cento para o Estado, o Distrito Federal ou o Território, conforme a origem;

II – setenta por cento para o Município de origem.

§ 6º O imposto previsto no inciso VIII do *caput* deste artigo: (Incluído pelo art. 1º da Emenda Constitucional nº 132, de 2023)

I – não incidirá sobre as exportações nem sobre as operações com energia elétrica e com telecomunicações;

II – incidirá uma única vez sobre o bem ou serviço;

III – não integrará sua própria base de cálculo;

Nova redação – EC 132/2023	Redação anterior – CF/1988
IV – integrará a base de cálculo dos tributos previstos nos arts. 156-A e 195, V;	IV – integrará a base de cálculo dos tributos previstos nos arts. 155, II, 156, III, 156-A e 195, V; (Redação dada pelo art. 1º da Emenda Constitucional 132/2023)

CF/1988

V – poderá ter o mesmo fato gerador e base de cálculo de outros tributos;

VI – terá suas alíquotas fixadas em lei ordinária, podendo ser específicas, por unidade de medida adotada, ou *ad valorem*;

VII – na extração, o imposto será cobrado independentemente da destinação, caso em que a alíquota máxima corresponderá a 1% (um por cento) do valor de mercado do produto.

CF/1988

SEÇÃO V-A
DO IMPOSTO DE COMPETÊNCIA COMPARTILHADA
ENTRE ESTADOS, DISTRITO FEDERAL E MUNICÍPIOS

Art. 156-A. Lei complementar instituirá imposto sobre bens e serviços de competência compartilhada entre Estados, Distrito Federal e Municípios. (Incluído pelo art. 1º da Emenda Constitucional nº 132, de 2023)

§ 1º O imposto previsto no *caput* será informado pelo princípio da neutralidade e atenderá ao seguinte:

I – incidirá sobre operações com bens materiais ou imateriais, inclusive direitos, ou com serviços;

II – incidirá também sobre a importação de bens materiais ou imateriais, inclusive direitos, ou de serviços realizada por pessoa física ou jurídica, ainda que não seja sujeito passivo habitual do imposto, qualquer que seja a sua finalidade;

III – não incidirá sobre as exportações, assegurados ao exportador a manutenção e o aproveitamento dos créditos relativos às operações nas quais seja adquirente de bem material ou imaterial, inclusive direitos, ou serviço, observado o disposto no § 5º, III;

IV – terá legislação única e uniforme em todo o território nacional, ressalvado o disposto no inciso V;

CF/1988

V – cada ente federativo fixará sua alíquota própria por lei específica;

VI – a alíquota fixada pelo ente federativo na forma do inciso V será a mesma para todas as operações com bens materiais ou imateriais, inclusive direitos, ou com serviços, ressalvadas as hipóteses previstas nesta Constituição;

VII – será cobrado pelo somatório das alíquotas do Estado e do Município de destino da operação;

VIII – será não cumulativo, compensando-se o imposto devido pelo contribuinte com o montante cobrado sobre todas as operações nas quais seja adquirente de bem material ou imaterial, inclusive direito, ou de serviço, excetuadas exclusivamente as consideradas de uso ou consumo pessoal especificadas em lei complementar e as hipóteses previstas nesta Constituição;

Nova redação – EC 132/2023	Redação anterior – CF/1988
IX – não integrará sua própria base de cálculo nem a dos tributos previstos nos arts. 153, VIII, e 195, V;	IX – não integrará sua própria base de cálculo nem a dos tributos previstos nos arts. 153, VIII, 155, II, 156, III e 195, V; **(Redação dada pelo art. 3º da Emenda Constitucional nº 132, de 2023)**

CF/1988

X – não será objeto de concessão de incentivos e benefícios financeiros ou fiscais relativos ao imposto ou de regimes específicos, diferenciados ou favorecidos de tributação, excetuadas as hipóteses previstas nesta Constituição;

XI – não incidirá nas prestações de serviço de comunicação nas modalidades de radiodifusão sonora e de sons e imagens de recepção livre e gratuita;

Anexo

CF/1988

XII – resolução do Senado Federal fixará alíquota de referência do imposto para cada esfera federativa, nos termos de lei complementar, que será aplicada se outra não houver sido estabelecida pelo próprio ente federativo;

XIII – sempre que possível, terá seu valor informado, de forma específica, no respectivo documento fiscal.

§ 2º Para fins do disposto no § 1º, V, o Distrito Federal exercerá as competências estadual e municipal na fixação de suas alíquotas.

§ 3º Lei complementar poderá definir como sujeito passivo do imposto a pessoa que concorrer para a realização, a execução ou o pagamento da operação, ainda que residente ou domiciliada no exterior.

§ 4º Para fins de distribuição do produto da arrecadação do imposto, o Comitê Gestor do Imposto sobre Bens e Serviços:

I – reterá montante equivalente ao saldo acumulado de créditos do imposto não compensados pelos contribuintes e não ressarcidos ao final de cada período de apuração e aos valores decorrentes do cumprimento do § 5º, VIII;

II – distribuirá o produto da arrecadação do imposto, deduzida a retenção de que trata o inciso I deste parágrafo, ao ente federativo de destino das operações que não tenham gerado creditamento.

§ 5º Lei complementar disporá sobre:

I – as regras para a distribuição do produto da arrecadação do imposto, disciplinando, entre outros aspectos:

a) a sua forma de cálculo;

b) o tratamento em relação às operações em que o imposto não seja recolhido tempestivamente;

c) as regras de distribuição aplicáveis aos regimes favorecidos, específicos e diferenciados de tributação previstos nesta Constituição;

II – o regime de compensação, podendo estabelecer hipóteses em que o aproveitamento do crédito ficará condicionado à

CF/1988

verificação do efetivo recolhimento do imposto incidente sobre a operação com bens materiais ou imateriais, inclusive direitos, ou com serviços, desde que:

a) o adquirente possa efetuar o recolhimento do imposto incidente nas suas aquisições de bens ou serviços; ou

b) o recolhimento do imposto ocorra na liquidação financeira da operação;

III – a forma e o prazo para ressarcimento de créditos acumulados pelo contribuinte;

IV – os critérios para a definição do destino da operação, que poderá ser, inclusive, o local da entrega, da disponibilização ou da localização do bem, o da prestação ou da disponibilização do serviço ou o do domicílio ou da localização do adquirente ou destinatário do bem ou serviço, admitidas diferenciações em razão das características da operação;

V – a forma de desoneração da aquisição de bens de capital pelos contribuintes, que poderá ser implementada por meio de:

a) crédito integral e imediato do imposto;

b) diferimento; ou

c) redução em 100% (cem por cento) das alíquotas do imposto;

VI – as hipóteses de diferimento e desoneração do imposto aplicáveis aos regimes aduaneiros especiais e às zonas de processamento de exportação;

VII – o processo administrativo fiscal do imposto;

VIII – as hipóteses de devolução do imposto a pessoas físicas, inclusive os limites e os beneficiários, com o objetivo de reduzir as desigualdades de renda.

IX – os critérios para as obrigações tributárias acessórias, visando à sua simplificação.

§ 6º Lei complementar disporá sobre regimes específicos de tributação para:

CF/1988

I – combustíveis e lubrificantes sobre os quais o imposto incidirá uma única vez, qualquer que seja a sua finalidade, hipótese em que:

a) serão as alíquotas uniformes em todo o território nacional, específicas por unidade de medida e diferenciadas por produto, admitida a não aplicação do disposto no § 1º, V a VII;

b) será vedada a apropriação de créditos em relação às aquisições dos produtos de que trata este inciso destinados a distribuição, comercialização ou revenda;

c) será concedido crédito nas aquisições dos produtos de que trata este inciso por sujeito passivo do imposto, observado o disposto na alínea "b" e no § 1º, VIII;

II – serviços financeiros, operações com bens imóveis, planos de assistência à saúde e concursos de prognósticos, podendo prever:

a) alterações nas alíquotas, nas regras de creditamento e na base de cálculo, admitida, em relação aos adquirentes dos bens e serviços de que trata este inciso, a não aplicação do disposto no § 1º, VIII;

b) hipóteses em que o imposto incidirá sobre a receita ou o faturamento, com alíquota uniforme em todo o território nacional, admitida a não aplicação do disposto no § 1º, V a VII, e, em relação aos adquirentes dos bens e serviços de que trata este inciso, também do disposto no § 1º, VIII;

III – sociedades cooperativas, que será optativo, com vistas a assegurar sua competitividade, observados os princípios da livre concorrência e da isonomia tributária, definindo, inclusive:

a) as hipóteses em que o imposto não incidirá sobre as operações realizadas entre a sociedade cooperativa e seus associados, entre estes e aquela e pelas sociedades cooperativas entre si quando associadas para a consecução dos objetivos sociais;

b) o regime de aproveitamento do crédito das etapas anteriores;

CF/1988

IV – serviços de hotelaria, parques de diversão e parques temáticos, agências de viagens e de turismo, bares e restaurantes, atividade esportiva desenvolvida por Sociedade Anônima do Futebol e aviação regional, podendo prever hipóteses de alterações nas alíquotas, nas bases de cálculo e nas regras de creditamento, admitida a não aplicação do disposto no § 1º, V a VIII;

V – operações alcançadas por tratado ou convenção internacional, inclusive referentes a missões diplomáticas, repartições consulares, representações de organismos internacionais e respectivos funcionários acreditados;

VI – serviços de transporte coletivo de passageiros rodoviário intermunicipal e interestadual, ferroviário e hidroviário, podendo prever hipóteses de alterações nas alíquotas e nas regras de creditamento, admitida a não aplicação do disposto no § 1º, V a VIII.

§ 7º A isenção e a imunidade:

I – não implicarão crédito para compensação com o montante devido nas operações seguintes;

II – acarretarão a anulação do crédito relativo às operações anteriores, salvo, na hipótese da imunidade, inclusive em relação ao inciso XI do § 1º, quando determinado em contrário em lei complementar.

§ 8º Para fins do disposto neste artigo, a lei complementar de que trata o *caput* poderá estabelecer o conceito de operações com serviços, seu conteúdo e alcance, admitida essa definição para qualquer operação que não seja classificada como operação com bens materiais ou imateriais, inclusive direitos.

§ 9º Qualquer alteração na legislação federal que reduza ou eleve a arrecadação do imposto:

I – deverá ser compensada pela elevação ou redução, pelo Senado Federal, das alíquotas de referência de que trata o § 1º, XII, de modo a preservar a arrecadação das esferas federativas, nos termos de lei complementar;

CF/1988

II – somente entrará em vigor com o início da produção de efeitos do ajuste das alíquotas de referência de que trata o inciso I deste parágrafo

§ 10. Os Estados, o Distrito Federal e os Municípios poderão optar por vincular suas alíquotas à alíquota de referência de que trata o § 1º, XII.

§ 11. Projeto de lei complementar em tramitação no Congresso Nacional que reduza ou aumente a arrecadação do imposto somente será apreciado se acompanhado de estimativa de impacto no valor das alíquotas de referência de que trata o § 1º, XII.

§ 12. A devolução de que trata o § 5º, VIII, não será considerada nas bases de cálculo de que tratam os arts. 29-A, 198, § 2º, 204, parágrafo único, 212, 212-A, II, e 216, § 6º, não se aplicando a ela, ainda, o disposto no art. 158, IV, "b".

§ 13. A devolução de que trata o § 5º, VIII, será obrigatória nas operações de fornecimento de energia elétrica e de gás liquefeito de petróleo ao consumidor de baixa renda, podendo a lei complementar determinar que seja calculada e concedida no momento da cobrança da operação.

CF/1988

Art. 159. A União entregará:

Nova redação – EC 132/2023	Redação anterior – CF/1988
I – do produto da arrecadação dos impostos sobre renda e proventos de qualquer natureza e sobre produtos industrializados **e do imposto previsto no art. 153, VIII,** 50% (cinquenta por cento), da seguinte forma:	I – do produto da arrecadação dos impostos sobre renda e proventos de qualquer natureza e sobre produtos industrializados, 50% (cinquenta por cento), da seguinte forma: (Redação dada pela Emenda Constitucional nº 112, de 2021)

CF/1988

a) vinte e um inteiros e cinco décimos por cento ao Fundo de Participação dos Estados e do Distrito Federal; (Vide Lei Complementar nº 62, de 1989)

b) vinte e dois inteiros e cinco décimos por cento ao Fundo de Participação dos Municípios;

c) três por cento, para aplicação em programas de financiamento ao setor produtivo das Regiões Norte, Nordeste e Centro-Oeste, através de suas instituições financeiras de caráter regional, de acordo com os planos regionais de desenvolvimento, ficando assegurada ao semi--árido do Nordeste a metade dos recursos destinados à Região, na forma que a lei estabelecer;

d) um por cento ao Fundo de Participação dos Municípios, que será entregue no primeiro decêndio do mês de dezembro de cada ano; (Incluído pela Emenda Constitucional nº 55, de 2007)

e) 1% (um por cento) ao Fundo de Participação dos Municípios, que será entregue no primeiro decêndio do mês de julho de cada ano; (Incluída pela Emenda Constitucional nº 84, de 2014)

f) 1% (um por cento) ao Fundo de Participação dos Municípios, que será entregue no primeiro decêndio do mês de setembro de cada ano; (Incluído pela Emenda Constitucional nº 112, de 2021)

II – do produto da arrecadação do imposto sobre produtos industrializados **e do imposto previsto no art. 153, VIII, 10%** (dez por cento) aos Estados e ao Distrito Federal, proporcionalmente ao valor das respectivas exportações de produtos industrializados. (Redação dada pelo art. 1º da Emenda Constitucional 132/2023)

III – do produto da arrecadação da contribuição de intervenção no domínio econômico prevista no art. 177, § 4º, 29% (vinte e nove por cento) para os Estados e o Distrito Federal, distribuídos na forma da lei, observadas as destina**ções a que se referem as alíneas "c" e "d" d**o inciso II do referido parágrafo. (Redação dada pelo art. 1º da Emenda Constitucional 132/2023)

CF/1988

§ 1º Para efeito de cálculo da entrega a ser efetuada de acordo com o previsto no inciso I, excluir-se-á a parcela da arrecadação do imposto de renda e proventos de qualquer natureza pertencente aos Estados, ao Distrito Federal e aos Municípios, nos termos do disposto nos arts. 157, I, e 158, I.

§ 2º A nenhuma unidade federada poderá ser destinada parcela superior a vinte por cento do montante a que se refere o inciso II, devendo o eventual excedente ser distribuído entre os demais participantes, mantido, em relação a esses, o critério de partilha nele estabelecido.

Nova redação – EC 132/2023	Redação anterior – CF/1988
§ 3º Os Estados entregarão aos respectivos Municípios 25% (vinte e cinco por cento) dos recursos que receberem nos termos do inciso II do *caput* deste artigo, observados os critérios estabelecidos no art. 158, § 2º.	§ 3º Os Estados entregarão aos respectivos Municípios 25% (vinte e cinco por cento) dos recursos que receberem nos termos do inciso II do *caput* deste artigo, observados os critérios estabelecidos no <u>art. 158, § 1º, para a parcela relativa ao imposto sobre produtos industrializados, e no</u> art. 158, § 2º, <u>para a parcela relativa ao imposto previsto no art. 153, VIII.</u> (Redação dada pelo art. 1º da Emenda Constitucional 132/2023)

CF/1988

§ 4º Do montante de recursos de que trata o inciso III que cabe a cada Estado, vinte e cinco por cento serão destinados aos seus Municípios, na forma da lei a que se refere o mencionado inciso. (Incluído pela Emenda Constitucional nº 42, de 19.12.2003)

CF/1988

Art. 195. A seguridade social será financiada por toda a sociedade, de forma direta e indireta, nos termos da lei, mediante recursos provenientes dos orçamentos da União, dos Estados, do Distrito Federal e dos Municípios, e das seguintes contribuições sociais:

I – do empregador, da empresa e da entidade a ela equiparada na forma da lei, incidentes sobre: (Redação dada pela Emenda Constitucional nº 20, de 1998)

a) a folha de salários e demais rendimentos do trabalho pagos ou creditados, a qualquer título, à pessoa física que lhe preste serviço, mesmo sem vínculo empregatício; (Incluído pela Emenda Constitucional nº 20, de 1998)

b) a receita ou o faturamento; (Incluído pela Emenda Constitucional nº 20, de 1998)

c) o lucro; (Incluído pela Emenda Constitucional nº 20, de 1998)

II – do trabalhador e dos demais segurados da previdência social, podendo ser adotadas alíquotas progressivas de acordo com o valor do salário de contribuição, não incidindo contribuição sobre aposentadoria e pensão concedidas pelo Regime Geral de Previdência Social; (Redação dada pela Emenda Constitucional nº 103, de 2019)

III – sobre a receita de concursos de prognósticos.

IV – do importador de bens ou serviços do exterior, ou de quem a lei a ele equiparar. (Incluído pela Emenda Constitucional nº 42, de 19.12.2003)

V – sobre bens e serviços, nos termos de lei complementar. (Incluído pelo art. 1º da Emenda Constitucional nº 132, de 2023)

§ 1º As receitas dos Estados, do Distrito Federal e dos Municípios destinadas à seguridade social constarão dos respectivos orçamentos, não integrando o orçamento da União.

§ 2º A proposta de orçamento da seguridade social será elaborada de forma integrada pelos órgãos responsáveis pela saúde, previdência social e assistência social, tendo em vista as metas e prioridades estabelecidas na lei de diretrizes orçamentárias, assegurada a cada área a gestão de seus recursos.

Anexo

CF/1988

§ 3º A pessoa jurídica em débito com o sistema da seguridade social, como estabelecido em lei, não poderá contratar com o Poder Público nem dele receber benefícios ou incentivos fiscais ou creditícios.

§ 4º A lei poderá instituir outras fontes destinadas a garantir a manutenção ou expansão da seguridade social, obedecido o disposto no art. 154, I.

§ 5º Nenhum benefício ou serviço da seguridade social poderá ser criado, majorado ou estendido sem a correspondente fonte de custeio total.

§ 6º As contribuições sociais de que trata este artigo só poderão ser exigidas após decorridos noventa dias da data da publicação da lei que as houver instituído ou modificado, não se lhes aplicando o disposto no art. 150, III, "b".

§ 7º São isentas de contribuição para a seguridade social as entidades beneficentes de assistência social que atendam às exigências estabelecidas em lei.

§ 8º O produtor, o parceiro, o meeiro e o arrendatário rurais e o pescador artesanal, bem como os respectivos cônjuges, que exerçam suas atividades em regime de economia familiar, sem empregados permanentes, contribuirão para a seguridade social mediante a aplicação de uma alíquota sobre o resultado da comercialização da produção e farão jus aos benefícios nos termos da lei. (Redação dada pela Emenda Constitucional nº 20, de 1998)

§ 9º As contribuições sociais previstas no inciso I do *caput* deste artigo poderão ter alíquotas diferenciadas em razão da atividade econômica, da utilização intensiva de mão de obra, do porte da empresa ou da condição estrutural do mercado de trabalho, sendo também autorizada a adoção de bases de cálculo diferenciadas apenas no caso da alínea "c" do inciso I do *caput*. (Redação dada pelo art. 3º da Emenda Constitucional nº 132, de 2023)

§ 10. A lei definirá os critérios de transferência de recursos para o sistema único de saúde e ações de assistência social da União para os Estados, o Distrito Federal e os Municípios, e dos Estados para os

CF/1988

Municípios, observada a respectiva contrapartida de recursos. (Incluído pela Emenda Constitucional nº 20, de 1998)

§ 11. São vedados a moratória e o parcelamento em prazo superior a 60 (sessenta) meses e, na forma de lei complementar, a remissão e a anistia das contribuições sociais de que tratam a alínea "a" do inciso I e o inciso II do *caput*. (Redação dada pela Emenda Constitucional nº 103, de 2019)

§ 12. A lei definirá os setores de atividade econômica para os quais as contribuições incidentes na forma dos incisos I, b; e IV do *caput*, serão não-cumulativas. (Incluído pela Emenda Constitucional nº 42, de 19.12.2003)

§ 13. (Revogado). (Redação dada pela Emenda Constitucional nº 103, de 2019)

§ 14. O segurado somente terá reconhecida como tempo de contribuição ao Regime Geral de Previdência Social a competência cuja contribuição seja igual ou superior à contribuição mínima mensal exigida para sua categoria, assegurado o agrupamento de contribuições. (Incluído pela Emenda Constitucional nº 103, de 2019)

§ 15. A contribuição prevista no inciso V do *caput* poderá ter sua alíquota fixada em lei ordinária. (Incluído pelo art. 1º da Emenda Constitucional nº 132, de 2023)

§ 16. Aplica-se à contribuição prevista no inciso V do *caput* o disposto no art. 156-A, § 1º, I a VI, VIII, X a XIII, § 3º, § 5º, II a VI e IX, e §§ 6º a 11 e 13. (Incluído pelo art. 1º da Emenda Constitucional nº 132, de 2023)

Nova redação – EC 132/2023	Redação anterior – CF/1988
§ 17. A contribuição prevista no inciso V do *caput* não integrará sua própria base de cálculo nem a dos impostos previstos nos arts. 153, VIII, e 156-A.	§ 17. A contribuição prevista no inciso V do *caput* não integrará sua própria base de cálculo nem a dos impostos previstos nos arts. 153, VIII, e 156-A. (Redação dada pelo art. 3º da Emenda Constitucional nº 132, de 2023)

CF/1988

§ 18. Lei estabelecerá as hipóteses de devolução da contribuição prevista no inciso V do *caput* a pessoas físicas, inclusive em relação a limites e beneficiários, com o objetivo de reduzir as desigualdades de renda. (Incluído pelo art. 1º da Emenda Constitucional nº 132, de 2023)

§ 19. A devolução de que trata o § 18: (Redação dada pelo art. 3º da Emenda Constitucional nº 132, de 2023)

I – não será computada na receita corrente líquida da União para os fins do disposto nos arts. 100, § 15, 166, §§ 9º, 12 e 17, e 198, § 2º;

II – não integrará a base de cálculo para fins do disposto no art. 239.

CF/1988

Art. 212-A. Os Estados, o Distrito Federal e os Municípios destinarão parte dos recursos a que se refere o *caput* do art. 212 desta Constituição à manutenção e ao desenvolvimento do ensino na educação básica e à remuneração condigna de seus profissionais, respeitadas as seguintes disposições: (Incluído pela Emenda Constitucional nº 108, de 2020)

I – a distribuição dos recursos e de responsabilidades entre o Distrito Federal, os Estados e seus Municípios é assegurada mediante a instituição, no âmbito de cada Estado e do Distrito Federal, de um Fundo de Manutenção e Desenvolvimento da Educação Básica e de Valorização dos Profissionais da Educação (Fundeb), de natureza contábil;

II – os fundos referidos no inciso I do *caput* deste artigo serão constituídos por 20% (vinte por cento): (Redação dada pelo art. 1º da Emenda Constitucional 132/2023)

a) das parcelas dos Estados no imposto de que trata o art. 156-A;

b) da parcela do Distrito Federal no imposto de que trata o art. 156-A, relativa ao exercício de sua competência estadual, nos termos do art. 156-A, § 2º; e

Nova redação – EC 132/2023	Redação anterior – CF/1988
c) dos recursos a que se referem os incisos I e III do *caput* do art. 155, o inciso II do *caput* do art. 157, os incisos II, III e IV do *caput* do art. 158 e as alíneas "a" e "b" do inciso I e o inciso II do *caput* do art. 159 desta Constituição;	c) dos recursos a que se referem os incisos I, II e III do *caput* do art. 155, o inciso II do *caput* do art. 157, os incisos II, III e IV do *caput* do art. 158 e as alíneas "a" e "b" do inciso I e o inciso II do *caput* do art. 159 desta Constituição; (Redação dada pelo art. 1º da Emenda Constitucional 132/2023)

CF/1988

III – os recursos referidos no inciso II do *caput* deste artigo serão distribuídos entre cada Estado e seus Municípios, proporcionalmente ao número de alunos das diversas etapas e modalidades da educação básica presencial matriculados nas respectivas redes, nos âmbitos de atuação prioritária, conforme estabelecido nos §§ 2º e 3º do art. 211 desta Constituição, observadas as ponderações referidas na alínea "a" do inciso X do *caput* e no § 2º deste artigo; (Incluído pela Emenda Constitucional nº 108, de 2020)

IV – a União complementará os recursos dos fundos a que se refere o inciso II do *caput* deste artigo; (Incluído pela Emenda Constitucional nº 108, de 2020)

V – a complementação da União será equivalente a, no mínimo, 23% (vinte e três por cento) do total de recursos a que se refere o inciso II do *caput* deste artigo, distribuída da seguinte forma: (Incluído pela Emenda Constitucional nº 108, de 2020)

a) 10 (dez) pontos percentuais no âmbito de cada Estado e do Distrito Federal, sempre que o valor anual por aluno (VAAF), nos termos do inciso III do *caput* deste artigo, não alcançar o mínimo definido nacionalmente; (Incluído pela Emenda Constitucional nº 108, de 2020)

CF/1988

b) no mínimo, 10,5 (dez inteiros e cinco décimos) pontos percentuais em cada rede pública de ensino municipal, estadual ou distrital, sempre que o valor anual total por aluno (VAAT), referido no inciso VI do *caput* deste artigo, não alcançar o mínimo definido nacionalmente; (Incluído pela Emenda Constitucional nº 108, de 2020)

c) 2,5 (dois inteiros e cinco décimos) pontos percentuais nas redes públicas que, cumpridas condicionalidades de melhoria de gestão previstas em lei, alcançarem evolução de indicadores a serem definidos, de atendimento e melhoria da aprendizagem com redução das desigualdades, nos termos do sistema nacional de avaliação da educação básica; (Incluído pela Emenda Constitucional nº 108, de 2020)

VI – o VAAT será calculado, na forma da lei de que trata o inciso X do *caput* deste artigo, com base nos recursos a que se refere o inciso II do *caput* deste artigo, acrescidos de outras receitas e de transferências vinculadas à educação, observado o disposto no § 1º e consideradas as matrículas nos termos do inciso III do *caput* deste artigo; (Incluído pela Emenda Constitucional nº 108, de 2020)

VII – os recursos de que tratam os incisos II e IV do *caput* deste artigo serão aplicados pelos Estados e pelos Municípios exclusivamente nos respectivos âmbitos de atuação prioritária, conforme estabelecido nos §§ 2º e 3º do art. 211 desta Constituição; (Incluído pela Emenda Constitucional nº 108, de 2020)

VIII – a vinculação de recursos à manutenção e ao desenvolvimento do ensino estabelecida no art. 212 desta Constituição suportará, no máximo, 30% (trinta por cento) da complementação da União, considerados para os fins deste inciso os valores previstos no inciso V do *caput* deste artigo; (Incluído pela Emenda Constitucional nº 108, de 2020)

IX – o disposto no *caput* do art. 160 desta Constituição aplica-se aos recursos referidos nos incisos II e IV do *caput* deste artigo, e seu descumprimento pela autoridade competente importará em crime de responsabilidade; (Incluído pela Emenda Constitucional nº 108, de 2020)

CF/1988

X – a lei disporá, observadas as garantias estabelecidas nos incisos I, II, III e IV do *caput* e no § 1º do art. 208 e as metas pertinentes do plano nacional de educação, nos termos previstos no art. 214 desta Constituição, sobre: (Incluído pela Emenda Constitucional nº 108, de 2020)

a) a organização dos fundos referidos no inciso I do *caput* deste artigo e a distribuição proporcional de seus recursos, as diferenças e as ponderações quanto ao valor anual por aluno entre etapas, modalidades, duração da jornada e tipos de estabelecimento de ensino, observados as respectivas especificidades e os insumos necessários para a garantia de sua qualidade; (Incluído pela Emenda Constitucional nº 108, de 2020)

b) a forma de cálculo do VAAF decorrente do inciso III do *caput* deste artigo e do VAAT referido no inciso VI do *caput* deste artigo; (Incluído pela Emenda Constitucional nº 108, de 2020)

c) a forma de cálculo para distribuição prevista na alínea "c" do inciso V do *caput* deste artigo; (Incluído pela Emenda Constitucional nº 108, de 2020)

d) a transparência, o monitoramento, a fiscalização e o controle interno, externo e social dos fundos referidos no inciso I do *caput* deste artigo, assegurada a criação, a autonomia, a manutenção e a consolidação de conselhos de acompanhamento e controle social, admitida sua integração aos conselhos de educação; (Incluído pela Emenda Constitucional nº 108, de 2020)

e) o conteúdo e a periodicidade da avaliação, por parte do órgão responsável, dos efeitos redistributivos, da melhoria dos indicadores educacionais e da ampliação do atendimento; (Incluído pela Emenda Constitucional nº 108, de 2020)

XI – proporção não inferior a 70% (setenta por cento) de cada fundo referido no inciso I do *caput* deste artigo, excluídos os recursos de que trata a alínea "c" do inciso V do *caput* deste artigo, será destinada ao pagamento dos profissionais da educação básica em efetivo exercício, observado, em relação aos recursos previstos na alínea "b" do inciso V do *caput* deste artigo, o percentual mínimo de 15% (quinze por cento) para despesas de capital; (Incluído pela Emenda Constitucional nº 108, de 2020)

Anexo

CF/1988

XII – lei específica disporá sobre o piso salarial profissional nacional para os profissionais do magistério da educação básica pública; (Incluído pela Emenda Constitucional nº 108, de 2020)

XIII – a utilização dos recursos a que se refere o § 5º do art. 212 desta Constituição para a complementação da União ao Fundeb, referida no inciso V do *caput* deste artigo, é vedada. (Incluído pela Emenda Constitucional nº 108, de 2020)

§ 1º O cálculo do VAAT, referido no inciso VI do *caput* deste artigo, deverá considerar, além dos recursos previstos no inciso II do *caput* deste artigo, pelo menos, as seguintes disponibilidades: (Incluído pela Emenda Constitucional nº 108, de 2020)

I – receitas de Estados, do Distrito Federal e de Municípios vinculadas à manutenção e ao desenvolvimento do ensino não integrantes dos fundos referidos no inciso I do *caput* deste artigo; (Incluído pela Emenda Constitucional nº 108, de 2020)

II – cotas estaduais e municipais da arrecadação do salário-educação de que trata o § 6º do art. 212 desta Constituição; (Incluído pela Emenda Constitucional nº 108, de 2020)

III – complementação da União transferida a Estados, ao Distrito Federal e a Municípios nos termos da alínea "a" do inciso V do *caput* deste artigo. (Incluído pela Emenda Constitucional nº 108, de 2020)

§ 2º Além das ponderações previstas na alínea "a" do inciso X do *caput* deste artigo, a lei definirá outras relativas ao nível socioeconômico dos educandos e aos indicadores de disponibilidade de recursos vinculados à educação e de potencial de arrecadação tributária de cada ente federado, bem como seus prazos de implementação. (Incluído pela Emenda Constitucional nº 108, de 2020)

§ 3º Será destinada à educação infantil a proporção de 50% (cinquenta por cento) dos recursos globais a que se refere a alínea "b" do inciso V do *caput* deste artigo, nos termos da lei. (Incluído pela Emenda Constitucional nº 108, de 2020)

CF/1988

Art. 225. Todos têm direito ao meio ambiente ecologicamente equilibrado, bem de uso comum do povo e essencial à sadia qualidade de vida, impondo-se ao Poder Público e à coletividade o dever de defendê-lo e preservá-lo para as presentes e futuras gerações.

§ 1º Para assegurar a efetividade desse direito, incumbe ao Poder Público:

I – preservar e restaurar os processos ecológicos essenciais e prover o manejo ecológico das espécies e ecossistemas;

II – preservar a diversidade e a integridade do patrimônio genético do País e fiscalizar as entidades dedicadas à pesquisa e manipulação de material genético;

III – definir, em todas as unidades da Federação, espaços territoriais e seus componentes a serem especialmente protegidos, sendo a alteração e a supressão permitidas somente através de lei, vedada qualquer utilização que comprometa a integridade dos atributos que justifiquem sua proteção;

IV – exigir, na forma da lei, para instalação de obra ou atividade potencialmente causadora de significativa degradação do meio ambiente, estudo prévio de impacto ambiental, a que se dará publicidade;

V – controlar a produção, a comercialização e o emprego de técnicas, métodos e substâncias que comportem risco para a vida, a qualidade de vida e o meio ambiente;

VI – promover a educação ambiental em todos os níveis de ensino e a conscientização pública para a preservação do meio ambiente;

VII – proteger a fauna e a flora, vedadas, na forma da lei, as práticas que coloquem em risco sua função ecológica, provoquem a extinção de espécies ou submetam os animais a crueldade.

Nova redação – EC 132/2023	Redação anterior – CF/1988
VIII – manter regime fiscal favorecido para os biocombustíveis e para o hidrogênio de baixa emissão de carbono, na forma	VIII – manter regime fiscal favorecido para os biocombustíveis e para o hidrogênio de baixa emissão de carbono, na forma

Nova redação – EC 132/2023	Redação anterior – CF/1988
de lei complementar, a fim de assegurar-lhes tributação inferior à incidente sobre os combustíveis fósseis, capaz de garantir diferencial competitivo em relação a estes, especialmente em relação à contribuição de que trata o art. 195, V, e ao imposto a que se refere o art. 156-A.	de lei complementar, a fim de assegurar-lhes tributação inferior à incidente sobre os combustíveis fósseis, capaz de garantir diferencial competitivo em relação a estes, especialmente em relação à contribuição de que trata o art. 195, V, e aos impostos a que se referem os arts. 155, II, e 156-A. (Redação dada pelo art. 3º da EC 132/2023)

CF/1988

§ 2º Aquele que explorar recursos minerais fica obrigado a recuperar o meio ambiente degradado, de acordo com solução técnica exigida pelo órgão público competente, na forma da lei.

§ 3º As condutas e atividades consideradas lesivas ao meio ambiente sujeitarão os infratores, pessoas físicas ou jurídicas, a sanções penais e administrativas, independentemente da obrigação de reparar os danos causados.

§ 4º A Floresta Amazônica brasileira, a Mata Atlântica, a Serra do Mar, o Pantanal Mato-Grossense e a Zona Costeira são patrimônio nacional, e sua utilização far-se-á, na forma da lei, dentro de condições que assegurem a preservação do meio ambiente, inclusive quanto ao uso dos recursos naturais.

§ 5º São indisponíveis as terras devolutas ou arrecadadas pelos Estados, por ações discriminatórias, necessárias à proteção dos ecossistemas naturais.

§ 6º As usinas que operem com reator nuclear deverão ter sua localização definida em lei federal, sem o que não poderão ser instaladas.

CF/1988

§ 7º Para fins do disposto na parte final do inciso VII do § 1º deste artigo, não se consideram cruéis as práticas desportivas que utilizem animais, desde que sejam manifestações culturais, conforme o § 1º do art. 215 desta Constituição Federal, registradas como bem de natureza imaterial integrante do patrimônio cultural brasileiro, devendo ser regulamentadas por lei específica que assegure o bem-estar dos animais envolvidos. (Incluído pela Emenda Constitucional nº 96, de 2017).

CF/1988

Art. 5º O Ato das Disposições Constitucionais Transitórias passa a vigorar com as seguintes alterações:

Nova redação – EC 132/2023	ADCT
Art. 82. Os Estados, o Distrito Federal e os Municípios devem instituir Fundos de Combate à Pobreza, devendo os referidos Fundos ser geridos por entidades que contem com a participação da sociedade civil.	**Art. 82.** Os Estados, o Distrito Federal e os Municípios devem instituir Fundos de Combate à Pobreza, com os recursos de que trata este artigo e outros que vierem a destinar, devendo os referidos Fundos ser geridos por entidades que contem com a participação da sociedade civil. (Incluído pela Emenda Constitucional nº 31, de 2000)
§ 1º Para o financiamento dos Fundos Estaduais, Distrital e **Municipais**, poderá ser **destinado percentual do imposto previsto no art. 156-A da**	§ 1º Para o financiamento dos Fundos Estaduais e Distrital, poderá ser criado adicional de até dois pontos percentuais na alíquota do Imposto sobre Circulação

Nova redação – EC 132/2023	ADCT
Constituição Federal e dos recursos distribuídos nos termos dos arts. 131 e 132 deste Ato das Disposições Constitucionais Transitórias, nos limites definidos em lei complementar, não se aplicando, sobre estes **valores**, o disposto no art. 158, IV, da Constituição **Federal**.	de Mercadorias e Serviços – ICMS, sobre os produtos e serviços supérfluos e nas condições definidas na lei complementar de que trata o art. 155, § 2º, XII, da Constituição, não se aplicando, sobre este percentual, o disposto no art. 158, IV, da Constituição. (Redação dada pela Emenda Constitucional nº 42, de 19.12.2003)
§ 2º **(Revogado).**	§ 2º Para o financiamento dos Fundos Municipais, poderá ser criado adicional de até meio ponto percentual na alíquota do Imposto sobre serviços ou do imposto que vier a substituí-lo, sobre serviços supérfluos. (Incluído pela Emenda Constitucional nº 31, de 2000)

ADCT

Art. 104. Se os recursos referidos no art. 101 deste Ato das Disposições Constitucionais Transitórias para o pagamento de precatórios não forem tempestivamente liberados, no todo ou em parte: (Incluído pela Emenda Constitucional nº 94, de 2016)

I – o Presidente do Tribunal de Justiça local determinará o sequestro, até o limite do valor não liberado, das contas do ente federado inadimplente; (Incluído pela Emenda Constitucional nº 94, de 2016)

ADCT

II – o chefe do Poder Executivo do ente federado inadimplente responderá, na forma da legislação de responsabilidade fiscal e de improbidade administrativa; (Incluído pela Emenda Constitucional nº 94, de 2016)

III – a União reterá os recursos referentes aos repasses ao Fundo de Participação dos Estados e do Distrito Federal e ao Fundo de Participação dos Municípios e os depositará na conta especial referida no art. 101 deste Ato das Disposições Constitucionais Transitórias, para utilização como nele previsto;

Nova redação – EC 132/2023	ADCT
IV – o Comitê Gestor do Imposto sobre Bens e Serviços reterá os repasses previstos no § 2º do art. 158 da Constituição Federal e os depositará na conta especial referida no art. 101 deste Ato das Disposições Constitucionais Transitórias, para utilização como nele previsto.	IV – os Estados e o Comitê Gestor do Imposto sobre Bens e Serviços reterão os repasses previstos, respectivamente, nos §§ 1º e 2º do art. 158 da Constituição Federal e os depositarão na conta especial referida no art. 101 deste Ato das Disposições Constitucionais Transitórias, para utilização como nele previsto. (Redação dada pelo art. 2º da Emenda Constitucional 132/2023)

ADCT

Parágrafo único. Enquanto perdurar a omissão, o ente federado não poderá contrair empréstimo externo ou interno, exceto para os fins previstos no § 2º do art. 101 deste Ato das Disposições Constitucionais Transitórias, e ficará impedido de receber transferências voluntárias.

EC 132/2023

Art. 6º Até que lei complementar disponha sobre a matéria:

I – o crédito das parcelas de que trata o art. 158, IV, "b", da Constituição Federal, obedecido o § 2º do referido artigo, com redação dada pelo art. 1º desta Emenda Constitucional, observará, no que couber, os critérios e os prazos aplicáveis ao Imposto sobre Operações relativas à Circulação de Mercadorias e sobre Prestação de Serviços de Transporte Interestadual e Intermunicipal e de Comunicação a que se refere a Lei Complementar nº 63, de 11 de janeiro de 1990, e respectivas alterações;

II – a entrega dos recursos do art. 153, VIII, nos termos do art. 159, I, ambos da Constituição Federal, com redação dada pelo art. 1º desta Emenda Constitucional, observará os critérios e as condições da Lei Complementar nº 62, de 28 de dezembro de 1989, e respectivas alterações;

III – a entrega dos recursos do imposto de que trata o art. 153, VIII, nos termos do art. 159, II, ambos da Constituição Federal, com redação dada pelo art. 1º desta Emenda Constitucional, observará a Lei Complementar nº 61, de 26 de dezembro de 1989, e respectivas alterações;

IV – as bases de cálculo dos percentuais dos Estados, do Distrito Federal e dos Municípios de que trata a Lei Complementar nº 141, de 13 de janeiro de 2012, compreenderão também:

a) as respectivas parcelas do imposto de que trata o art. 156-A, com os acréscimos e as deduções decorrentes do crédito das parcelas de que trata o art. 158, IV, "b", ambos da Constituição Federal, com redação dada pelo art. 1º desta Emenda Constitucional;

b) os valores recebidos nos termos dos arts. 131 e 132 do Ato das Disposições Constitucionais Transitórias, com redação dada pelo art. 2º desta Emenda Constitucional.

§ 1º As vinculações de receita dos impostos previstos nos arts. 155, II, e 156, III, estabelecidas em legislação de Estados, Distrito Federal ou Municípios até a data de promulgação desta Emenda Constitucional serão aplicadas, em mesmo percentual, sobre a receita do imposto previsto no art. 156-A do ente federativo competente.

EC 132/2023

§ 2º Aplica-se o disposto no § 1º deste artigo enquanto não houver alteração na legislação dos Estados, Distrito Federal ou Municípios que trata das referidas vinculações

EC 132/2023

Art. 7º A partir de 2027, a União compensará eventual redução no montante dos valores entregues nos termos do art. 159, I e II, em razão da substituição da arrecadação do imposto previsto no art. 153, IV, pela arrecadação do imposto previsto no art. 153, VIII, todos da Constituição Federal, nos termos de lei complementar.

§ 1º A compensação de que trata o *caput*:

I – terá como referência a média de recursos transferidos do imposto previsto no art. 153, IV, de 2022 a 2026, atualizada:

a) até 2027, na forma da lei complementar;

b) a partir de 2028, pela variação do produto da arrecadação da contribuição prevista no art. 195, V, da Constituição Federal, apurada com base na alíquota de referência de que trata o art. 130 do Ato das Disposições Constitucionais Transitórias; e

II – observará os mesmos critérios, prazos e garantias aplicáveis à entrega de recursos de que trata o art. 159, I e II, da Constituição Federal.

§ 2º Aplica-se à compensação de que trata o *caput* o disposto nos arts. 167, § 4º, 198, § 2º, 212, *caput* e § 1º, e 212-A, II, da Constituição Federal.

EC 132/2023

Art. 8º Fica criada a Cesta Básica Nacional de Alimentos, que considerará a diversidade regional e cultural da alimentação do País e garantirá a alimentação saudável e nutricionalmente adequada, em observância ao direito social à alimentação previsto no art. 6º da Constituição Federal.

EC 132/2023

Parágrafo único. Lei complementar definirá os produtos destinados à alimentação humana que comporão a Cesta Básica Nacional de Alimentos, sobre os quais as alíquotas dos tributos previstos nos arts. 156-A e 195, V, da Constituição Federal serão reduzidas a zero.

EC 132/2023

Art. 9º A lei complementar que instituir o imposto de que trata o art. 156-A e a contribuição de que trata o art. 195, V, ambos da Constituição Federal, poderá prever os regimes diferenciados de tributação de que trata este artigo, desde que sejam uniformes em todo o território nacional e sejam realizados os respectivos ajustes nas alíquotas de referência com vistas a reequilibrar a arrecadação da esfera federativa.

§ 1º A lei complementar definirá as operações beneficiadas com redução de 60% (sessenta por cento) das alíquotas dos tributos de que trata o *caput* entre as relativas aos seguintes bens e serviços:

I – serviços de educação;

II – serviços de saúde;

III – dispositivos médicos;

IV – dispositivos de acessibilidade para pessoas com deficiência;

V – medicamentos;

VI – produtos de cuidados básicos à saúde menstrual;

VII – serviços de transporte público coletivo de passageiros rodoviário e metroviário de caráter urbano, semiurbano e metropolitano;

VIII – alimentos destinados ao consumo humano;

IX – produtos de higiene pessoal e limpeza majoritariamente consumidos por famílias de baixa renda;

X – produtos agropecuários, aquícolas, pesqueiros, florestais e extrativistas vegetais in natura;

EC 132/2023

XI – insumos agropecuários e aquícolas;

XII – produções artísticas, culturais, de eventos, jornalísticas e audiovisuais nacionais, atividades desportivas e comunicação institucional;

XIII – bens e serviços relacionados a soberania e segurança nacional, segurança da informação e segurança cibernética.

§ 2º É vedada a fixação de percentual de redução distinto do previsto no § 1º em relação às hipóteses nele previstas.

§ 3º A lei complementar a que se refere o *caput* preverá hipóteses de:

I – isenção, em relação aos serviços de que trata o § 1º, VII;

II – redução em 100% (cem por cento) das alíquotas dos tributos referidos no *caput* para:

a) bens de que trata o § 1º, III a VI;

b) produtos hortícolas, frutas e ovos;

c) serviços prestados por Instituição Científica, Tecnológica e de Inovação (ICT) sem fins lucrativos;

d) automóveis de passageiros, conforme critérios e requisitos estabelecidos em lei complementar, quando adquiridos por pessoas com deficiência e pessoas com transtorno do espectro autista, diretamente ou por intermédio de seu representante legal ou por motoristas profissionais, nos termos de lei complementar, que destinem o automóvel à utilização na categoria de aluguel (táxi);

III – redução em 100% (cem por cento) da alíquota da contribuição de que trata o art. 195, V, da Constituição Federal, para serviços de educação de ensino superior nos termos do Programa Universidade para Todos (Prouni), instituído pela Lei nº 11.096, de 13 de janeiro de 2005;

IV – isenção ou redução em até 100% (cem por cento) das alíquotas dos tributos referidos no *caput* para atividades de reabilitação urbana de zonas históricas e de áreas críticas de recuperação e reconversão urbanística.

EC 132/2023

§ 4º O produtor rural pessoa física ou jurídica que obtiver receita anual inferior a R$ 3.600.000,00 (três milhões e seiscentos mil reais), atualizada anualmente pelo Índice Nacional de Preços ao Consumidor Amplo (IPCA), e o produtor integrado de que trata o art. 2º, II, da Lei nº 13.288, de 16 de maio de 2016, com a redação vigente em 31 de maio de 2023, poderão optar por ser contribuintes dos tributos de que trata o *caput*.

§ 5º É autorizada a concessão de crédito ao contribuinte adquirente de bens e serviços de produtor rural pessoa física ou jurídica que não opte por ser contribuinte na hipótese de que trata o § 4º, nos termos da lei complementar, observado o seguinte:

I – o Poder Executivo da União e o Comitê Gestor do Imposto de Bens e Serviços poderão revisar, anualmente, de acordo com critérios estabelecidos em lei complementar, o valor do crédito presumido concedido, não se aplicando o disposto no art. 150, I, da Constituição Federal; e

II – o crédito presumido de que trata este parágrafo terá como objetivo permitir a apropriação de créditos não aproveitados por não contribuinte do imposto em razão do disposto no *caput* deste parágrafo.

§ 6º Observado o disposto no § 5º, I, é autorizada a concessão de crédito ao contribuinte adquirente de:

I – serviços de transportador autônomo de carga pessoa física que não seja contribuinte do imposto, nos termos da lei complementar;

II – resíduos e demais materiais destinados à reciclagem, reutilização ou logística reversa, de pessoa física, cooperativa ou outra forma de organização popular.

§ 7º Lei complementar poderá prever a concessão de crédito ao contribuinte que adquira bens móveis usados de pessoa física não contribuinte para revenda, desde que esta seja tributada e o crédito seja vinculado ao respectivo bem, vedado o ressarcimento.

§ 8º Os benefícios especiais de que trata este artigo serão concedidos observando-se o disposto no art. 149-B, III, da Constituição Federal, exceto em relação ao § 3º, III, deste artigo.

EC 132/2023

§ 9º O imposto previsto no art. 153, VIII, da Constituição Federal não incidirá sobre os bens ou serviços cujas alíquotas sejam reduzidas nos termos do § 1º deste artigo.

§ 10. Os regimes diferenciados de que trata este artigo serão submetidos a avaliação quinquenal de custo-benefício, podendo a lei fixar regime de transição para a alíquota padrão, não observado o disposto no § 2º, garantidos os respectivos ajustes nas alíquotas de referência.

§ 11. A avaliação de que trata o § 10 deverá examinar o impacto da legislação dos tributos a que se refere o *caput* deste artigo na promoção da igualdade entre homens e mulheres.

§ 12. A lei complementar estabelecerá as operações beneficiadas com redução de 30% (trinta por cento) das alíquotas dos tributos de que trata o *caput* relativas à prestação de serviços de profissão intelectual, de natureza científica, literária ou artística, desde que sejam submetidas a fiscalização por conselho profissional.

§ 13. Para fins deste artigo, incluem-se:

I – entre os medicamentos de que trata o inciso V do § 1º, as composições para nutrição enteral ou parenteral e as composições especiais e fórmulas nutricionais destinadas às pessoas com erros inatos do metabolismo; e

II – entre os alimentos de que trata o inciso VIII do § 1º, os sucos naturais sem adição de açúcares e conservantes.

EC 132/2023

Art. 10. Para fins do disposto no inciso II do § 6º do art. 156-A da Constituição Federal, consideram-se:

I – serviços financeiros:

a) operações de crédito, câmbio, seguro, resseguro, consórcio, arrendamento mercantil, faturização, securitização, previdência privada,

EC 132/2023

capitalização, arranjos de pagamento, operações com títulos e valores mobiliários, inclusive negociação e corretagem, e outras que impliquem captação, repasse, intermediação, gestão ou administração de recursos;

b) outros serviços prestados por entidades administradoras de mercados organizados, infraestruturas de mercado e depositárias centrais e por instituições autorizadas a funcionar pelo Banco Central do Brasil, na forma de lei complementar;

II – operações com bens imóveis:

a) construção e incorporação imobiliária;

b) parcelamento do solo e alienação de bem imóvel;

c) locação e arrendamento de bem imóvel;

d) administração e intermediação de bem imóvel.

§ 1º Em relação às instituições financeiras bancárias:

I – não se aplica o regime específico de que trata o art. 156-A, § 6º, II, da Constituição Federal aos serviços remunerados por tarifas e comissões, observado o disposto nas normas expedidas pelas entidades reguladoras;

II – os demais serviços financeiros sujeitam-se ao regime específico de que trata o art. 156-A, § 6º, II, da Constituição Federal, devendo as alíquotas e as bases de cálculo ser definidas de modo a manter, em caráter geral, até o final do quinto ano da entrada em vigor do regime, a carga tributária decorrente dos tributos extintos por esta Emenda Constitucional incidente sobre as operações de crédito na data de sua promulgação, e a manter, em caráter específico, aquela incidente sobre as operações relacionadas ao fundo de garantia por tempo de serviço, podendo, neste caso, definir alíquota e base de cálculo diferenciadas e abranger os serviços de que trata o inciso I deste parágrafo, não se lhes aplicando o prazo previsto neste inciso.

§ 2º O disposto no § 1º, II, em relação ao fundo de garantia do tempo de serviço, poderá, nos termos da lei complementar, ser estendido para outros fundos garantidores ou executores de políticas públicas previstos em lei.

EC 132/2023

Art. 11. A revogação do art. 195, I, "b", não produzirá efeitos sobre as contribuições incidentes sobre a receita ou o faturamento vigentes na data de publicação desta Emenda Constitucional que substituam a contribuição de que trata o art. 195, I, "a", ambos da Constituição Federal, e sejam cobradas com base naquele dispositivo, observado o disposto no art. 30 da Emenda Constitucional nº 103, de 12 de novembro de 2019.

EC 132/2023

Art. 12. Fica instituído o Fundo de Compensação de Benefícios Fiscais ou Financeiro-Fiscais do imposto de que trata o art. 155, II, da Constituição Federal, com vistas a compensar, entre 1º de janeiro de 2029 e 31 de dezembro de 2032, pessoas físicas ou jurídicas beneficiárias de isenções, incentivos e benefícios fiscais ou financeiro-fiscais relativos àquele imposto, concedidos por prazo certo e sob condição.

§ 1º De 2025 a 2032, a União entregará ao Fundo recursos que corresponderão aos seguintes valores, atualizados, de 2023 até o ano anterior ao da entrega, pela variação acumulada do IPCA ou de outro índice que vier a substituí-lo:

I – em 2025, a R$ 8.000.000.000,00 (oito bilhões de reais);

II – em 2026, a R$ 16.000.000.000,00 (dezesseis bilhões de reais);

III – em 2027, a R$ 24.000.000.000,00 (vinte e quatro bilhões de reais);

IV – em 2028, a R$ 32.000.000.000,00 (trinta e dois bilhões de reais);

V – em 2029, a R$ 32.000.000.000,00 (trinta e dois bilhões de reais);

VI – em 2030, a R$ 24.000.000.000,00 (vinte e quatro bilhões de reais);

VII – em 2031, a R$ 16.000.000.000,00 (dezesseis bilhões de reais);

VIII – em 2032, a R$ 8.000.000.000,00 (oito bilhões de reais).

§ 2º Os recursos do Fundo de que trata o *caput* serão utilizados para compensar a redução do nível de benefícios onerosos do imposto

EC 132/2023

previsto no art. 155, II, da Constituição Federal, na forma do § 1º do art. 128 do Ato das Disposições Constitucionais Transitórias, suportada pelas pessoas físicas ou jurídicas em razão da substituição do referido imposto por aquele previsto no art. 156-A da Constituição Federal, nos termos deste artigo.

§ 3º Para efeitos deste artigo, consideram-se benefícios onerosos as isenções, os incentivos e os benefícios fiscais ou financeiro-fiscais vinculados ao imposto referido no *caput* deste artigo concedidos por prazo certo e sob condição, na forma do art. 178 da Lei nº 5.172, de 25 de outubro de 1966 (Código Tributário Nacional).

§ 4º A compensação de que trata o § 1º:

I – aplica-se aos titulares de benefícios onerosos referentes ao imposto previsto no art. 155, II, da Constituição Federal regularmente concedidos até 31 de maio de 2023, sem prejuízo de ulteriores prorrogações ou renovações, observados o prazo estabelecido no *caput* e, se aplicável, a exigência de registro e depósito estabelecida pelo art. 3º, II, da Lei Complementar nº 160, de 7 de agosto de 2017, que tenham cumprido tempestivamente as condições exigidas pela norma concessiva do benefício, bem como aos titulares de projetos abrangidos pelos benefícios a que se refere o art. 19 desta Emenda Constitucional;

II – não se aplica aos titulares de benefícios decorrentes do disposto no art. 3º, § 2º-A, da Lei Complementar nº 160, de 7 de agosto de 2017.

§ 5º A pessoa física ou jurídica perderá o direito à compensação de que trata o § 2º caso deixe de cumprir tempestivamente as condições exigidas pela norma concessiva do benefício.

§ 6º Lei complementar estabelecerá:

I – critérios e limites para apuração do nível de benefícios e de sua redução;

II – procedimentos de análise, pela União, dos requisitos para habilitação do requerente à compensação de que trata o § 2º.

EC 132/2023

§ 7º É vedada a prorrogação dos prazos de que trata o art. 3º, §§ 2º e 2º-A, da Lei Complementar nº 160, de 7 de agosto de 2017.

§ 8º A União deverá complementar os recursos de que trata o § 1º em caso de insuficiência de recursos para a compensação de que trata o § 2º.

§ 9º Eventual saldo financeiro existente em 31 de dezembro de 2032 será transferido ao Fundo de que trata o art. 159-A da Constituição Federal, com a redação dada pelo art. 1º desta Emenda Constitucional, sem redução ou compensação dos valores consignados no art. 13 desta Emenda Constitucional.

§ 10. O disposto no § 4º, I, aplica-se também aos titulares de benefícios onerosos que, por força de mudanças na legislação estadual, tenham migrado para outros programas ou benefícios entre 31 de maio de 2023 e a data de promulgação desta Emenda Constitucional, ou estejam em processo de migração na data de promulgação desta Emenda Constitucional.

EC 132/2023

Art. 13. Os recursos de que trata o art. 159-A da Constituição Federal, com a redação dada pelo art. 1º desta Emenda Constitucional, corresponderão aos seguintes valores, atualizados, de 2023 até o ano anterior ao da entrega, pela variação acumulada do IPCA ou de outro índice que vier a substituí-lo:

I – em 2029, a R$ 8.000.000.000,00 (oito bilhões de reais);

II – em 2030, a R$ 16.000.000.000,00 (dezesseis bilhões de reais);

III – em 2031, a R$ 24.000.000.000,00 (vinte e quatro bilhões de reais);

IV – em 2032, a R$ 32.000.000.000,00 (trinta e dois bilhões de reais);

V – em 2033, a R$ 40.000.000.000,00 (quarenta bilhões de reais);

EC 132/2023

VI – em 2034, a R$ 42.000.000.000,00 (quarenta e dois bilhões de reais);

VII – em 2035, a R$ 44.000.000.000,00 (quarenta e quatro bilhões de reais);

VIII – em 2036, a R$ 46.000.000.000,00 (quarenta e seis bilhões de reais);

IX – em 2037, a R$ 48.000.000.000,00 (quarenta e oito bilhões de reais);

X – em 2038, a R$ 50.000.000.000,00 (cinquenta bilhões de reais);

XI – em 2039, a R$ 52.000.000.000,00 (cinquenta e dois bilhões de reais);

XII – em 2040, a R$ 54.000.000.000,00 (cinquenta e quatro bilhões de reais);

XIII – em 2041, a R$ 56.000.000.000,00 (cinquenta e seis bilhões de reais);

XIV – em 2042, a R$ 58.000.000.000,00 (cinquenta e oito bilhões de reais);

XV – a partir de 2043, a R$ 60.000.000.000,00 (sessenta bilhões de reais), por ano.

EC 132/2023

Art. 14. A União custeará, com posterior ressarcimento pelo Comitê Gestor do Imposto sobre Bens e Serviços de que trata o art. 156-B da Constituição Federal, as despesas necessárias para sua instalação.

Art. 15. Os recursos entregues na forma do art. 159-A da Constituição Federal, com a redação dada pelo art. 1º desta Emenda Constitucional, os recursos de que trata o art. 12 e as compensações de que trata o art. 7º não se incluem em bases de cálculo ou em limites de despesas estabelecidos pela lei complementar de que trata o art. 6º da Emenda Constitucional nº 126, de 21 de dezembro de 2022.

EC 132/2023

Art. 16. Até que lei complementar regule o disposto no art. 155, § 1º, III, da Constituição Federal, o imposto incidente nas hipóteses de que trata o referido dispositivo competirá:

I – relativamente a bens imóveis e respectivos direitos, ao Estado da situação do bem, ou ao Distrito Federal;

II – se o doador tiver domicílio ou residência no exterior:

a) ao Estado onde tiver domicílio o donatário ou ao Distrito Federal;

b) se o donatário tiver domicílio ou residir no exterior, ao Estado em que se encontrar o bem ou ao Distrito Federal;

III – relativamente aos bens do *de cujus*, ainda que situados no exterior, ao Estado onde era domiciliado, ou, se domiciliado ou residente no exterior, onde tiver domicílio o sucessor ou legatário, ou ao Distrito Federal.

Art. 17. A alteração do art. 155, § 1º, II, da Constituição Federal, promovida pelo art. 1º desta Emenda Constitucional, aplica-se às sucessões abertas a partir da data de publicação desta Emenda Constitucional.

EC 132/2023

Art. 18. O Poder Executivo deverá encaminhar ao Congresso Nacional:

I – em até 90 (noventa) dias após a promulgação desta Emenda Constitucional, projeto de lei que reforme a tributação da renda, acompanhado das correspondentes estimativas e estudos de impactos orçamentários e financeiros;

II – em até 180 (cento e oitenta) dias após a promulgação desta Emenda Constitucional, os projetos de lei referidos nesta Emenda Constitucional;

III – em até 90 (noventa) dias após a promulgação desta Emenda Constitucional, projeto de lei que reforme a tributação da folha de salários.

EC 132/2023

Parágrafo único. Eventual arrecadação adicional da União decorrente da aprovação da medida de que trata o inciso I do *caput* deste artigo poderá ser considerada como fonte de compensação para redução da tributação incidente sobre a folha de pagamentos e sobre o consumo de bens e serviços.

EC 132/2023

Art. 19. Os projetos habilitados à fruição dos benefícios estabelecidos pelo art. 11-C da Lei nº 9.440, de 14 de março de 1997, e pelos arts. 1º a 4º da Lei nº 9.826, de 23 de agosto de 1999, farão jus, até 31 de dezembro de 2032, a crédito presumido da contribuição prevista no art. 195, V, da Constituição Federal.

§ 1º O crédito presumido de que trata este artigo:

I – incentivará exclusivamente a produção de veículos equipados com motor elétrico que tenha capacidade de tracionar o veículo somente com energia elétrica, permitida a associação com motor de combustão interna que utilize biocombustíveis isolada ou simultaneamente com combustíveis derivados de petróleo;

II – será concedido exclusivamente:

a) a projetos aprovados até 31 de dezembro de 2024 de pessoas jurídicas habilitadas à fruição dos benefícios estabelecidos pelo art. 11-C da Lei nº 9.440, de 14 de março de 1997, e pelos arts. 1º a 4º da Lei nº 9.826, de 23 de agosto de 1999, na data de promulgação desta Emenda Constitucional;

b) a novos projetos, aprovados até 31 de dezembro de 2025, que ampliem ou reiniciem a produção em planta industrial utilizada em projetos ativos ou inativos habilitados à fruição dos benefícios de que trata a alínea "a" deste inciso;

EC 132/2023

III – poderá ter sua manutenção condicionada à realização de investimentos produtivos e em pesquisa e desenvolvimento de inovação tecnológica;

IV – equivalerá ao nível de benefício estabelecido, para o ano de 2025, pelo art. 11-C da Lei nº 9.440, de 14 de março de 1997, e pelos arts. 1º a 4º da Lei nº 9.826, de 23 de agosto de 1999; e

V – será reduzido à razão de 20% (vinte por cento) ao ano entre 2029 e 2032.

§ 2º Os créditos apurados em decorrência dos benefícios de que trata o *caput* poderão ser compensados com débitos próprios relativos a tributos administrados pela Secretaria Especial da Receita Federal do Brasil, nos termos da lei, e não poderão ser transferidos a outro estabelecimento da pessoa jurídica, devendo ser utilizados somente pelo estabelecimento habilitado e localizado na região incentivada.

§ 3º O benefício de que trata este artigo será estendido a projetos de pessoas jurídicas de que trata o § 1º, II, "a", relacionados à produção de veículos tracionados por motor de combustão interna que utilize biocombustíveis isolada ou cumulativamente com combustíveis derivados de petróleo, desde que a pessoa jurídica habilitada:

I – no caso de montadoras de veículos, inicie a produção de veículos que atendam ao disposto no § 1º, I, até 1º de janeiro de 2028; e

II – assuma, nos termos do ato concessório do benefício, compromissos relativos:

a) ao volume mínimo de investimentos;

b) ao volume mínimo de produção; e

c) à manutenção da produção por prazo mínimo, inclusive após o encerramento do benefício.

§ 4º A lei complementar estabelecerá as penalidades aplicáveis em razão do descumprimento das condições exigidas para fruição do crédito presumido de que trata este artigo.

Anexo

EC 132/2023

Art. 20. Até que lei disponha sobre a matéria, a contribuição para o Programa de Formação do Patrimônio do Servidor Público, criado pela Lei Complementar nº 8, de 3 de dezembro de 1970, de que trata o art. 239 da Constituição Federal, permanecerá sendo cobrada na forma do art. 2º, III, da Lei nº 9.715, de 25 de novembro de 1998, e dos demais dispositivos legais a ele referentes em vigor na data de publicação desta Emenda Constitucional.

EC 132/2023

Art. 21. Lei complementar poderá estabelecer instrumentos de ajustes nos contratos firmados anteriormente à entrada em vigor das leis instituidoras dos tributos de que tratam o art. 156-A e o art. 195, V, da Constituição Federal, inclusive concessões públicas.

EC 132/2023

Art. 22. Revogam-se:

I – em 2027, o art. 195, I, "b", e IV, e § 12, da Constituição Federal;

II – em 2033:

a) os arts. 155, II, e §§ 2º a 5º, 156, III, e § 3º, 158, IV, "a", e § 1º, e 161, I, da Constituição Federal; e

b) os arts. 80, II, 82, § 2º, e 83 do Ato das Disposições Constitucionais Transitórias.

Art. 23. Esta Emenda Constitucional entra em vigor:

I – em 2027, em relação aos arts. 3º e 11;

II – em 2033, em relação aos arts. 4º e 5º; e

III – na data de sua publicação, em relação aos demais dispositivos.

Brasília, em 20 de dezembro de 2023

Mesa da Câmara dos Deputados	Mesa do Senado Federal
Deputado ARTHUR LIRA Presidente	Senador RODRIGO PACHECO Presidente
Deputado MARCOS PEREIRA 1º Vice-Presidente	Senador VENEZIANO VITAL DO RÊGO 1º Vice-Presidente
Deputado SÓSTENES CAVAL-CANTE 2º Vice-Presidente	Senador RODRIGO CUNHA 2º Vice-Presidente
Deputado LUCIANO BIVAR 1º Secretário	Senador ROGÉRIO CARVALHO 1º Secretário
Deputada MARIA DO ROSÁRIO 2ª Secretária	Senador WEVERTON 2º Secretário
Deputado JÚLIO CÉSAR 3º Secretário	Senador CHICO RODRIGUES 3º Secretário
Deputado LUCIO MOSQUINI 4º Secretário	Senador STYVENSON VALENTIM 4º Secretário